"十三五"规划教材·"业财融合"系列

审计基础

邓玉兰 田成 / 主编

立信会计出版社
LIXIN ACCOUNTING PUBLISHING HOUSE

图书在版编目(CIP)数据

审计基础 / 邓玉兰，田成主编. —上海：立信会计出版社，2021.3(2024.8 重印)
ISBN 978-7-5429-6741-1

Ⅰ.①审… Ⅱ.①邓… ②田… Ⅲ.①审计学—高等职业教育—教材 Ⅳ.①F239.0

中国版本图书馆 CIP 数据核字(2021)第 020597 号

责任编辑　　王斯龙
封面设计　　南房间

审计基础
Shenji Jichu

出版发行	立信会计出版社
地　　址	上海市中山西路 2230 号　　邮政编码　200235
电　　话	(021)64411389　　传　真　(021)64411325
网　　址	www.lixinaph.com　　电子邮箱　lixinaph2019@126.com
网上书店	http://lixin.jd.com　　http://lxkjcbs.tmall.com
经　　销	各地新华书店
印　　刷	上海万卷印刷股份有限公司
开　　本	787 毫米×1092 毫米　　1/16
印　　张	15.75
字　　数	350 千字
版　　次	2021 年 3 月第 1 版
印　　次	2024 年 8 月第 2 次
书　　号	ISBN 978-7-5429-6741-1/F
定　　价	46.00 元

如有印订差错，请与本社联系调换

会计专业"十三五"立体化教材
编审委员会

（排名不分先后）

主　编

邓玉兰　田　成

编　委

杨　群	吴晓燕	邓玉兰	田　成	陈莹莹
冯　香	何克理	蒋　慧	李慧君	潘晓晴
潘远才	石　磊	唐伶俐	王露佼	杨衍莹

前 言

审计是经济控制体系中的重要组成部分,随着社会主义市场经济体制与现代企业制度的建立与完善,尤其是证券市场的发展,审计越来越贴近人们的生活,在经济建设中发挥着越来越重要的作用。

由于最近几年民间审计准则、政府审计准则、内部审计准则以及企业会计准则等内容都在不断发展变化,基于高等职业教育的教学特点与学校要求,本着理论联系实际,突出职业性、可操作性等原则,我们组织编写了《审计基础》这本教材。

《审计基础》作为全国高职高专财会系列教材之一,是为满足高职高专院校财务会计等经济管理类专业培养技能型、应用型人才的需要而组织编写的。本书通过系统阐述审计的基本理论、基本方法和基本技能,帮助学生熟悉现代审计方法,精通审计技能和技巧,为学生今后走向社会、从事审计及相关工作打下坚实的基础。本书具有以下几个特点。

1. 突破传统框架,易教利学

本书在编写体例上,突破同类教材单纯理论知识叙述的老框架,在每一项目前增加"案例引入"专栏;在正文中配合学习内容设置"资料卡""内容归纳""项目小结"等提示归纳性专栏;在正文中设置了"二维码"等数字化资源,引导学生学而思、思而练。本书力求内容丰富、形式活泼,符合高职高专学生探求欲强烈和好奇心旺盛的特点,增强学习兴趣。

2. "目标+任务",能力本位

本书在编写过程中,坚持"以目标为引导、以任务为驱动、以能力为本位"的原则,突出高职高专教育的特色,摒弃传统的理论说教,根据审计人员应具备的能力与素质要求,按照企业审计管理活动过程和任务组织材料内容,并结合例题解析,使学生学会审计的方法与技巧。

本书由黔东南民族职业技术学院邓玉兰老师和田成老师主编。本书共十一个项目,项目三、项目六、项目八、项目九、项目十和项目十一由邓玉兰老师编写;项目一、项目二、项目四、项目五和项目七由田成老师编写。

本书在编写过程中得到各有关院校领导和老师的大力支持,许多兄弟院校老师提出了宝贵意见和建议,在此一并致谢。由于编者水平有限,书中错谬难免,恳请批评指正。

编 者
2020 年 12 月

目 录

前言

项目一 认识审计 ··· 1
  学习目标 ··· 1
  案例引入 ··· 1
  任务一 审计概述 ·· 2
  任务二 注册会计师审计 ··· 19
  章节练习 ··· 32

项目二 审计的目标及计划 ·· 40
  学习目标 ··· 40
  案例引入 ··· 40
  任务一 签订审计业务约定书 ··· 41
  任务二 确定审计目标 ·· 44
  任务三 制定审计计划 ·· 47
  任务四 审计方法与审计程序 ··· 51
  章节练习 ··· 55

项目三 获取审计证据 ·· 64
  学习目标 ··· 64
  案例引入 ··· 64
  任务一 认识审计证据 ·· 65
  任务二 获取审计证据的审计程序 ··· 74
  章节练习 ··· 78

项目四 审计工作底稿 ·· 86
  学习目标 ··· 86
  案例引入 ··· 86

任务一　认识审计工作底稿 ·· 86
　　任务二　编制审计工作底稿 ·· 88
　　任务三　审计工作底稿的归档 ·· 90
　　章节练习 ·· 92

项目五　风险评估 ·· 101
　　学习目标 ··· 101
　　案例引入 ··· 101
　　任务一　风险评估程序 ·· 102
　　任务二　了解行业状况及其环境 ·· 105
　　任务三　了解被审计单位内部控制 ······································ 109
　　任务四　审计风险模型及应用 ·· 113
　　章节练习 ··· 122

项目六　审计抽样 ·· 129
　　学习目标 ··· 129
　　案例引入 ··· 129
　　任务一　审计抽样的概述 ·· 130
　　任务二　审计抽样的基本程序 ·· 134
　　章节练习 ··· 137

项目七　实质性程序 ·· 143
　　学习目标 ··· 143
　　案例引入 ··· 143
　　任务一　认识实质性程序 ·· 144
　　任务二　双重目的测试的运用 ·· 147
　　章节练习 ··· 148

项目八　审计准则与审计标准 ·· 155
　　学习目标 ··· 155
　　案例引入 ··· 155
　　任务一　审计准则 ·· 155
　　任务二　审计标准 ·· 166
　　章节练习 ··· 170

项目九　审计管理 175
　学习目标 175
　案例引入 175
　任务一　审计管理的概述 176
　任务二　审计计划管理 178
　任务三　审计质量管理 183
　任务四　审计风险管理 187
　任务五　审计档案管理 190
　章节练习 192

项目十　审计报告 199
　学习目标 199
　案例引入 199
　任务一　编制审计报告前的具体工作 200
　任务二　出具审计报告 211
　章节练习 218

项目十一　效益审计 224
　学习目标 224
　案例引入 224
　任务一　效益审计的概述 224
　任务二　效益审计的程序 226
　任务三　效益审计的方法 229
　章节练习 235

项目一 认识审计

学习目标

➢ 理解审计的含义。
➢ 理解审计的产生及发展。
➢ 掌握审计的主体和客体。
➢ 掌握审计的分类。
➢ 理解审计的特征。
➢ 理解审计的职能。
➢ 理解审计的作用。
➢ 掌握审计的方法。
➢ 理解注册会计师审计的定义。
➢ 掌握会计师事务所的组织形式及业务。
➢ 理解合理保证与有限保证。
➢ 掌握注册会计师执业准则体系。
➢ 理解注册会计师审计职业道德与法律责任。

案例引入

200 多年前,英国的南海股份有限公司主要从事海外贸易,由于发展不好,公司董事会采取散布谣言等手法获利。事情败露后,英国议会聘请了一位叫查尔斯·斯奈尔的人,审核了该公司的财务报告,发现南海股份有限公司的财务报告中存在着严重的舞弊行为、会计记录严重不实等问题,并向社会公布了审计报告。议会根据这份查账报告,将南海股份有限公司董事之一的雅各希·布伦特以及他的合伙人的不动产全部予以没收。其中一位叫乔治·卡斯韦尔的爵士被关进了监狱。于是,审核该公司账簿的人开创了世界注册会计师行业的先河,民间审计从此在英国拉开了序幕。因此查尔斯·斯奈尔也被称为注册会计师第一人。

思考题:

1. 注册会计师是做什么的?

2. 注册会计师审计的社会意义是什么？
3. 注册会计师应具备什么样的素质？

任务一 审计概述

一、审计的产生与发展

(一) 受托经济责任关系的产生

审计是社会经济发展到一定阶段的产物，是在受托经济责任关系下，基于经济监督的需要而产生的。受托经济责任关系是前提，没有受托经济责任，就不会产生审计。那么什么是受托经济责任呢？

受托经济责任是指受托者（财产的经营管理者）接受财产所有者的委托，代其行使经营管理权，并通过合同、组织原则等手段所形成的责权利相结合的责任关系。当财产的所有者将其财产委托他人代管或代为经营时，委托者出于对其财产安全的关心，需要经常对受托者进行经济监督。由于时间、地点和条件的限制，受托人很难亲自对具体业务执行经济监督，于是便产生了审计意识。但应指出，受托经济的确认，并不一定产生审计活动，它只是审计产生的前提条件，如果这种监督活动由授权委托者自身完成，就不能称为审计活动，只有当这种监督活动由授权委托者授权或委托独立的专职机构和人员代其行使审计监督权时，才会产生具有独立性的审计活动。

审计活动三方关系图如图 1-1 所示。

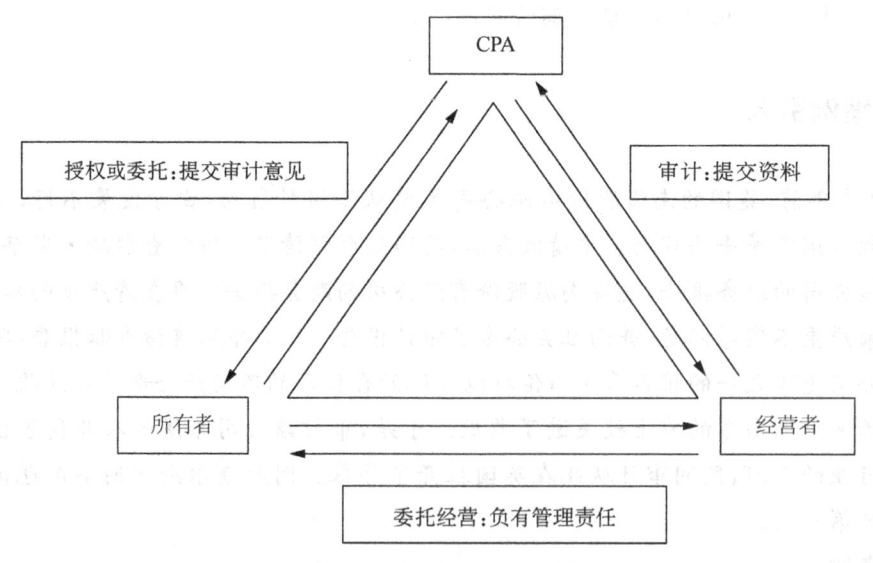

图 1-1　审计活动三方关系图

通过图1-1可知,审计的产生有以下几个原因。

(1) 财产所有者无法亲自管理是审计产生与发展的前提。企业规模的发展扩大,财产所有者没有时间和精力管理企业,就向社会招聘经理,委托其经营自己的企业,并付给其报酬,同时经营者对所有者负有经济管理责任。(财产权责分离)

(2) 财产所有者无法对经营管理者实施监督是审计产生与发展的直接动因。财产所有者委托经营管理者对企业进行经营管理,又担心经营管理者不尽责,甚至可能侵占自己的财产;财产所有者受到时间、地理、专业的限制,不能身体力行地去监督检查,所以,寻找第三方单位实施监督检查是必要途径。

(二) 审计的概念

审计是由独立于被审计单位的机构或人员,接受授权或委托,对被审计单位的会计资料及其有关的经济活动的真实、合法和效益进行检查、评价、鉴证并发表意见的一种监督活动。

审计的定义
(动画)

(三) 审计的起源与发展

我国审计的发展经历了萌芽阶段(西周)、确立阶段(秦汉)、发展阶段(隋唐宋)、衰落阶段(元明清)、演进阶段(中华民国)、振兴阶段(新中国)。

1. 我国国家审计的产生和发展

1) 萌芽阶段

《周礼》记载:"凡上之用,必考于司会。"即凡帝王所用的开支,都要受司会的检查。司会以旬、月、年对下级的报告进行考核,以判断地方官吏的报告是否真实、可靠,再呈报给帝王以定赏罚。司会是宰夫部门的主计长,宰夫是独立于财计部门之外的职官,其标志着我国政府审计的产生。西周之后,历代都沿用了这种办法,而且形成了一种制度——上计制度。

2) 确立阶段

秦汉时期,初步形成了统一的审计模式,设立"三公九卿制",其中御史大夫为"三公"之一,执掌弹劾、纠察之权,监察全国的民政、财政以及财物审计事项,并协助丞相处理政事。在这段时期,上计制度不断完善,御史大夫不仅行使政治、军事的监察之权,还行使经济的监督之权,审计地位高、职权大。

3) 发展阶段

隋唐时期,设置"三省六部制",进一步细化了国家机构。这个时期的经济文化发展空前繁荣。隋朝在尚书省下设置比部,掌管国家财计监督,行使审计职权;唐朝改设三省六部,在刑部下设置比部,对国家财计加以查核审理,这意味着,一旦发现违法乱纪的行为,可以直接治罪;宋代是我国封建社会经济的持续发展时期,宋代设置"审计司",隶属于太府寺,后改称为"审计院"。宋审计司(院)的建立,是我国"审计"正式命名的标志。

4）衰落阶段

元明清时期，君主专制严重，加上连年战争和一些不合理的政治、经济政策，审计虽有发展，但总体停滞不前。

元代取消比部，户部兼管会计报告的审核，独立的审计机构即告消亡；明朝设置都察院，以左右都御史为长官，审察中央财计；清朝承明制，设置都察院，对君主进行规谏，对政务进行评价，对大小官吏进行纠弹，成了最高的监察、监督、弹劾和建议机关。

5）演进阶段

中华民国于1912年在国务院下设审计处。1914年，北洋政府改审计处为审计院，同年颁布了《审计法》。国民党政府也于1928年颁布《审计法》和《审计法实施细则》，次年还颁布了《审计组织法》，审计人员有审计、协审、稽查等职称。中华民国在推翻了封建社会经济后，民族资本主义得到发展，这段时期出现了一大批"实业兴国、实业兴邦"的企业家，经济的发展促使审计日益演进，但是由于政治的不稳定，其发展较慢。

6）振兴阶段

中华人民共和国建立以后，国家没有设置独立的审计机构，是通过不定期的会计检查对企业进行财税监督和货币管理。

改革开放后，国家设立了多个沿海经济特区，经济得到发展。我国于1982年修改了《中华人民共和国宪法》（以下简称《宪法》），建立政府审计机构，实行审计监督，并于1983年9月成立了我国政府审计的最高机关——中华人民共和国审计署（以下简称审计署），在县以上各级人民政府设置各级审计机关。1985年8月，国务院发布《国务院关于审计工作的暂行规定》，1988年10月颁发了《中华人民共和国审计条例》。1995年1月1日，《中华人民共和国审计法》正式实施，这从法律上进一步确立了政府审计的地位，为其进一步发展奠定了良好基础。

2000年1月8日，审计署修订后的《中华人民共和国国家审计基本准则》包括总则、一般准则、作业准则、报告准则、审计报告处理准则、附则。

2. 我国社会审计的发展

我国社会审计产生于20世纪初。1918年9月，北洋政府农商部颁布了中国第一部注册会计师法规——《会计师暂行章程》，并于同年批准著名会计学家谢霖先生为中国的第一位注册会计师，谢霖创办的中国第一家会计师事务所"正则会计师事务所"也获准成立。国民党政府也于1928年颁布《审计法》和《审计法实施细则》，次年还颁布了《审计组织法》，注册会计师有审计、协审、稽查等职称。同时，随着我国资本主义工商业的发展，社会审计应运而生。1929年《公司法》的公布及后来《关税法》《破产法》的实施，对职业会计师事业的发展起了推动作用。自20世纪30年代后，一些大城市中相继成立了会计师事务所，民间审计得到了发展。但因政治不稳，经济发展缓慢，审计工作一直没有长足的发展。

党的十一届三中全会后，党和政府把工作重点转移到了经济建设上来，为适应这一需要,我国在 1980 年恢复并重建了注册会计师审计制度,财政部印发了《关于成立会计顾问处的暂行规定》。

1981 年 1 月 1 日,恢复注册会计师审计制度后的第一家会计师事务所——上海会计师事务所在上海成立了,此后中华、中信两家会计师事务所在北京成立了,其他地区的会计师事务所也陆续建立。

1985 年,注册会计师审计制度被载入《中华人民共和国会计法》。

1986 年 7 月 3 日,《中华人民共和国注册会计师条例》的实施标志着我国民间审计的发展进入新阶段。

1994 年 1 月 1 日,《中华人民共和国注册会计师法》的实施(1993 年 10 月 31 日颁布)使注册会计师审计步入了法制轨道。

2006 年 2 月 15 日,发布了新的中国会计审计准则体系,自 2007 年 1 月 1 日施行。

3. 我国内部审计的产生与发展

1983 年 8 月 20 日,审计署成立前夕,国务院转发了审计署《关于开展审计工作几个问题的请示》,报告提出建立内部审计监督制度问题。该文件指出,建立和健全部门、单位的内部审计是搞好国家审计监督的基础。根据国务院的指示精神,我国的部门和单位开始组建审计机构,开展内部审计活动。1983 年 9 月,中国石油化工集团公司率先成立审计部,开展了内部审计监督活动。1985 年 8 月,国务院发布了《内部审计暂行规定》,为内部审计提供了法律依据。《内部审计暂行规定》要求政府部门和大中型企事业单位实行内部审计监督制度。1985 年 12 月 5 日,审计署颁布了《审计署关于内部审计工作的若干规定》(以下简称《规定》),这是审计署成立后第一个关于内部审计工作的法规文件,对我国的内部审计工作进行了规范;1989 年 12 月 5 日,审计署重新颁布了《审计署关于内部审计工作的规定》,废止 1985 年的《规定》,此次规定是对 1985 年《规定》的查缺补漏;1995 年 7 月 14 日,审计长郭振乾颁布了审计署令第 1 号《审计署关于内部审计工作的规定》,这次规定较之以前有了较大的改变,目前我国的内部审计工作大多都是按照此进行的;2003 年 3 月 4 日,审计长李金华签署了审计署令第 4 号《审计署关于内部审计工作的规定》,要求自 2003 年 5 月 1 日实行新规定,此次规定是在总结 1995 年《审计署关于内部审计工作的规定》的经验教训基础上,适应新的形势需要而制定的,体现了与时俱进的时代要求,是我国内部审计未来发展的蓝图。

这样,我国形成了国家审计、社会审计、内部审计三位一体的审计监督体系。

4. 西方主要国家审计的发展

西方一些国家的审计,早在奴隶制度下的古埃及、古罗马和古希腊时代,就有了官厅审计机构事实。审计人员以"听证"的方式,对掌管国家财物和赋税的官吏进行考核,成为具有审计性质的经济监督工作。1915 年,意大利发现古代文书资料,记录了纪元前 3 世纪的企业经营记录:支付工资和财产的收、支、存都有专人审核。罗马帝国和平建设时期,农业、商业得到发展,社会财富集中到贵族和宫廷手中,记账制度出现了"双人记账制度",

相互监督。

5. 西方社会审计的发展

西方社会审计的发展经历了三个阶段,起源于地中海,发展于英国,成熟于美国。

9世纪后,东方各国与西欧之间的贸易不断发展,地中海沿岸的主要城市成为交易的中心,热那亚、佛罗伦萨、威尼斯等成为物资的集散地。进出口的卸货、装货都需要对账单、货单,于是就产生了一大批查账员。以帮助核对账目为职业的查账员就是最早的"民间独立审计师"。

16世纪末期,地中海沿岸商品贸易继续发展,便出现了许多合伙人、社会筹资人委托他人去经营贸易的商业模式。这种模式导致了财产所有者与经营权的分离,对经营者进行监督就成了必要,社会审计也开始出现。

英国工业革命以后,产业规模日益扩大,公司所有权与经营权相分离的现象十分普遍,对经营管理者进行监督也成了英国社会的普遍需要,因此,现代社会审计制度应运而生。英国早期的社会审计没有系统的理论依据和方法体系,只是根据查错防弊的审计目的,对大量的账簿记录进行逐笔审查,即采用详细审计方法,后来人们称之为英国式审计。

美国信息化革命后,经济快速发展,为了加强股份公司的会计工作,以代理记账为专业的会计师应运而生。19世纪下半叶,随着英国资本的大量输入,英国的社会审计也传入了美国。20世纪初,出于银行信贷业发展的需要,有必要对贷款企业的资产负债表进行分析性审计,借以判断企业的偿债能力,于是美国的会计师突破了详细审计的做法,创立了资产负债表审计,即美国式的信用审计。1933年美国公布了《证券法》,次年公布了《证券交易法》,规定了上市公司必须向交易所提出经过公证会计师审查鉴证的财务报表(资产负债表和损益表),这促使了证券交易审计的诞生。自此,美国社会审计的重点由资产负债表审计发展为以损益表为中心对整个财务报表进行审计,即为财务报表审计。

6. 西方内部审计的发展

西方国家的内部审计同样可以追溯到古代和中世纪,由于受托经济关系的产生,经济组织中的内部经济监督也就有了必要,庄园审计、宫廷审计、行会审计、寺院审计也因此而产生。不过早期的内部审计与外部审计并无原则上的区别。

二、审计的基本要素

(一)审计主体

审计主体是接受审计授权人(或委托人)的授权(委托)而成为实施审计的主体。一般是指审计关系中的审计人。

在实际工作中,审计主体是专职机构和专业人员。专职机构是以审计为专门工作的单位,包括国家审计机关、社会审计组织、内部审计机构。专业人员是上述专职机构的审计人员。

1. 国家审计机关

1) 立法型审计体制

立法型审计体制下的最高审计机关是国家审计署,它独立于政府部门,隶属于立法机关议会,并对其负责和报告工作。立法型审计机关的主要职能是协助立法机构对政府进行监督,并在一定程度上影响立法机构的决策。它依法独立履行职责,完全不受政府的干预,如美国、英国等就采用这种体制。

2) 司法型审计体制

司法型审计体制下的最高审计机构称审计法院,属于司法系列或具有司法性质。在这种审计体制下,审计机关拥有最终判决权,有权直接对违反财经法规、制度的任何事项和人进行处理。其审计范围包括政府部门、国有企业等。司法型审计体制将审计法院介于议会和政府之间,成为司法体系的组成部分,具有处置和处罚的权利,其独立性和权威性得到进一步加强,如法国审计法院、意大利审计法院等。

3) 独立型审计体制

独立型审计体制下的国家审计机构独立于立法、司法和行政三权之外,它与议会没有领导关系,也不是政府的职能部门。在审计监督过程中,此类审计机构坚持依法审计的原则,客观公正地履行监督职能,只对法律负责,不受议会各政党或任何政治因素的干扰,但对审计出来的问题没有处理权,要交与司法机关审理,如日本会计检察院。

4) 行政型审计体制

在行政型审计体制下,审计机关隶属于政府行政部门或隶属于政府某一部门的领导,如泰国和中国的审计署是在总理领导下工作的。审计机关根据国家法律赋予的权限,对政府所属各部门、各单位的财政预算和收支活动进行审计。它们对政府负责,保证政府财经政策、法令、计划和预算等的正常实施。

行政型审计机构时效性强,但其独立性不如其他三种国家审计机构。

相关链接

我国的审计机构体系在国务院领导下,分为国家级审计署、省(直辖市)级审计厅、地市级审计局、县级审计局。

《宪法》第一百零九条规定:"地方各级审计机关依照法律规定独立行使审计监督权,对本级人民政府和上一级审计机关负责"。《中华人民共和国审计法》(以下简称《审计法》)第八条规定:"省、自治区、直辖市、设区的市、自治州、县、自治县、不设区的市、市辖区的人民政府的审计机关,分别在省长、自治区主席、市长、州长、县长、区长和上一级审计机关的领导下,负责本行政区域内的审计工作。"第九条进一步明确地方审计机关实行双重领导体制的内容,规定:"地方各级审计机关对本级人民政府和上一级审计机关负责并报告工作,审计业务以上级审计机关领导为主"。

2. 社会审计组织

社会审计组织是经政府有关部门批准,并注册登记、采取有偿服务的方式,面向社会开展审计查证和咨询、签证等业务的社会组织。它受国家审计机关的领导和管理,可以接受审计机关的委托,也可以接受企事业单位、其他社会经济组织和个人的委托进行审计,其审计报告必须报送委托的审计单位或委托人。

纵观世界各国,会计师事务所主要有独资制、普通(特殊)合伙制、股份有限公司制、有限责任合伙制四种组织形式。

3. 内部审计机构

内部审计机构是对本单位的经营活动进行审计监督,提出合理建议的组织。内部审计机构工作的内容如下:

(1) 财务计划或者单位预算的执行和决策。

(2) 财政、财务收支及其有关的经济活动。

(3) 经济效益与工作绩效。

(4) 内部控制制度。

(5) 经济责任。

(6) 建设项目预(概)算、决算。

(7) 国家财经法规和部门、单位规章制度的执行。

(8) 其他审计事项。

内部审计机构对本部门或本单位与境内、外经济组织兴办合资、合作经营以及合作项目等的合同执行情况,投入资金、财产和经营状况及其效益,并依照有关规定,进行内部审计监督。内部审计机构可以对行业经济管理中的重要问题开展行业审计调查。内部审计机构具有内向性、广泛性和及时性等特点。

内部审计组织机构一共有五种设置模式,分别是董事会下设审计委员会、在行政系统——经营管理系统设置审计机构,设在董事会,设在监事会,隶属于总经理,隶属于财会部门。

(二) 审计客体

审计客体是指接受审计人审计的经济责任承担者和履行者,即被审计单位,包括国务院各部门、地方各级政府及其所属部门、财政金融机构、企事业单位等。

(三) 审计对象

审计对象是指以各种资料反映的被审计单位在一定时期内全部或部分经济活动。审计对象的空间主体是被审计单位;审计对象的内容是被审计的经济活动;审计对象的载体是财务报表。

三、审计的分类

(1) 按审计的业务类型分类,可分为财政财务收支审计、绩效审计、经济责任审计。

财政财务收支审计是指审计机关对被审计单位的财政收支、财务收支的真实性、合法性所进行的检查和评价,是审计机关经常要开展的审计业务。

绩效审计也称效益审计,是指审计机关对照预先确定的评价标准,对审计项目是否实现预定目标或者达到既定标准进行检查,对该项目的经济效益、社会效益和环境效益作出独立评价,对影响各种效益的深层次原因进行分析,为有关部门和单位改善管理、合理决策提供有用信息,促进公共资源的有效利用。

经济责任审计是我国特有的一种审计业务类型,是审计机关对党政领导干部和国有企业领导人员任职期间应负经济责任的履行情况,所进行的审计监督。

(2) 按审计涉及的领域分类,可分为财政审计、金融审计、企业审计、资源环境审计、经济责任审计、涉外审计,也称六大业务格局。其中,财政审计包括中央财政管理审计、预算执行审计、地方财政收支审计、税收征管审计、政府投资项目审计、农业资金审计、社会保障审计等内容。

(3) 按实施时间分类,可分为事后审计、事中审计和事前审计。

事后审计是指在被审计单位的财政财务收支或经济业务完成之后所进行的审计。

事中审计是指在相关被审计事项的发展过程中介入,并跟随被审计事项的发展过程持续进行监督的审计活动,主要包括项目跟踪审计、资金跟踪审计和政策跟踪审计。

事前审计是指在被审计单位的财政财务收支和经济业务发生之前所进行的审计,主要是对计划、方案、预算制定等事项的审查。

(4) 按照审计主体分类,主要可分为国家审计、社会审计、内部审计。

国家审计主要包括政府财政收支审计、政府绩效审计、国有企业财务审计三大内容。社会审计主要是指非官方审计机构。内部(企事业单位)审计主要包括工业、商业、农业、交通运输、服务业等审计项目。

(5) 按照审计义务分类,主要可分为法定强制审计和自愿审计。

法定强制审计主要是指根据《宪法》《审计法》《合同法》等规定的强制审计。自愿审计主要是指非强制性的内部、经营、申贷前审计。

(6) 按照审计检查范围分类,主要可分为专项审计、全面审计和综合审计。

专项审计是指审计机关为了及时向各级人民政府提供经济信息,进行宏观调控,主要通过审计对与国家财政收支有关或者本级人民政府交办的特定事项,向有关地方、部门、单位进行的专门调查活动。

全部审计是指对被审计单位审计期内的全部财务收支的真实性、合法性和效益性进行的审计。

综合审计是对经济活动和管理工作事前、事中和事后审计的总称。在某一经济行为处于计划期间,要对其目标、规模、结构、发展速度和预期效益进行审计,当某一经济行为已经发生或已经完成,要对其合法性、合理性和有效性进行全面审查,并审核有关资料的真实性、准确性和完整性。

(7) 按照审计工作组织形式分类,可分为派出审计、委托审计和联合审计。

派出审计是指国家审计机关派出审计机构或审计人员对被审计单位所进行的一种审计方式。《中华人民共和国审计条例》规定:"审计机关根据工作需要可以在重点地区、部门设立派出机构,进行审计监督"。

委托审计的形式是多种多样的。从审计工作的实际出发,上级审计机关可将其审计范围内的事项委托下级审计机关进行审计;国家审计机关也可以委托经政府有关部门批准注册的会计师事务所进行审计等。受托单位在执行审计任务时,具有与委托审计的审计机关同样的权威性。社会审计执行的就是委托审计。

联合审计是指两个或两个以上的审计机关(组织)共同进行的审计。联合审计的方式有:①由国家审计机关负责组织其他审计机构和人员(如部门内部审计机构、民间审计组织有关人员)组成检查组进行联合审计;②几个民间审计组织按照一定的原则联合起来进行审计;③由国家审计机关指定几个被审单位的内部审计人员,按照规定的要求进行互查,然后向审计机关提交审计报告。

(8) 按照审计是否事先通知分类,可分为预告审计和突击(不预告)审计。

预告审计是指审计组织在进行审计前通知被审计单位或被审查者的审计。预先通知是为了使被审者了解审计的目的、日期、范围及主要内容,使他们做好必要的准备工作。

突击审计是指在对被审计单位实施审计之前,不预先把审计的目的、内容和日期通知被审计单位而进行的审计。审计人员在审计时可以借助于一些辅助审计软件将该单位的电脑原始账务数据拷贝下来,再按事先拟订的审计工作方案的要求,对其实施有效审计。采用这种方法可以有效防止人为调账现象的发生。

(9) 按照审计时间分类,主要可分为定期审计和不定期审计。

定期审计是指审计机构根据审计法规和审计规划,按规定时间(如年份、季度、月份)对被审计单位进行的审计。例如,各地审计机关对行政事业单位实行的按月按季按半年或年度的定期审计。

不定期审计是指审计机构根据特殊情况、特定任务和特殊要求,随时安排的对被审计单位或事项所进行的审计。例如,对经济犯罪案件、经济合同纠纷、会计人员投诉等的审计。

四、审计的特征

(一) 审计的本质特征

审计的本质特征是独立性,包括实质上的独立性和形式上的独立性。所谓实质上的独立性,是要求注册会计师与委托单位之间必须毫无利害关系。其本质上是指注册会计师在审计过程中保持的一种公正无偏的态度,一种在履行专业判断和发表审计意见时不依赖和屈从于外界的压力的精神状态。它要求注册会计师在执业过程中严格保持超然性,不能主观偏袒任何一方当事人,尤其不应使自己的结论依附和屈从于持反对意见利益集团或人士的影响和压力。

所谓形式上的独立性,又称为"形体独立性""外在独立性"或"表面独立性",是对第三者而言的,即注册会计师必须在第三者面前呈现一种独立于委托单位的身份。如果注册会计师具备了实质上的独立性,但是报表使用者却认为他们是客户的辩护人,那么审计的作用就会大大降低。因此,报表使用者对这种实质上的独立性的信任也很重要。这种信任要求注册会计师必须具备形式上的独立性,其具体是指审计人员必须与委托人和被审计单位没有任何特殊的利益关系,如不得与客户存在直接经济利益关系、不能是客户的贷款人、不得与客户存在近亲关系等。

相关链接

形式上的独立性表现在以下几个方面。

1. 组织上的独立性

审计机构是单独设置的,不隶属于其他任何部门或业务机构,同时,独立于被审单位,与被审单位在组织上无行政隶属关系。

2. 工作上的独立性

审计机构与人员不直接参加日常的经济计划与管理工作,审计人员是按照法律赋予的职责进行工作的。他们独立编制审计计划;独立取证和审核检查,并作出评价;独立作出审计结论,提出处理意见,不受其他行政机关、社会团体和个人的干涉,这种监督具有法律效力。

3. 经济上的独立性

国家审计的审计经费及收入有稳定的来源,不受被审计单位的制约。经费是独立的,列入财政预算,由各级政府承担,保证其执法的独立客观性。同时,按照《审计法》及审计署制定的审计规范,审计机关对被审计单位违反国家规定的财政、财务收支行为和违纪违法行为,不仅拥有检查权,而且拥有行政处理权、移送行政处理及提请司法处理权等,具有很强的独立性。

4. 社会关系上的独立性

如果注册会计师在执业中与被审计单位当事人有近亲关系,则有可能影响其审计独立性。当注册会计师的近亲,在被审计单位工作,或虽不在被审计单位工作,但与被审计单位有经济利益联系时,则认为可能会影响其执业的独立性。若注册会计师的亲属担任被审计单位的主要职务或者参与了被审计财务报表的主要生成过程,在这种情况下,可以认定注册会计师审计的独立性受到了损害。

实质上的独立性和形式上的独立性是两个不同的概念,但有时又密不可分。实质上的独立性是无形的,难以测量的;而形式上的独立性是有形的,可以观察的。注册会计师在执行审计业务时,不仅要保持实质上的独立性,而且要保持形式上的独立性。因为实质上的独立性只有当注册会计师在整个审计过程中真正保持中立(即不偏不倚)时才成立,而形式上的独立性则是社会公众对注册会计师独立性评判的结果。在现实中，即使注册会计师确实保持了实质上的独立性，但如果社会公众认为其偏袒了委托人或其他任何一方而有失形式上的独立性，则审计结果再正确也是徒劳的，他的服务也会丧失其价值。因此，形式上的独立性是实质上的独立性的重要保证，也是社会公众评价注册会计师工作、进而决定对注册会计师信赖与否的标准。

（二）我国国家审计的基本特征

1. 国家审计的独立性

1）组织上的独立性

审计机构是单独设置的，不隶属其他任何部门或业务机构。审计署受国务院总理领导，地方审计机关受各级地方人民政府主要负责人领导，同时，其独立于被审单位，与被审单位在组织上无行政隶属关系。

2）工作上的独立性

审计机构与人员不直接参加日常的经济计划与管理工作，审计人员是按照《宪法》《审计法》等法律赋予的职责进行工作的。他们独立编制审计计划；独立取证和审核检查，并作出评价；独立作出审计结论，提出处理意见，不受其他行政机关、社会团体和个人的干涉，这种监督具有法律效力。

3）人事上的独立性

审计署审计长由国务院总理提名，由全国人民代表大会常务委员会任命；地方各级审计机关主要负责人，由政府提名，由地方人民代表大会常务委员会任命。而且下级审计机关负责人的任免调动，要征求上级审计机关意见，这种人事安排的独立性，有利于保持稳定性。

4）经济上的独立性

国家审计的审计经费及收入有稳定的来源，不受被审计单位的制约。其经费是独立的，列入财政预算，由各级政府承担，保证其执法的独立客观性。同时，按照《审计法》及审计署制定的审计规范，审计机关对被审计单位违反国家规定的财政财务收支行为和违纪违法行为，不仅拥有检查权，而且拥有行政处理权、移送行政处理及提请司法处理权等，具有很强的独立性。

2. 国家审计的强制性

1）主导地位上的强制性

国家审计是依据《宪法》在县级以上人民政府内部建立的，代表国家实施审计监督，并在业务上对内部审计和社会审计进行管理、指导和监督。这种管理、指导和监督是强制性的，是不以内部审计和社会审计的意愿为转移的，构成了国家审计在整个审计组织体系中的主导地位。

2）审计立项上的强制性

国家审计的审计立项可以根据自我编制的年度审计计划，也可以根据本级人民政府或上级审计机关临时交办的事项，还可根据国家审计组织本身临时掌握的线索等。由此可见，国家审计的审计立项是以法定程度和自我工作需要为主要依据的，而不受被审计单位和其他方面的左右和干涉。

3) 审查权限上的强制性

国家审计机关依照国家法律规定独立行使审计监督权，不受其他行政机关、社会团体和个人的干涉。这既反映了国家审计的独立性，也表现出国家审计的强制性。因为在这种审计活动中，国家审计机关是行为主体，其审计程序、审计方法方式的运用或选用是以完成审计任务、提高审计工作效率为指导原则的，被审计单位在审计活动中的配合情况尽管也影响着审计工作效果，但总体上讲，被审计单位必须无条件接受审计机关的监督检查。

4) 审计处理上的强制性

就某一项具体的国家审计工作而言，应在其最后阶段写出审计报告，作出审计结论和决定，并送达被审计单位及有关协助执行部门或单位。这些单位或部门应主动地、自觉地予以执行或协助执行，部门或单位没有或不准备主动、自觉执行或协助执行审计决定时，审计机关可采取相应措施使审计结果得到强制执行。

3. 国家审计的权威性高

（1）规范国家审计行为的《审计法》在我国法律体系中处于较高的地位。《宪法》是国家的根本大法，它把审计监督制度确立为国家经济管理中的一项基本制度。《审计法》是具体规定国家审计监督制度的基本法律，它以《宪法》中关于审计监督的规定为依据，是对《宪法》有关规定的具体化。在规范国家审计监督制度方面，《审计法》是仅次于《宪法》的国家法律。同时，其他行政法律也是国家审计机关对被审计单位进行审计，并对在审计中发现的问题进行处理、处罚的依据。

（2）审计机关与审计人员应根据《宪法》规定，直接在各级人民政府的主要行政负责人的领导下，依法独立行使审计监督权并向其负责和报告工作，不受本地行政机关、社会团体和个人的干涉，使国家审计具有代表行使监督权力的权威性。

（3）根据《审计法》规定，审计机关不但可以对各级政府机构、国有大中型企事业单位进行经济监督，还可以对经济执法部门（如财政、税务、金融、工商行政、物价、海关等专业经济监督部门）进行"再监督"的特性，促使其依法履行监督职责。审计机关不仅可对微观层次进行监督，而且可对宏观管理层次加以监督。由于审计机关专司审计监督，不承担其他业务工作，与其监督对象无直接利害关系，居于客观公正的超脱地位，其监督工作更具有权威性。

4. 国家审计的综合性

国家审计是综合性的经济监督部门。一方面，国家审计具有监督面广的特点，它通过对综合反映经济活动的财政、财务收支进行审查、鉴证、评价，从不同侧面、不同环节上监视着经济活动的运行轨迹，在宏观调控中发挥着其他经济监督无法替代的综合性作用；另一方面，其具有监督层次广的特点，不仅可通过大量的微观审计直接督导微观主体依法开展经济活动,促进宏观调控措施在微观层次的落实和微观经济效益的提高,而且能够通过对广泛的微观审计活动的综合分析,向决策部门反映情况,提出建议,促进宏观调控的改进与完善,间接提高宏观经济效益。

此外,一般的专业经济监督,其监督职能只是在特定范围内的单项监督,而国家审计则可以对这些专业经济形式各业务范围内的经济活动进行监督与再监督,形成不同层次、不同角度的经济监督网络,加之在审计监督的过程中,国家审计监督具有独立性强、强制性大、权威性高的特点,使国家审计监督具有一定的综合协调作用。

(三) 社会审计的基本特征

总的来说,社会审计具有独立性、有偿性、委托性等特点。具体包括以下几点:

(1) 社会审计目标是对财务报表的合法性、公允性发表审计意见。
(2) 社会审计的审计标准是注册会计师审计准则。
(3) 社会审计是受托审计,没有强制性;同时,注册会计师审计是收费审计。
(4) 社会审计在取证时需要对方配合,对方不配合时没有强制措施,取证方式弱。
(5) 社会审计在发现问题时仅有建议权,对方不采纳时披露自己的意见即可。
(6) 社会审计要求注册会计师在审计时保持客观、公正、独立、实事求是。

(四) 内部审计的基本特征

内部审计的基本特征主要包括以下几点:

(1) 企业的内部审计主要是针对企业的内部领导,具有一定的内向性。
(2) 内部审计具有一定的独立性。内部审计工作可以区别于其他的工作,独立地对企业的管理部门进行审查和评价。
(3) 内部审计工作的涉及范围很广,可以对企业内部所有部门的经济运转情况进行审计。
(4) 内部审计工作具有一定的及时性。在审计过程中,一旦企业内部出现问题,内部审计部门能够及时地与企业的各个部门进行沟通,采取相应的对策,及时解决问题。

(五) 国家审计、社会审计与内部审计的区别

1. 审计主体不同

国家审计的主体是国家审计机关,其代表国家依法进行审计;社会审计是由依法设立的会计师事务所进行的审计;内部审计则由单位内部的审计机构及人员进行。

2. 依据和标准不同

国家审计主要依据《中华人民共和国审计法》和《中华人民共和国国家审计准则》;社会审计主要依据《中华人民共和国注册会计师法》和《中国注册会计师审计准则》;内部审计则依据《审计署关于内部审计工作的规定》和《中国内部审计准则》。

3. 独立性不同

国家审计是单向独立的,它是双重领导的国家行政体制,独立于被审计单位,因为是

国家审计部门,独立性要比内部审计强。社会审计的独立性较强且是双向独立,独立于授权(委托)单位及被审计单位;而内部审计的独立是相对独立,主要是独立于所审的其他职能部门,所以独立性相对较弱。独立性由强到弱为:社会审计—国家审计—内部审计。

4. 方式不同

国家审计和内部审计都是授权审计,社会审计主要是委托审计。

5. 关注领域不同

国家审计关注财经法纪方面;社会审计关注财务报表所反映的经济活动的真实性、合法性等方面;内部审计关注内部控制缺陷方面。

6. 审计结果汇报对象不同

国家审计机关就审计结果向同级人民政府和上级审计机关汇报;内部审计机构就审计结果向单位负责人汇报;社会审计就审计结果向治理层、委托人等报表预期使用者汇报或公布。

(六) 国家审计、社会审计与内部审计的联系

(1) 国家审计、社会审计和内部审计都是审计工作,这是三者最本质的联系。对整个国民经济而言,国家审计、社会审计和内部审计三者共同构成完整的审计监督体系,相互不可替代,没有主导与从属的关系。

(2) 工作的方法具有一致性。不论是何种审计,尽管依据的法律和审计标准不同,关注的重点也不尽一致,但作为审计业务操作者,不论是内部审计师、注册会计师还是注册审计师,其审计的方法大体是一致的。

(3) 外部审计的结果对内部审计工作具有指导作用。通常,外部审计(不论是国家审计还是社会审计)因其接触的社会面广、业务种类多,比内部审计更容易了解业内动态、掌握新的规则及其运作方式,所以其审计结果有时可以为内部审计指点方向,从而对内部审计具有较强的指导作用。特别是国家审计,其结果往往会作为一个单位内部控制不可逾越的标杆和单位内部审计的标准。

(4) 三种审计结果可以互相参考,提高审计工作效率。通常,内部审计作为单位内部控制的重要组成部分,外部审计在对被审计单位的内部控制进行测评时,就须对内部审计的设置及其工作进行了解,还可利用内部审计结果。同样,国家审计与社会审计之间的审计结果也可以互相参考,以提高工作效率。

五、审计的职能

审计职能是指审计能够完成任务、发挥作用的内在功能。审计职能是审计自身固有的,但并不是一成不变的,它随着社会的发展、经济关系的变化、审计对象的扩大、人类认识能力的提高不断加深和扩展。

(一) 经济监督职能

无论是传统审计,还是现代审计,其基本职能都是经济监督。不仅国家审计具有监督

职能,社会审计和内部审计都具有监督职能。但必须明确的是,监督不是审计唯一的职能,其只能说明各项审计都有监督职能,而不意味着其他各项职能实质上都是监督职能。

审计的经济监督职能主要是指通过审计、监察和督促被审计单位的经济活动,使其在规定的范围内和正常的轨道上进行。监察和督促有关经济责任者能否认真履行经济责任,同时借以揭露违法违纪、稽查损失浪费、查明错误弊端、判断管理缺陷和追究经济责任等。审计工作的核心是通过审核检查,查明被审计事项的真相,然后对照一定的标准,作出被审计单位经济活动是否真实、合法、有效的结论。从依法检查、依法评价、到依法作出处理决定以及督促决定的执行,无不体现了审计的经济监督职能。

(二) 经济鉴证职能

审计的经济鉴证职能是指审计机构和审计人员对被审计单位财务报表及其他经济资料进行检查和验证,确定其财务状况和经营成果是否真实、公允、合法、合规,并出具书面证明,以便为审计的授权人或委托人提供确切的信息,并取信于社会公众的一种职能。

审计的经济鉴证职能是审计的主要职能,包括鉴定和证明两个方面。例如,会计师事务所接受中外合资经营企业的委托,对其投入资本进行验资,对其年度财务报表进行审查,或对其合并、解散事项进行审核,然后出具验资报告、查账报告和清算报告等,均属于审计执行经济鉴证职能;又如,国家审计机关对厂长(经理)的离任审计,对承包、租赁经营的经济责任审计,对国际组织的援助项目和世界银行贷款项目的审计等,也都属于经济鉴证职能的范围。

(三) 经济评价职能

审计的经济评价职能是指审计机构和审计人员对被审计单位的经济资料及经济活动进行审查,并依据一定的标准对所查明的事实进行分析和判断,肯定成绩,指出问题,总结经验,寻求改善管理提高效率、效益的途径。审计的经济评价职能是审计的延伸职能,包括评定和建议两个方面。例如,审计人员通过审核检查,评定被审计单位的经营决策、计划、方案是否切实可行、是否科学先进、是否贯彻执行,评定被审计单位内部控制制度是否健全和有效,评定被审计单位各项会计资料及其他经济资料是否真实、可靠,评定被审计单位各项资源的使用是否合理和有效等;并根据评定的结果,提出改善经营管理的建议。评价的过程,也是肯定成绩、发现问题的过程,其建议往往是根据存在问题提出的,以利于被审计单位克服缺点、纠正错误、改进工作。经济效益审计是最能体现审计评价职能的一种审计。

值得提出的是,我国社会主义的审计评价,一定不能局限于微观经济的评价,必须正确处理微观经济与宏观经济的关系,从宏观经济利益出发进行微观经济评价,以助于保证评价结论的合理性和正确性。在审计职能的研究过程中,也有人提出审计还具有服务、管理、咨询等方面的职能。在经济生活日趋复杂、社会日益进步、科技巨大发展的今天,审计职能也必然要发展,不可能停滞不前。

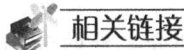相关链接

审计与会计的联系与区别

一、审计与会计联系

审计具有经济监督、经济鉴定和经济评价的职能。审计与会计是两种不同的但又有联系的社会活动。审计与会计的联系主要表现在以下两点:

(1)审计主要是对会计凭证、会计账簿和会计报表等财务会计资料及其所反映的财政、财务收支活动的真实、合法、效益进行审查和评价。审计需要以会计资料为前提和基础,离开了财务会计资料,审计工作很难进行。

(2)会计活动是经济管理的重要组成部分,它本身是审计监督的主要对象。在审计产生之初,审计人员主要从审查会计资料入手,对会计资料中反映的问题进行审查。我国古代有审计是"听其会计"之说,西方国家的"audit"一词也有"听审"的含义。从审计的产生可以看出,审计和会计不是一回事,审计也不是从会计中派生出来的。检查会计资料只是审计的一种手段和方式。随着审计的发展,审计和会计的区别也越来越明显。

二、审计与会计的区别

(1)产生的前提不同。会计是为了加强经济管理,适应对劳动耗费和劳动成果进行核算和分析的需要而产生的;审计是因经济监督的需要,为了确定经营者或其他受托管理者的经济责任的需要而产生的。

(2)两者性质不同。会计是经营管理的重要组成部分,主要是对生产经营或管理过程进行反映和监督;审计则处于具体的经营管理之外,是经济监督的重要组成部分,主要对财政、财务收支及其他经济活动的真实、合法和效益进行审查,具有外在性和独立性。

(3)两者对象不同。会计的对象主要是资金运动过程,审计的对象主要是会计资料和其他经济信息所反映的经济活动。

(4)方法程序不同。会计方法体系由会计核算、会计分析、会计检查三部分组成,包括了记账、算账、报账、用账、查账等内容,其中会计核算方法包括设置账户、复式记账、填制凭证、登记账簿、成本计算、财产清查、会计报表等方法,其目的是提供管理和决策必需的资料和信息;审计方法体系由规划方法、实施方法、管理方法等组成,而实施方法主要是确定审计事项、收集审计证据、对照标准评价,提出审计报告与决定,使用资料检查法、实物检查法、审计调查法、审计分析法、审计抽样法等,其目的是对被审计对象提供证据进行全面评价而采取的必要方法。

(5)职能不同。会计的基本职能是对经济活动过程的核算和监督;审计的基本职能是监督,此外还包括评价和鉴证。

会计虽说也具有监督职能,但这种监督是一种自我监督行为,主要通过会计检查来实现,针对会计业务活动本身,而审计既包含了检查会计账目,又包括了对计算行为及所有

的经济活动进行实地考察、调查、分析、检验,即含审核稽查计算之意。

会计检查只是各个单位财会部门的附带职能,而审计是独立于财会部分之外的专职监督检查;会计检查的目的主要是保证会计资料的真实性和准确性,其检查范围、深度、方式均受到限制,而审计的目的在于证实财政、财务收支的真实、合法、效益,审计检查会计资料只是实现审计目的的手段之一,但不是唯一的手段。

六、审计的作用

(一)国家审计的作用

国家审计监督对于宏观经济管理和微观经济管理均能发挥以下两个方面的作用。

1. 审计的制约作用

审计通过揭露和制止、处罚等手段,来制约经济活动中各种消极因素,有助于各种经济责任的正确履行和社会经济的健康发展。我国审计的制约作用具体包括以下内容:

(1)揭露背离社会主义方向的经营行为。

(2)揭露经济资料中的错误和舞弊行为。会计资料及其他各种经济资料,应该真实、正确、合理、合法地反映经济活动的事实。通过审计的检查监督,不仅可以揭露经济资料中的错误,还可以揭发经济业务中的错误和舞弊行为,从而进一步追究有关负责人的责任,并考查有关管理人员的政治、业务素质。

(3)揭露经济生活中的各种不正之风。

(4)打击各种经济犯罪活动。

2. 审计的促进作用

审计通过调查、评价、提出建议等手段,服务于宏观经济调控,促进微观经济管理,有助于国民经济管理水平和绩效的提高,具体包括以下内容:

(1)促进经济管理水平和经济效益的提高。

(2)促进内控制度建设和完善。

(3)促进社会经济秩序的健康运行。

(4)促进各种经济利益关系的正确处理。

(二)社会审计的作用

1. 维护市场公平正义

社会审计主要是对市场主体的经营活动的真实性、合法性、公允性进行审计,目的是纠正会计报表的错误,查找违法行为,维护市场的公平正义,创造良好的竞争环境,吸引国内外投资。

2. 是国家审计体系的重要组成部分

企业在国家法律、法规的规范和宏观调控政策指导下,自主经营、自负盈亏。社会审计对企业的经营活动进行鉴证并提出建议,政府可利用注册会计师及其事务所出具的审计报告,了解企业的财务状况和经营成果,了解国家财经法律、法规和政策的执行情况,以便进行宏观调控。社会审计为国家宏观调控政策的制定提供参考依据,是国家审计体系的重要组成部分。

3. 促进企业内部管理

为了维护股东和债权人的合法权益,规范企业管理人员的行为,法律规定企业必须聘请注册会计师对企业管理者编制的年度财务报表进行审计,鉴证报表的真实性,给企业内部管理提出建设性意见。

(三) 内部审计

内部审计的重要作用主要体现在以下三个方面。

1. 预防保护作用

内部审计机构对会计部门工作进行监督,有助于强化单位内部管理控制制度,及时发现问题、纠正错误,减少管理漏洞和损失,保护资产的安全与完整,提高会计资料的真实性和可靠性。

2. 服务促进作用

内部审计机构作为企业内部的一个职能部门,熟悉企业的生产经营活动等情况。因此,通过内部审计,可在企业改善管理、挖掘潜力、降低生产成本、提高经济效益等方面起到积极的促进作用。

3. 评价鉴证作用

内部审计是基于受托经济责任的需要而产生和发展起来的,是经营管理分权制的产物。随着企业单位规模的扩大,管理层次的增多,对各部门经营业绩的考核与评价成为现代管理不可缺少的组成部分。内部审计可以对各部门活动作出客观、公正的审计结论和意见,起到评价和鉴证的作用。

任务二　注册会计师审计

一、注册会计师审计的含义

注册会计师审计是指会计师事务所接受委托依法对被审计单位的财政、财务收支及其有关的经济活动的真实、合法和效益进行检查、评价、鉴证并发表意见的一种监督活动。

二、会计师事务所的组织形式

(一) 个人会计师事务所

个人会计师事务所是指由具有注册会计师执业资格的个人独立开业,并承担无限责任的一种事务所组织形式。

该形式的优点是:①对执业人员的数量没有限制,容易设立;②执业灵活,能够在代理记账、代理纳税等方面很好地满足小型企业对注册会计师服务业务的需求;③风险较小,虽然该形式下注册会计师应对其违法行为承担无限责任,但实际发生风险的程度相对较低。

该形式的缺点是:①无力承担大型业务;②缺乏发展后劲。

(二) 合伙制会计师事务所

普通合伙制会计师事务所是指由两名或两名以上注册会计师组成的合伙组织,各合伙人以各自的财产对事务所的债务承担无限连带责任。

该形式的优点是在风险牵制和共同利益的驱动下,可以促使事务所强化专业发展、扩大规模、提高风险规避能力。

该形式的缺点是通过合伙制的方式扩大事务所规模。建立一个跨地区、跨国界的大型事务所要经历一个漫长的过程,同时,任何一个合伙人执业中的疏忽或舞弊行为,都可能给事务所带来灭顶之灾,使之一日之间土崩瓦解。

特殊普通合伙制会计师事务所与普通合伙制会计师事务所不同,其区别在于其合伙人承担的责任、风险与普通合伙制会计师事务所的合伙人不同。在普通合伙制企业中,合伙人承担无限连带责任。而在特殊普通合伙制企业中,承担的责任分为两类:①若是由于合伙人非故意或者非重大过失引起的损失,则全体合伙人承担无限连带责任;②若是由于合伙人故意或者重大过失引起的损失,则该合伙人承担无限连带责任而其余的合伙人承担有限责任,以其出资额为限。

这种特殊普通合伙制,有助于实现责任的划清与风险的控制,对合伙人有较强的激励作用,对会计师事务所或者律师事务所等高风险专业机构的成长有好处,目前大部分的会计师事务所都是这种模式。

(三) 股份有限公司制会计师事务所

股份有限公司制会计师事务所是指由注册会计师认购事务所股份并以其所认购股份对事务所承担有限责任,事务所以全部资产对其债务承担有限责任的事务所组织形式。它的优点是可以通过股份制形式迅速聚集一批注册会计师,建立规模型事务所,承办大型业务。该形式的缺点是降低了风险责任对执业行为的高度制约,弱化了注册会计师的个人责任。

(四) 有限责任合伙制会计师事务所

有限责任合伙制(Limited Liability Partnerships, LLP)会计师事务所是指事务所以全部资产对其债务承担责任,各合伙人对个人执业行为承担无限责任的一种事务所组织形式。它的最大特点在于,既融合了普通合伙制和股份有限公司制会计师事务所的优点,又摒弃了它们的不足。这种组织形式是为顺应经济发展对注册会计师行业的要求,于20世纪90年代初期兴起的。到1995年年底,原"六大"国际会计公司在美国的执业机构已完成了向有限责任合伙制的转型,在其他国家和地区的执业机构的转型目前正在进行之中。同时，许多国家和地区的大中型会计师事务所也陆续开始转型。有限责任合伙制会计师事务所已成为当今注册会计师职业界组织形式发展的一大趋势。截至1999年4月，"五大"国际会计公司实行有限合伙情况统计：安永（EV）美国；普华永道（PWC）美国、加拿大；安达信（AA）美国；德勒（DTT）美国、英国、日本、泰国、越南、中国台湾；毕马威（KPMG）美国。

三、会计师事务所的业务

会计师事务所的业务主要有鉴证业务和相关服务。

(一) 鉴证业务

鉴证业务是指注册会计师对鉴证对象信息提出结论，已增强除了责任方之外的预期使用者对鉴证对象信息信任程度。鉴证业务包括审计业务、审阅业务及其他鉴证业务。

1. 审计业务

（1）审查企业会计报表，出具审计报告。

（2）验证企业资本，出具验资报告。

（3）办理企业合并、分立、清算事宜中的审计业务，出具有关报告。

（4）办理法律、行政法规规定的其他审计业务。

审计业务是会计师事务所的主要业务，非注册会计师不得承办。

2. 审阅业务

（1）设计财务会计制度。

（2）担任会计顾问，提供会计、财务、税务和其他经济管理咨询业务。

（3）代理记账。

（4）代理纳税申报。

（5）代办申请注册登记，协助拟定合同、协议、章程及其他经济文件。

（6）培训会计人员。

（7）审核企业前景财务资料。

（8）资产评估。

（9）参与进行可行性研究。

（10）其他会计咨询和会计服务业务。

(二) 相关服务

（1）根据《中华人民共和国中外合资经营企业法》《中华人民共和国中外合作经营企业法》《中华人民共和国外商投资企业法》及其实施条例或细则，以及有关三资企业（中外合资经营企业、中外合作经营企业和外商投资企业统称三资企业）税法的规定，三资企业的验资业务、会计报表的审计业务必须由中国注册会计师办理。验资业务包括设立时验资和资本变更时验资；审计业务包括年度会计报表审计、中期会计报表审计和合并、分立及清算会计报表审计。

(2) 根据《关于从事证券业务的会计师事务所、注册会计师资格确认的规定》及证券管理方面的法律、行政法规的规定,股份制企业的改组审计业务,年度会计报表审计业务,中期会计报表审计业务,合并、分立及清算会计报表审计业务,以及这些企业的验资业务,必须由会计师事务所和注册会计师办理。

(3) 除三资企业和股份制企业外,根据《企业会计准则》《企业财务通则》等有关会计法规、制度的规定,企业对外报送的会计报表,也应由企业委托注册会计师进行审计。

四、合理保证与有限保证

合理保证是一个与积累必要的证据相关的概念,它要求注册会计师通过不断修正的、系统的执业过程,获取充分适当的证据,对鉴证对象信息整体提出结论,提供一种高水平但非百分之百的保证。它是一个与绝对保证相对应的概念,绝对保证是指注册会计师对财务报表整体不存在重大错报提供百分之百的保证。当注册会计师获取充分、适当的审计证据将审计风险降至可接受的低水平时,就获取了合理保证。

合理保证与有限保证

由于审计存在固有限制,注册会计师据以得出结论和形成审计意见的大多数审计证据是说服性而非结论性的,因此,审计只能提供合理保证,不能提供绝对保证。

合理保证与有限保证（动画）

(一) 鉴证业务按保证程度分为合理保证和有限保证

1. 审计属于合理保证鉴证业务

注册会计师将审计业务风险降至审计业务环境下可接受的低水平,以此作为以积极方式提出审计意见的基础。在财务报表审计中,要求注册会计师将审计风险降至可接受的低水平,对审计后的财务报表提供高水平保证（合理保证）,在审计报告中对财务报表采用积极方式提出结论。

2. 审阅属于有限保证的鉴证业务

注册会计师将审阅业务风险降至审阅业务环境下可接受的水平,以此作为以消极方式提出审阅结论的基础。在财务报表审阅中,要求注册会计师将审阅风险降至审阅业务环境下可接受的水平（高于财务报表审计中可接受的低水平）,对审阅后的财务报表提供低于高水平的保证（有限保证）,在审阅报告中对财务报表采用消极方式提出结论。

(二) 合理保证和有限保证的区别

1. 目标不同

(1) 财务报表审计目标（合理保证）。财务报表审计是将财务报表的审计风险降至具体业务环境下可接受的低水平,以此作为以积极方式提出审计意见的基础,并对审计后的财务报表提供高水平的保证。

(2) 财务报表审阅目标(有限保证)。财务报表审阅是将财务报表的审阅风险降至具体业务环境下可接受的水平,以此作为以消极方式提出结论的基础,并对审阅后的财务报表提供低于高水平的保证。

2. 收集证据的程序不同

(1) 财务报表审计程序。注册会计师应当通过一个不断修正的、系统化的执业过程,运用各种审计程序,获取充分、适当的证据。

(2) 财务报表审阅程序。注册会计师在证据收集程序的性质、时间安排和范围等方面是有意识地加以限制的,主要采用询问和分析程序获取证据。

3. 所需证据的数量和质量不同

(1) 财务报表审计的证据。注册会计师应当获取充分且适当的审计证据,作为形成审计结论的基础。

(2) 财务报表审阅的证据。注册会计师应当获取能够形成结论的审阅证据,才能形成审阅结论。

4. 检查风险不同

(1) 财务报表审计的检查风险。注册会计师为了将审计风险降至具体业务环境下可接受的低水平,因此检查风险应当满足审计风险低水平的要求,检查风险应当足够低。

(2) 财务报表审阅的检查风险。注册会计师在获取审阅证据的程序方面受到有意识的限制,此时的检查风险高于审计时的检查风险。

5. 财务报表的可信性不同

(1) 财务报表审计的可信性。注册会计师审计业务中实施的证据收集程序更为系统和全面,收集的证据更充分,提供的保证水平更高,审计后的财务报表可信性也更高。

(2) 财务报表审阅的可信性。注册会计师审阅业务中实施的证据收集程序受到有意识的限制,收集的证据是有限的,审阅后财务报表可信性比审计后财务报表的可信性要低。

6. 提出结论的方式不同

(1) 财务报表审计以积极方式提出结论。

(2) 财务报表审阅以消极方式提出结论。

相关链接

合理保证与有限保证的区别可总结如表1-1所示。

表1-1 合理保证与有限保证的区别

业务类型区别	合理保证(财务报表审计)	有限保证(财务报表审阅)
1. 目标	在可接受的低审计风险下,以积极方式对财务报表整体发现审计意见,提供高水平的保证	在可接受的审阅风险下,以消极方式对财务报表整体发表审阅意见,提供有意义水平的保证。该保证水平低于审计业务保证水平

(续表)

业务类型区别	合理保证(财务报表审计)	有限保证(财务报表审阅)
2. 收集证据程序	通过一个不断修正的、系统化的执业过程,获取充分、适当的证据。证据收集程序包括检查记录或文件、检查有形资产、观察、询问、函证、重新计算、重新执行、分析程序等	通过一个不断修正的、系统化的执业过程,获取充分、适当的证据。证据收集程序受到有意识的限制,主要采用询问和分析程序获取证据
3. 所需证据数量	较多	较少
4. 检查风险	较低	较高
5. 财务报表的可信性	较高	较低
6. 提出结论的方式	以积极方式提出结论。例如,"我们认为,ABC公司财务报表在所有重要方面按照企业会计准则和《××会计制度》的规定编制,公允反映了ABC公司20×1年12月31日的财务状况以及20×1年度的经营成果和现金流量"	以消极方式提出结论。例如,"根据我们的审阅,我们没有注意到任何事项使我们相信,ABC公司财务报表没有按照企业会计准则和《××会计制度》的规定编制,未能在所有重大方面公允反映被审阅单位的财务状况、经营成果和现金流量"

五、注册会计师执业准则体系

注册会计师执业准则是指注册会计师执行审计业务的权威性标准,注册会计师执业准则对提高审计质量、降低审计风险,维护社会公众利益具有重要的作用。

中国注册会计师执业准则由中国注册会计师业务准则和会计师事务所质量控制准则构成。中国注册会计师业务准则由鉴证业务准则和相关服务准则所构成。

(一)鉴证业务准则

鉴证业务准则由鉴证业务基本准则统领,按照鉴证业务提供的保证程度和鉴证对象的不同,分为审计准则、审阅准则和其他鉴证业务准则。其中,审计准则是整个业务准则体系的核心。审计准则用以规范注册会计师执行历史财务信息的审计业务。在提供审计服务时,注册会计师对所审计信息是否不存在重大错报提供合理保证,并以积极方式提出结论。

(二)相关服务准则

相关服务准则用以规范注册会计师执行除鉴证业务外的其他相关服务业务。

相关服务业务主要包括对财务信息执行商定程序、代编财务信息、税务咨询和管理咨询等。在提供相关服务时,注册会计师不提供任何程度的保证。

(三)会计师事务所质量控制准则

会计师事务所质量控制准则用以规范会计师事务所在执行各类业务时应当遵守的质量控制政策和程序,是对会计师事务所质量控制提出的制度要求。

会计师事务所质量控制准则旨在保证注册会计师在执行审计、审阅、其他鉴证业务和相关服务时，能够遵守法律法规、中国注册会计师职业道德规范以及相关业务准则的规定，确保会计师事务所和项目负责人能够根据具体情况出具恰当的报告，提供高质量的服务。

相关链接

审计、审阅、商定程序三类业务的主要差异如表1-2所示。

表1-2 审计、审阅、商定程序三类业务主要差异一览表

项目	财务报表审计	财务报表审阅	执行商定程序
目标	注册会计师通过执行审计工作，对财务报表的下列方面发表审计意见：①财务报表是否按照适用的会计准则和相关会计制度的规定编制；②财务报表是否在所有重大方面公允反映被审计单位的财务状况、经营成果和现金流量	注册会计师在实施审阅程序的基础上，说明是否注意到某些事项，使其相信财务报表没有按照适用的会计准则和相关会计制度的规定编制，未能在所有重大方面公允反映被审阅单位的财务状况、经营成果和现金流量	注册会计师对特定财务数据、单一财务报表或整套财务报表等财务信息执行与特定主体商定的具有审计性质的程序，并就执行的商定程序及其结果出具报告
业务性质	合理保证的鉴证业务	有限保证的鉴证业务	相关服务（非鉴证业务）
执业标准	中国注册会计师审计准则	中国注册会计师审阅准则第2101号——财务报表审阅	中国注册会计师相关服务准则第4101号——对财务信息执行商定程序
对注册会计师独立性的要求	作为鉴证业务，注册会计师在执行审计、审阅业务时必须具有形式上和实质上的独立性		不对商定程序业务提出独立性要求，但如果业务约定书或委托目的对注册会计师的独立性提出要求，注册会计师应当从其规定。如果注册会计师不具有独立性，应当在商定程序业务报告中说明这一事实
所使用的程序和方法	审计程序的实施范围较广，程度较深，种类较多，包括检查记录或文件、检查有形资产、观察、询问、函证、重新计算、重新执行、分析程序等	以询问和分析程序为主，只有当有理由相信所审阅的财务报表可能存在重大错报时才需要追加其他程序	视执行商定程序的对象和委托目的而定，可能使用询问和分析、重新计算、比较和其他核对方法，观察、检查、函证等方法中的全部或者一部分
注册会计师提供的保证程度	以积极方式提供合理保证	以消极方式提供有限保证	不提供任何保证
结论的类型	无保留意见、保留意见、无法表示意见、否定意见4种，其中无保留意见和保留意见可以加强调事项段	类似于审计意见的类型，包括无保留、保留、否定、无法提供任何程度的保证4种	只要求在报告中说明执行商定程序的结果，包括详细说明发现的错误和例外事项，不要求提出鉴证结论

六、注册会计师职业道德

注册会计师行业的一个显著标志是对社会公众利益承担责任。社会公众利益是指注册会计师为之服务的人士和组成整体的共同利益。注册会计师行业作为一个肩负重大社会责任的行业,应当以维护社会公众利益为根本目标。

为了规范注册会计师职业道德行为,强化道德意识,提高注册会计师职业道德水准,注册会计师在职业道德方面应当遵循以下基本原则。

1. 独立性

独立性是注册会计师执行鉴证业务的灵魂,因为注册会计师要以自身的信誉向社会公众表明,被审计单位的财务报表是真实与公允的。独立性是指注册会计师执行审计或其他鉴证业务,应当在形式上和实质上独立于委托单位和其他组织。实质上的独立是指注册会计师在发表意见时其专业判断不受影响,公正执业,保持客观和专业怀疑;形式上的独立是指会计师事务所或鉴证小组避免出现这样重大的情形,使得拥有充分相关信息的理性第三方推断其公正性、客观性或专业怀疑受到损害。

2. 客观性

客观性是指注册会计师对有关事项的调查、判断和意见表述,应当基于客观的立场,力求公平,以客观事实为依据,实事求是,不掺杂个人的主观愿望,也不为委托单位或第三者的意见所左右;不得因成见或偏见、利益冲突和他人影响而损害其客观性。在分析、处理问题时,不能以个人的好恶或成见、偏见行事。要求注册会计师在执业中必须一切从实际出发,注重调查研究。在确定哪些情况和业务尤其需要遵循客观性的职业道德规范时,应当充分考虑以下因素:注册会计师可能被施加压力,这些压力可能损害其客观性;应避免那些导致偏见或受到他人影响,从而损害客观性的关系;注册会计师既不得接受,也不得提供可被合理认为对其职业判断或对其业务交往对象产生重大不当影响的礼品或款待,尽量避免使自己专业声誉受损的情况。

3. 公正性

公正性是指注册会计师在提供服务时,应当将社会公众利益置于个人利益之上,正直、诚实、不偏不倚地对待有关利益各方,不以牺牲一方利益为条件而使另一方受益。无论提供何种服务,担任何种职务,注册会计师都应维护其专业服务的公正性,并在判断中保持客观。客观性原则和公正性原则实际上适用于注册会计师提供的各种专业服务,而不仅仅局限于鉴证业务。

4. 专业胜任能力和应有的关注

注册会计师应当具有专业知识技能或经验,能够胜任其工作。"专业胜任能力"既要求注册会计师具有专业知识、技能和经验,又要求其经济、有效地完成客户委托的业务。注册会计师如果不能保持和提高专业胜任能力,就难以完成客户委托的业务。事实上,如果注册会计师缺乏足够的知识、技能和经验提供专业服务,就构成了一种欺诈。当然,注册会计师依法取得了执业证书,就表明其在该领域具备了一定的知识。一个合格的注册会计师,不仅要充分认识自己的能力,对自己充满信心,更重要的是,必须清醒地认识到自己在专业胜任能力方面的不足,不承接自己不能胜任的业务。如果注册会计师不能认识到这一点,承接了难以胜任的业务,就可能给客户乃至社会公众带来危害。注册会计师作为专业人士,在许多方面都要履行相应的责任,保持和提高专业胜任能力就是其中之一。

注册会计师提供专业服务时,应保持应有的职业关注、专业胜任能力和勤勉,并且随着业务、法规和技术的不断发展;应使自己的专业知识和技能保持在一定水平之上,以确保客户能够享受到高水平的专业服务;应保持职业谨慎,以质疑的思维方式评价所获取证据的有效性,并对产生怀疑的证据保持警觉。

5. 保密

注册会计师能否与客户维持正常的关系,有赖于双方能否自愿而又充分地进行沟通和交流,不掩盖任何重要的事实和情况。只有这样,注册会计师才能有效地完成工作。如果注册会计师受到客户的严重限制,不能充分了解情况,就无法发表审计意见。同时,注册会计师与客户的沟通,必须建立在为客户信息保密的基础上。因此,注册会计师在签订业务约定书时,应当书面承诺对在执行业务过程中获知的客户信息保密。这里所说的客户信息,通常是指商业秘密。一旦商业秘密被泄露或被利用,往往给客户造成损失。因此,许多国家规定,在公众领域执业的注册会计师,应当对在提供专业服务过程中获知的信息保密,除非有法定的或专业的披露权力或义务。在未经适当或特别授权的情况下,注册会计师不得使用或披露任何相关信息。同时,还应确保协助其工作的业务助理人员及其所在的会计师事务所信守保密原则。

6. 良好的职业行为

注册会计师的行为应符合本职业的良好声誉,不得有任何损害职业形象的行为。这一义务要求注册会计师履行对社会公众、客户和同行的责任。

(1) 对社会公众的责任。注册会计师应当遵守职业道德准则,履行相应的社会责任,维护社会公众利益。

(2) 对客户的责任。注册会计师对社会公众履行责任的同时,也对客户承担着特殊责任,包括注册会计师应当在维护社会公众利益的前提下,竭诚为客户服务;注册会计师应当按照业务约定履行对客户的责任;注册会计师应当对执行业务过程中知悉的商业秘密保密,并不得利用其为自己或他人谋取利益;除有关法规允许的情形外,会计师事务所不得以或有收费形式为客户提供鉴证服务。

(3) 对同行的责任。对同行的责任是指会计师事务所、注册会计师在处理与其他会计师事务所、注册会计师相互关系中所应遵循的道德标准,包括注册会计师应当与同行保持良好的工作关系;注册会计师不得诋毁同行,不得损害同行利益。

会计师事务所不得雇用正在其他会计师事务所执业的注册会计师。注册会计师不得以个人名义同时在两家或两家以上的会计师事务所执业。会计师事务所不得以不正当手段与同行争揽业务。

（4）其他责任。这里的其他责任主要是指在业务承接方面的责任，包括：注册会计师应当维护职业形象，不得有可能损害职业形象的行为；注册会计师及其所在会计师事务所不得采用强迫、欺诈、利诱等方式招揽业务；注册会计师及其所在会计师事务所不得对其能力进行广告宣传以招揽业务；注册会计师及其所在会计师事务所不得以向他人支付佣金等不正当方式招揽业务，也不得向客户或通过客户获取服务费之外的任何利益；会计师事务所、注册会计师不得允许他人以本事务所或本人的名义承办业务。

七、注册会计师法律责任

注册会计师法律责任是指注册会计师在承办业务的过程中，未能履行合同条款，或者未能保持应有的职业谨慎，或出于故意未按专业标准出具合格报告，致使审计报告使用者遭受损失，依照有关法律法规，注册会计师或会计师事务所应承担的法律责任。责任形成的因素来自审计失败、经营失败、违约、过失、欺诈等。

（一）责任形成的因素

1. 审计失败与经营失败

审计失败表现为发表了错误的审计意见，如对公允表达的财务报表发表了保留意见或否定意见，对重大错报的财务报表发表了无保留意见等。

经营失败表现为经营活动中遭受重大损失，如由于错误的经营决策导致的破产或大幅萎缩等。

它们的区别如下：审计失败是指发表不当的审计意见，无论审计报告的阅读者是否信赖审计报告，是否由于信赖审计报告而作出错误的投资或经营决策，是否由此造成损失，都属于审计失败；而经营失败是指经营过程中遭受重大损失，在很大程度上，这是由经营者不当的决策造成的，但也有不可预见的事项导致的。注册会计师审计责任往往是附加上去的。

2. 违约

违约是指合同当事人不履行合同义务或履行合同义务不符合约定时所承担的法律后果。例如，注册会计师违反了与被审计单位审计业务协定书、保密协定书等。注册会计师违约给他人造成损失时，应负违约责任。《中华人民共和国注册会计师法》第四十二条就规定了注册会计师违约给被审计单位造成损失应承担的民事赔偿责任。

3. 过失

过失是指行为人应当预见自己的行为可能发生危害社会的结果，因为疏忽大意而没有预见，或者已经预见而轻信能够避免的一种心理态度。在注册会计师执业时，过失主要表现在缺少应具有的合理的谨慎。评价注册会计师的过失，是以其他合格注册会计师在相同条件下可以做到的谨慎为标准的。在审计中通常又将过失分为普通过失和重大过失。

(1) 普通过失。普通过失也称一般过失，通常是指没有保持职业上应有的合理的谨慎，没有完全遵循专业准则的要求。例如，注册会计师在没有取得必要和充分审计证据的情况下作出肯定的无保留审计意见。

(2) 重大过失。重大过失是指不保持起码的职业谨慎，根本没有遵循专业准则的基本要求执行审计。例如，注册会计师不以《中国注册会计师独立审计准则》（以下简称《独立审计准则》）为审计依据。我国现行法律中主要用"严重不负责任""重大失实""重大遗漏"等词。

审计原理和实务中用"重要性"和"内部控制"这两个概念区别注册会计师的普通过失和重大过失。"重要性"在我国《独立审计准则》中的定义为："被审计单位会计报表中错报或漏报的严重程度，这一程度在特定环境下可能影响会计报表使用者的判断或决策。"在实质性测试中，重要性水平可理解为可容忍误差。重要性水平与审计风险、审计证据成两两反比关系，即当重要性水平为低时，注册会计师应通过一系列审计程序和审计工作获得充分的、适当的审计证据才能发表无保留的审计意见；同时在对审计风险评估时，注册会计师应保持高度的执业谨慎。

4. 欺诈

我国《最高人民法院关于贯彻执行〈中华人民共和国民法通则〉若干问题的意见（试行）》中定义欺诈为一方当事人故意告知对方虚假情况，或者故意隐瞒真实情况，诱使对方作出错误意思表示。欺诈是注册会计师主观"故意"行为，是以欺骗或坑害他人为目的的一种故意的错误行为。在刑法学中，故意是指明知自己的行为会发生危害社会的结果，并且希望或者放任这种结果发生的一种主观心理态度。注册会计师执行鉴证业务时的欺诈行为主要是舞弊，出具错误的审计报告。我国现行法律中主要用"弄虚作假""虚假陈述""故意提供"等词，并未直接使用欺诈这词。

(二) 注册会计师法律责任界定

按照应该承担责任的内容不同，注册会计师的法律责任可分为行政责任、民事责任和刑事责任三种，三种责任可以同时追究，也可以单独追究。

1. 注册会计师过错归责原则

(1) 无过错责任原则。无过错责任原则是指没有过错造成他人损害的，与造成损害原因有关的人也应承担民事责任。执行这一原则主要不是根据责任人的过错，而是根据损害的客观存在、行为人的活动以及行为人所管理的人或物的危险性质与所造成的损害后果的因果关系，而特别加重其责任。无过错责任原则的特点是不管当事人是否存在过错，只要其他侵权条件成立就必须承担民事责任。

(2) 过错责任原则。过错责任原则是指行为人仅在有过错的情况下承担民事责任，没有过错就不承担民事责任。在过错责任原则下，无过错即无责任，即使造成了事实上的侵权行为，只要当事人没有过错就不必承担民事责任。过错责任原则有两种形式，一种是一般的过错责任原则，另一种是过错推定原则。

两者的主要区别在于举证责任的不同:在一般的过错责任原则下,举证责任在原告一方,奉行"谁主张谁举证"的原则;在过错推定原则下,举证责任倒置给被告,若被告不能证明自己没有过错,则将被法律推定为有过错。

> **相关链接**

注册会计师的法律责任如表1-3所示。

表1-3 注册会计师法律责任

承担责任主体	行政责任	民事责任	刑事责任
注册会计师	(1) 警告; (2) 暂停执业; (3) 罚款; (4) 吊销注册会计师证书	赔偿受害人损失	(1) 罚金; (2) 有期徒刑; (3) 其他限制人身自由的刑罚
会计师事务所	(1) 警告; (2) 没收违法所得; (3) 罚款; (4) 暂停营业; (5) 撤销	赔偿受害人损失	罚金

2. 注册会计师避免法律诉讼的具体对策

正如以上所述,由于主客观因素,注册会计师作为一名"警察",不可避免地会被引入是非旋涡,注册会计师在执业过程中为避免法律诉讼应掌握的具体对策,可以概括为以下几点:

(1) 严格遵循职业道德和专业标准的要求。不能苛求注册会计师对于会计报表中的所有错报事项都要承担法律责任。但注册会计师是否应承担法律责任,关键在于注册会计师是否有过失或欺诈行为。而判别注册会计师是否具有过失的关键在于注册会计师是否遵循专业标准的要求执业。因此,保持良好的职业道德、严格遵循专业标准的要求执行业务和出具报告,对于避免法律诉讼或在提起的诉讼中保护注册会计师具有无比的重要性。

(2) 建立、健全会计师事务所质量控制制度。会计师事务所不同于一般的公司、企业,质量管理是会计师事务所各项管理工作的核心、关键。如果一个会计师事务所质量管理不严,很有可能因某一个人或一个部门导致整个会计师事务所遭受灭顶之灾。会计师事务所必须建立、健全一套严密、科学的内部质量控制制度,并把这套制度推行到每一个人、每一个部门和每一项业务,迫使注册会计师按照专业标准的要求执业,保证整个会计师事务所的质量。

(3) 与委托人签订业务约定书。会计师事务所应与委托人签订委托合同(即业务约定书)。业务约定书具有法律效力,它是确定注册会计师和委托人责任的一个重要文件。会计师事务所不论承办何种业务,都要按照业务约定书准则的要求与委托人签订约定书,这样才能在发生法律诉讼时将一切口舌之争减少到最低限度。

(4) 慎重选择被审计单位。中外注册会计师法律案例告诉我们，注册会计师若想避免法律诉讼，必须慎重地选择被审计单位。一是要选择诚信、正直的被审计单位。如果被审计单位对顾客、职工、政府部门或其他方面没有正直的品格，那么也必然会蒙骗注册会计师，使注册会计师落入它们设定的圈套。二是对陷入财务和法律困境的被审计单位要尤为注意。周转不灵或面临破产的公司的股东或债权人总想为他们的损失寻找"替罪羊"。

(5) 提取风险基金或购买责任保险。提取风险基金或购买责任保险是会计师事务所一项极为重要的保护措施。尽管保险不能免除可能受到的法律诉讼，但能防止或减少诉讼失败时会计师事务所发生的财务损失。我国也规定了会计师事务所应当按规定建立职业风险基金，办理职业保险。

(6) 聘请熟悉注册会计师法律责任的律师。会计师事务所应尽可能聘请熟悉相关法规及注册会计师法律责任的律师。在执业过程中，如遇重大法律问题，注册会计师应同本所的律师或外聘律师详细讨论所有潜在的危险情况，并仔细考虑律师的建议。一旦发生法律诉讼，也应请有经验的律师参与诉讼。随着经济体制在我国的建立和迅速发展，注册会计师在社会经济生活中的地位越来越重要，发挥的作用也越来越大。因此，强化注册会计师的责任意识，严格注册会计师的法律责任，以保证其职业道德和执业质量的意义就显得愈加重大。

相关链接

注册会计师的考试

一、注册会计师考试报名条件

报名条件根据注册会计师报名简章相关规定，具体如下：

(一) 同时符合下列条件的中国公民，可以申请参加注册会计师全国统一考试专业阶段考试：

1. 具有完全民事行为能力。

2. 具有高等专科以上学校毕业学历，或者具有会计或者相关专业中级以上技术职称。

(二) 同时符合下列条件的中国公民，可以申请参加注册会计师全国统一考试综合阶段考试：

1. 具有完全民事行为能力。

2. 已取得注册会计师全国统一考试专业阶段考试合格证。

(三) 有下列情形之一的人员，不得报名参加注册会计师全国统一考试：

1. 因被吊销注册会计师证书，自处罚决定之日起至申请报名之日止不满5年者。

2. 以前年度参加注册会计师全国统一考试因违规而受到禁考处理期限未满者。

二、注册会计师考试免试条件

具有会计或者相关专业高级技术职称的人员(包括学校及科研单位中具有会计或者相关专业副教授、副研究员以上职称者),可以申请免予专业阶段考试1个专长科目的考试。

三、注册会计师考试科目

考试科目6+1:专业阶段六门(会计、审计、财务成本管理、经济法、税法、公司战略与风险管理)+综合专业测试。

五年通过全部科目考试,通过后入职会计师事务所才能执业。

思考题

1. 什么是审计?审计方法有哪些特点?
2. 注册会计师的法律责任是怎么界定的?
3. 审计的作用有哪些?

章 节 练 习

一、单项选择题

1. 我国最早用"审计"一词命名审计机构的朝代是( )。
   A. 西周　　　　　　　　　　B. 汉朝
   C. 唐朝　　　　　　　　　　D. 宋朝

2. 下列各项中,不属于国家审计特点的是( )。
   A. 法定性　　　　　　　　　B. 强制性
   C. 有偿性　　　　　　　　　D. 独立性

3. 下列各项中,不属于内部审计机构职责的是( )。
   A. 对本单位及所属单位的主要负责人进行经济责任审计
   B. 对本单位及所属单位财务收支情况进行审计
   C. 对本单位及所属单位内部控制情况进行评审
   D. 对本单位及所属单位经济管理和效益情况进行审计

4. 下列有关审计要素的说法中不正确的是( )。
   A. 注册会计师为审计业务的三方关系之一
   B. 如果管理层成了唯一的预期使用者,则该业务不构成鉴证业务
   C. 审计证据包括支持和佐证管理层认定的信息,但不包括与这些认定相矛盾的信息
   D. 审计报告为审计要素之一

5. 下列关于审计过程的说法中，不正确的是(　　)。
   A. 在风险导向审计模式中，以重大错报风险的识别、评估和应对作为工作主线
   B. 风险评估程序不是审计过程中必须执行的审计程序
   C. 控制测试不是审计过程中必须执行的审计程序
   D. 进一步审计程序包括控制测试和实质性程序

6. 下列有关财务报表审计目标的说法中，错误的是(　　)。
   A. 注册会计师作为独立第三方，运用专业知识、技能和经验对财务报表进行审计并发表审计意见，旨在增强预期使用者对财务报表的信赖程度
   B. 注册会计师的工作对财务报表审计目标发挥着导向作用
   C. 财务报表审计目标界定了注册会计师的责任范围，直接影响注册会计师计划和实施审计程序的性质、时间和范围
   D. 财务报表审计目标对注册会计师的审计工作发挥着导向作用

7. 下列关于审计的固有限制的说法中，正确的是(　　)。
   A. 只要注册会计师执行足够的审计程序，就可以将审计风险降至零
   B. 即使按照审计准则的规定适当地计划和执行审计工作，也不可避免地存在财务报表的某些重大错报可能未被发现的风险
   C. 完成审计工作后发现由于舞弊或错误导致的财务报表重大错报，表明注册会计师没有按照审计准则的规定执行审计工作
   D. 由于审计的时间限制，注册会计师可以省略不可替代的审计程序

8. 下列关于财务报表的说法中，正确的是(　　)。
   A. 财务报表中不包括附注
   B. 财务报表是依据某一财务报告编制基础对被审计单位历史财务信息作出的结构性表述
   C. 财务报表是指整套财务报表，不是单一的财务报表
   D. 附注中通常只包括重要会计政策概要

9. 下列关于财务报表审计的说法中，错误的是(　　)。
   A. 审计的用户是财务报表的预期使用者
   B. 审计的目的是改善财务报表的质量或内涵
   C. 审计的基础是独立性和专业性
   D. 审计应查出被审计单位的所有重要舞弊

10. 下列有关审计的法律责任风险的表述中，正确的是(　　)。
    A. 审计工作没有法律责任风险
    B. 信誉高的审计组织没有法律责任风险
    C. 聘请外部专家是审计人员防范法律责任风险的对策之一
    D. 是否遵循执业准则与审计人员法律责任风险无关

11. 下列属于按审计范围大小对审计进行具体分类的是（　　）。
    A. 抽查法　　　　　　　　　　　　B. 详查法
    C. 全部审计　　　　　　　　　　　D. 顺查法

12. 下列内容中属于民间审计组织审计业务范围的是（　　）。
    A. 验证企业资本,出具验资报告
    B. 设计财务会计制度,培训会计人员
    C. 代理记账
    D. 代理纳税申报

13. 下列各项中,属于审计产生的前提条件是（　　）。
    A. 国家权力
    B. 社会生产力水平
    C. 社会的一定的生产关系特点
    D. 受托经济责任关系

14. 下列关于社会审计组织的设置的表述,不正确的是（　　）。
    A. 从事社会审计工作的组织形式为会计师事务所
    B. 会计师事务所是社会中介组织
    C. 注册会计师只要取得证书就可以执业
    D. 我国注册会计师不能个人设置独资会计师事务所

15. 下列有关审计人员法律责任的表述,正确的是（　　）。
    A. 内部审计人员不需要承担法律责任
    B. 判定社会审计人员法律责任的法律依据不包括刑法和公司法
    C. 《中华人民共和国审计法》所规定的审计法律责任包括行政责任和刑事责任
    D. 《中华人民共和国审计法》所规定的审计法律责任包括国家审计、社会审计和内部审计的法律责任

16. 在现代审计实务中,最能体现审计的经济评价职能的是（　　）。
    A. 财政审计　　　　　　　　　　　B. 财务审计
    C. 财经法纪审计　　　　　　　　　D. 效益审计

17. 下列有关审计业务的说法中,正确的是（　　）。
    A. 审计业务的最终产品是审计报告和后附财务报表
    B. 如果不存在除责任方之外的其他预期使用者,则该项业务不属于审计业务
    C. 审计的目的是改善财务报表质量,因此审计可以减轻被审计单位管理层对财务报表的责任
    D. 执行审计业务获取审计证据大多数是结论性而非说服性的

18. 针对注册会计师执行业务的保证程度,下列说法中,错误的是（　　）。
    A. 财务报表审阅提供有限保证

B. 财务报表审计是高水平保证的鉴证业务

C. 代编财务信息仅需要有意义的水平保证

D. 其他鉴证业务可能是合理保证也可能是有限保证,不一定均属于高水平保证

19. 下列有关财务报表审计的说法中,错误的是( )。

A. 审计的目的是增强财务报表预期使用者对财务报表的信赖程度

B. 审计可以有效满足财务报表预期使用者的需求

C. 审计涉及为财务报表预期使用者如何利用相关信息提供建议

D. 财务报表审计的基础是注册会计师的独立性和专业性

20. 对于《审计法》所规定的审计法律责任,下列表述中正确的是( )。

A. 法律责任主体包括被审计单位及其有关的直接责任人和国家审计人员

B. 适用于各类审计主体

C. 以行政责任为主,也包括民事责任

D. 以行政责任为主,不包括刑事责任、民事责任

二、多项选择题

1. 审计的作用体现在其发挥职能产生的影响方面,具体包括( )。

   A. 保证作用 B. 促进作用

   C. 监督作用 D. 揭示作用

   E. 调控作用

2. 国家审计的作用表现为( )。

   A. 为宏观政策的制定提供决策依据

   B. 实现社会主义市场资源配置的功能

   C. 调节利率,抑制通货膨胀

   D. 维护财经法纪,监督、保障和促进各项宏观调控政策的贯彻执行

   E. 追踪反馈宏观调控政策的运行效果

3. 下列对审计对象的表述,正确的有( )。

   A. 审计对象是被审计单位在一定时期内全部或一部分经济活动

   B. 审计对象是审计行为所指向和作用的承受体,泛指为被审计单位的财政财务收支及其有关经济活动

   C. 从时间过程来看,接受审计的经济活动,仅包括已经发生的、正在发生的,不包括未来将要发生的活动

   D. 审计对象是指审计客体因承担和履行经济责任而发生的事前、事中、事后经济活动的真实性、合法性和效益性

   E. 审计对象是审计客体的经济活动

4. 审计的职能包括( )。

A. 经济监督职能 B. 经济鉴证职能
C. 调节市场职能 D. 配置资源职能
E. 经济评价职能

5. 受托经济责任关系是审计产生和发展的社会基础，其含义为（　　）。
   A. 受托经济责任是不断演进的
   B. 财产的所有权和经营管理权分离以及管理者内部分权制
   C. 审计成为联系各方经济责任的重要制约机制
   D. 财产所有者对经营管理者无法实施直接监督
   E. 会计核算技术的日益更新

6. 按审计的内容，可以将审计划分为（　　）。
   A. 全部审计 B. 财政财务审计
   C. 局部审计 D. 财经法纪审计
   E. 效益审计

7. 我国的内部审计扮演的双重角色包括（　　）。
   A. 代表国家利益，监督企业遵纪守法
   B. 对本单位领导负责，确保企业经营决策所需信息的可靠性
   C. 对社会公众负责，确保企业经营决策所需信息的可靠性
   D. 代表企业利益，监督企业遵纪守法
   E. 代表本单位的利益

8. 下列有关审计业务三方关系人的说法，恰当的有（　　）。
   A. 注册会计师的审计意见有利于提高财务报表的可信性，有可能对管理层有用
   B. 在财务报表审计中，管理层可能是预期使用者之一
   C. 在财务报表审计中，被审计单位管理层是责任方
   D. 注册会计师对管理层承担编制责任的财务报表发表审计意见，增强管理层对财务报表的信赖程度

9. 下列关于审计独立性的表述，正确的有（　　）。
   A. 独立性是审计的本质特征
   B. 内部审计没有独立性，社会审计独立性强
   C. 独立性表现在组织机构、业务工作和人员等方面的独立
   D. 国家审计的独立性不包括经费来源上的独立
   E. 独立性要求审计人员必须保持实质上的独立，形式上是否独立并不重要

10. 某集团公司审计部派出审计组，赴下属子公司对其上一年度财务收支实施的审计属于（　　）。
    A. 社会审计 B. 财务审计
    C. 事后审计 D. 就地审计

E. 内部审计

11. 下列各项中,属于国家审计机关任务的有(　　)。
    A. 接受委托,起草、修改审计法律、行政法规草案
    B. 研究制定审计工作方针、政策,确定审计工作重点
    C. 设计财务会计制度,培训会计人员
    D. 担任会计顾问,提供管理咨询
    E. 根据规定指导、监督内部审计工作

12. 按照现行《审计署关于内部审计工作的规定》,下列各项中,属于内部审计机构权限的有(　　)。
    A. 向社会公布审计结果
    B. 召开与审计事项有关的会议
    C. 参与研究制定有关的规章制度
    D. 为所在单位办理纳税申报
    E. 根据审计结果提出改进管理、提高效益的建议

13. 为防范审计风险,审计人员可以采取的对策有(　　)。
    A. 聘请专家和法律顾问
    B. 深入了解被审计单位的情况
    C. 明确会计人员和审计人员的责任
    D. 严格遵循执业准则和职业道德规范
    E. 与被审计单位商定出具审计意见的类型

14. 根据《中华人民共和国注册会计师法》的规定,关于我国会计师事务所的设立,下列说法正确的有(　　)。
    A. 可以设立有限责任会计师事务所
    B. 可以设立合伙会计师事务所
    C. 可以设立独资会计师事务所
    D. 不可以设立合伙会计师事务所
    E. 不可以设立独资会计师事务所

15. 审计的固有限制源于(　　)。
    A. 财务报告的性质
    B. 审计程序的范围
    C. 审计程序的性质
    D. 在合理的时间以合理的成本完成审计的需要

16. 下面有关就管理层的责任达成一致意见的说法中,正确的有(　　)。
    A. 按照审计准则的规定,执行审计的前提是管理层已认可并理解其承担的责任
    B. 在大多数情况下,管理层负责执行,而治理层负责监督管理层

C. 管理层设计、执行和维护必要的内部控制，以使编制的财务报表不存在由于舞弊或错误导致的重大错报

D. 注册会计师按照审计准则的规定执行的独立审计工作，可以代替管理层维护编制财务报表所需要的内部控制

17. 下列情况中，能够引起注册会计师疑虑的情形有（　　）。

A. 相互矛盾的审计证据

B. 跟关联方有关的情形

C. 引起对文件记录和对询问答复的可靠性产生怀疑的信息

D. 表明可能存在舞弊的情况

18. 为了提高财务报表的可信性，注册会计师需要做的工作有（　　）。

A. 收集充分、适当的审计证据

B. 评价财务报表是否在所有重大方面符合会计准则

C. 出具审计报告

D. 出具管理层建议书

19. 财务报表使用者希望注册会计师对财务报表的合法性和公允性发表审计意见的主要原因有（　　）。

A. 财务报表是进行经济决策的重要信息来源，有时甚至是唯一的信息来源

B. 会计业务的处理及财务报表的编制日趋复杂，财务报表使用者难以评估

C. 财务报表使用者有着各自的利益，其与管理者的利益大不相同且相互冲突

D. 绝大多数财务报表使用者都不参与被审计单位的经营，其不可能接触到相关的会计记录和会计账簿

20. 职业判断是注册会计师行业的精髓，下列有关职业判断的说法中正确的有（　　）。

A. 注册会计师在作出与遵守职业道德要求相关的决策时，不会用到职业判断

B. 职业判断对于适当地执行审计工作是必不可少的

C. 如果注册会计师在具体审计工作中没有运用职业判断，而仅仅是执行审计程序，依然可以在审计过程中作出有依据的决策

D. 职业判断贯穿于注册会计师执业的始终，从决定是否接受业务委托，到出具业务报告，注册会计师都需要作出职业判断

三、简答题

1. ABC会计师事务所的审计助理王某和吴某经常在一起学习执业准则并讨论问题，以下是他们在学习《中国注册会计师鉴证业务基本准则》后进行讨论时表达的观点。

王某：鉴证业务包括审计业务、审阅业务和其他鉴证业务，其中的审计业务是合理保证业务，审阅业务是有限保证业务。（观点1）

吴某：在审计业务中，注册会计师需要将风险降至可接受的低水平，以积极方式提出

结论;在审阅业务中,注册会计师需要将风险降至可接受的水平,该水平高于审计业务中可接受的低水平。(观点2)

　　王某:审计业务的三方关系人指的是注册会计师、被审计单位管理层和财务报表预期使用者。注册会计师的审计可以提高财务报表的可信赖程度,并在一定程度上减轻被审计单位管理层的责任。(观点3)

　　吴某:审计要素中的标准指的就是财务报表编制基础。标准应当具备完整性,完整的标准能够使能力相近的注册会计师在相似的业务环境中,对鉴证对象作出合理一致的评价或计量。(观点4)

　　王某:审计证据是审计要素之一。审计证据的充分性和适当性相互关联。被审计单位雇用或聘请的专家编制的信息不可以作为审计证据。(观点5)

　　吴某:相关法律法规可能对注册会计师设定了其他报告责任,如果注册会计师在对财务报表出具的审计报告中履行其他报告责任,应当在审计报告中将其单独作为一部分,并以"按照相关法律法规的要求报告的事项"为标题。(观点6)

　　要求:判断观点1~6是否正确,如果不正确,请简要说明理由。

项目二　审计的目标及计划

学习目标

- 理解初步业务活动内容。
- 掌握审计业务约定书的性质及内容。
- 掌握审计总体目标及具体目标。
- 掌握认定的含义及内容。
- 掌握总体审计策略与审计具体计划的内容。
- 掌握重要性水平的确定及运用。

案例引入　　美国联区金融集团租赁公司审计案

美国联区金融集团租赁公司(以下简称租赁公司)的主业为金融服务。经过7年的打拼,租赁公司在全国设有10个分支机构,雇员已超过4万名。但公司财务状况欠佳,未收回的应收租赁款接近4亿美元,占合并总资产的35%。1981年年底,租赁公司企业战略弊端开始显现,进而导致债务拖欠率快速上升,为掩饰其财务状况已经恶化,租赁公司采用了多种非法手段,包括少提坏账准备。为租赁公司提供审计服务的塔奇·罗丝会计师事务所被美国证券交易委员会惩罚,承担为租赁公司出具虚假会计报告所带来的损失。

美国证券交易委员认为塔奇·罗丝会计师事务所在编制租赁公司1981年度的审计计划及设计审计程序时,没有充分考虑存在于该公司的大量审计风险因素,审计计划存在缺陷:①审计计划没有考虑测试租赁公司的会计制度是否能准确地确定应收租赁款的超期时间;②审计计划只要求测试一小部分(8%)未收回的应收租赁款,集中在金额超过5万美元、拖欠期达120天的超期应收租赁款上;③审计计划没有考虑对租赁行业审计的复杂性和高风险性,分派了一些对租赁行业缺乏经验甚至一无所知的审计人员来执行审计。

思考题:

1. 审计业务约定书应当怎样制订?
2. 签订审计业务约定书的意义是什么?

任务一 签订审计业务约定书

一、初步业务活动

初步业务活动是指注册会计师在开始确定接受审计前活动的总称。初步业务活动是控制审计风险的第一道屏障。

审计业务
约定书
（动画）

（一）初步业务活动的目的

(1) 开展自我评估，评估专业胜任能力。

(2) 评估被审计单位的管理层诚信问题。

(3) 业务约定条款沟通。

（二）初步业务活动的内容

1. 初步了解被审计单位的情况

了解被审计单位的情况，包括查阅以前年度的审计工作底稿；询问被审计单位管理层和内部其他相关人员。检查被审计单位管理报告、其他特殊目的报告，以及股东大会、董事会会议、高级管理层会议的会议记录或纪要等。查阅被审计单位的组织结构图、关联方清单、公司章程，对外签订的主要销售、采购、投资、债务合同等，以及被审计单位财务报告、生产经营情况分析；询问外部顾问、代理机构、证券分析师等，实地察看被审计单位的主要生产经营场所，检查相关文件记录，为其是否接受或保持审计业务，提供参考依据。

2. 评价被审计单位的情况

评价被审计单位治理层、管理层诚信问题，避免审计风险及法律诉讼。治理层、管理层的不诚信导致的财务舞弊的可能性大，审计风险高。针对这种情况，通过实施质量控制程序后，考虑自身承受的风险，再决定是否接受或保持审计业务。

3. 自我评价

对本会计师事务所进行自我评价，包括专业人员结构、专业胜任能力、独立性、审计时间、审计资源、职业道德等。对不能胜任或损害独立性的情形又没有相应的措施控制风险的，应当拒绝接受。

4. 签订或修改审计业务约定书

评价被审计单位的内、外部环境及自我评价后。确定风险在可控范围之内，就可与被审计单位签订审计业务约定书了，如果是连续审计，需要修改审计业务约定书的情形有：

(1) 有迹象表明被审计单位误解审计目标和范围。

(2) 需要修改约定条款或增加特别条款。

(3) 被审计单位高级管理人员近期发生变动。
(4) 被审计单位所有权发生重大变动。
(5) 被审计单位的性质或规模发生重大变化。
(6) 法律法规的规定发生变化。
(7) 编制财务报表采用的财务报告编制基础发生变更。
(8) 其他报告要求发生变化。

二、签订审计业务约定书

审计业务约定书是指会计师事务所与客户签订的，用以记录和确认审计业务的委托与受托关系、审计工作的目标和范围、双方的责任以及出具报告的形式等事项的书面合同，具有法律效力。

（一）关于委托人

审计业务约定书的定义涉及"委托人"这一概念。委托人是指向会计师事务所提出业务委托的单位或个人。委托人包括政府机关、企业法人以及其他经济组织，还可以是与被审计单位存在经济利益关系的某个自然人，如企业的股东或董事会成员等。

（二）关于签约主体

审计业务约定书的签约主体必须包括委托人和受托人双方，即委托审计业务的单位或个人与会计师事务所双方，特别值得注意的是当委托人是个人的时候，受托人仍应是会计师事务所而不是注册会计师，因为注册会计师不得以个人名义承揽业务。

> **相关链接**
>
> 如果情况需要，注册会计师应当考虑在审计业务约定书中列明下列内容：
> (1) 在某些方面对利用其他注册会计师和专家工作的安排。
> (2) 与审计涉及的内部审计人员和被审计单位其他员工工作的协调。
> (3) 预期向被审计单位提交的其他函件或报告。
> (4) 与治理层整体直接沟通。
> (5) 在首次接受审计委托时，对与前任注册会计师沟通的安排。
> (6) 注册会计师与被审计单位之间需要达成进一步协议的事项。

（三）审计业务约定书的范文

审计业务约定书的范文如表2-1所示。

（四）审计业务约定书的作用

签订审计业务约定书的目的是明确委托人与受托人的责任与义务，促使双方遵守约定事项并加强合作，以保护会计师事务所和被审计单位的各自利益。

表 2-1　审计业务约定书

委托方：_____（以下简称"甲方"）
受托方：_____（以下简称"乙方"）
依据《中华人民共和国合同法》《中华人民共和国注册会计师法》《中国注册会计师独立审计准则》等规定，经双方协商一致，签订本合同，以资共同遵守。

第一条　委托目的和内容
甲方委托乙方：_____。

第二条　会计责任与审计责任
1. 甲方承担会计责任(管理当局的责任)，即建立健全的内部控制制度，保护资产的安全，并保证其提供的全部资料的真实性、完整性和合法性；
2. 乙方承担审计责任，即依据《中国注册会计师独立审计准则》的规定，对所出具的审计报告承担责任。

第三条　甲方义务
1. 按约定时间提供审计业务所需全部资料，包括财务会计资料及其他相关资料；
2. 协助乙方查看业务现场，并提供其他必要的协助；
3. 按约定条件及时足额支付审计费用，不以足额支付审计费用为条件影响报告意见；
4. 按委托目的正确使用审计报告，不给使用人关于审计报告理解的误导。

第四条　乙方义务
1. 严格依据有关法律、法规和《中国注册会计师独立审计准则》执行业务；
2. 应于_____前出具审计报告；
3. 对在业务执行过程中获悉的商业秘密保密。

第五条　审计收费
1. 根据北京市物价局最新规定和委托项目的工作量、难易及风险程度确定审计费用。
2. 经协商，双方确定本项目的审计费用及付款时间如下：审计费用：_____；付款时间：签订合同之日支付审计费用总额的_____%，即大写_____元，交付审计报告时支付剩余的审计费用，即大写_____元。
3. 因业务需要由乙方垫付的费用，如差旅费等，由甲方另行全额支付，不计入上述费用。

第六条　违约责任
1. 由于甲方变更计划，或未及时提供审计所需全部资料(或工作条件)而造成乙方返工、窝工或修改报告，乙方可合理延期出具审计报告或拒绝出具审计报告，甲方应根据乙方实际消耗的工作量另行支付相应费用；
2. 如因甲方原因导致本项目中途停止，乙方所收费用不再退还甲方；
3. 除因甲方原因以外，乙方未在合同规定期限内提交审计报告，甲方可以拒绝支付服务费用；
4. 如合同任何一方违反上述条款，都应负责赔偿由此而给对方造成的合理损失。

第七条　争议的解决方式
本合同执行过程中如发生争议，双方应及时友好协商解决。经协商不能达成一致时，合同任何一方可向仲裁机构申请仲裁，或直接向人民法院提起诉讼。

第八条　附则
本合同自双方法人代表或其授权代表签字签章之日起生效，一式两份，双方各执一份，具有同等法律效力。

甲方(盖章)：_____
代表(签字)：_____
_____年____月____日
签约地点：_____
乙方(盖章)：_____
代表(签字)：_____
_____年____月____日
签约地点：_____

任务二 确定审计目标

一、审计总目标

审计总目标是指对被审计单位财政、财务收支活动的公允性、合理性、真实性、合法性、合规性、有效性、一贯性等进行评价、审查。审计总目标的确定以审计环境为基础,并随审计环境的变化而变化。

二、审计总目标的内容

审计总目标包括以下几个方面内容:

(1) 审查和评价被审计单位会计资料及其他资料的真实性、合法性和公允性。会计资料及其他资料是经济管理的依据,必须按照相关法规的规定进行数据处理;必须真实,能如实反映经济活动的客观实际情况,必须使记录和计算准确无误,没有少计、重计、漏计等;必须可靠,决策者能据以作出正确的决策。国家审计和内部审计的目标主要是真实性和合法性,社会审计的目标主要是合法性和公允性。审查和评价被审计单位财政、财务收支活动及其他有关经济活动的合法性、合理性和效益性,相关组织和单位的经济活动必须在国家法律法规允许的范围内进行,审计应该对被审计单位财政、财务收支活动及其他有关经济活动是否符合国家的法律、法规、方针政策、财经纪律和财经制度进行审查和评价,揭露和查处各种违法乱纪行为,保证社会经济活动有秩序地进行,从而保证市场经济的健康发展。同时,任何经济活动都有一定的目的,审计还要审查经济活动是否合理,是否达到预期的目的,是否经济有效。

(2) 审查和评价被审计单位管理活动的合理性和效益性。审计除了履行其监督的职责外,还要发挥其积极的建设性作用,因而审计还应该审查被审计单位的各种管理制度和内部控制是否健全和完善,各种管理活动是否合理和有效,并找出经济活动和管理中的漏洞和薄弱环节,提出改进意见和建议,促进被审计单位改进和完善经营管理,不断提高经济效益。

三、管理层认定

管理层认定是管理层对财务报表组成要素的确认、计量、列报作出的明确或隐含的表达。

认定与具体
审计目标

管理层在财务报表上的认定有些是明确表达的,有些则是隐含表达的。
例如,管理层在资产负债表中列报存货及其金额,意味着作出了下列明确的认定:

(1) 记录的存货是存在的。(仓库里能找到)

(2) 存货以恰当的金额包括在财务报表中,与之相关的计价或分摊调整已恰当记录。(金额正确)

同时,管理层也作出下列隐含的认定：

(1) 所有应当记录的存货均已记录。

(2) 记录的存货都由被审计单位拥有。

(一) 管理层认定内容

审计准则中将管理层认定的内容分为三个层级。

1. 与各类交易和事项相关的认定

(1) 发生。记录的交易和事项已发生,且与被审计单位有关。没有多记,按实际记录。例如,虚开发票属于发生认定错报,一项业务重复开票也是此类错报。

(2) 完整性。所有应当记录的交易和事项均已记录。没有漏记,所有票据、凭证审核无误记录。例如,本月有一笔收入没有记录,属于完整性错报。

(3) 准确性。与交易和事项有关的金额及其他数据已恰当记录。计算没有错误,例如,把收入单价 30.8 元看成 308 元处理,属于准确性错报。

(4) 截止。交易和事项已记录于正确的会计期间。不能跨期,发票与记账日期必须是同一会计期,例如,将 2020 年 1 月的发票在 2019 年 12 月份记账,属于截止认定错报。

(5) 分类。交易和事项已记录于恰当的账户。恰当的账户指的是科目用对,例如,银行存款利息计入应收利息,属于分类认定错误。

2. 与期末账户余额相关的认定

(1) 存在。记录的资产、负债和所有者权益是存在的。例如,库存商品账面 2 000 000 元,库房里面就应当有 2 000 000 元的商品。

(2) 权利和义务。记录的资产由被审计单位拥有或控制,记录的负债是被审计单位应当履行的偿还义务。例如,融资租出的固定资产计提折旧就违反权利与义务这项认定。

(3) 完整性。所有应当记录的资产、负债和所有者权益均已记录。

(4) 计价和分摊。资产、负债和所有者权益以恰当的金额包括在财务报表中,与之相关的计价或分摊调整已恰当记录。例如,财务报表按分析填列的项目正确填列。

3. 与列报相关的认定

(1) 发生以及权利和义务。披露的交易、事项和其他情况已发生,且与被审计单位有关。

(2) 完整性。所有应当包括在财务报表中的披露均已包括。

(3) 分类和可理解性。财务信息已被恰当地列报和描述,且披露内容表述清楚。

(4) 准确性和计价。财务信息和其他信息已公允披露,且金额恰当。

(二) 管理层认定与审计目标的关系

注册会计师审计的目标包括总目标和具体目标两个层次。总目标是指对被审计单位财务报表的合法性与公允性发表审计意见。在注册会计师审计实务中，并不把合法性与公允性作为财务报表审计的具体目标，其原因在于合法性与公允性作为审计具体目标过于宽泛，缺乏操作性，不利于注册会计师实施相应的审计程序来获取审计证据。因此才利用管理层认定作为财务报表审计总目标与具体目标之间的联系桥梁。注册会计师了解了认定，就很容易确定每个项目的具体审计目标，并以此作为评估重大错报风险以及设计和实施进一步审计程序的基础。接下来，注册会计师的工作就是要确定管理层的认定是否恰当，即对管理层的认定进行再认定。

四、审计的具体目标

（一）与各类交易和事项相关的审计目标

(1) 发生。确认已记录的交易是真实的，是企业实际发生的，没有多计、虚构。违反发生认定的表现：不该入账的入了账；无中生有；虚构；捏造交易；达到高估的目的。例如，实际发生 900 万元，却入账 1 500 万元。

(2) 完整性。已发生的交易均已记录。违反完整性认定的表现：该入账的没入账；遗漏、隐瞒了交易；达到低估的目的。例如，实际发生 900 万元，入账 500 万元。

(3) 准确性。已记录的交易是按正确的金额记录的。违反准确性认定的表现：已入账，但入账的金额不准确。例如，100 元写成了 1 000 元等。

(4) 截止。资产负债表日的交易应记录于正确的会计期间。违反截止认定的表现：确有其事，但入账的时间不准确。例如，2018 年的收入推迟记录到 2019 年，或 2019 年的收入提前到 2018 年。

(5) 分类。记录的交易经过适当的分类。违反分类认定的表现：入账的科目不正确。例如，应当计入营业外收入的，错计入营业收入。

（二）与期末账户余额相关的审计目标

(1) 存在。记录的资产、负债和所有者权益的金额确实存在的，真实的而不是虚构的；没有"多计"和"高估"。实务中，最典型的违反存在认定的情形就是虚增资产（如虚增收入的同时虚增了应收账款、虚构了本不存在的存货等）。

(2) 权利和义务。记录的资产由被审计单位拥有或控制，记录的负债是被审计单位应当履行的偿还义务。例如，融资租出的固定资产计提折旧就违反权利与义务这项认定。

(3) 完整性。确认已存在的金额均已记录完整，没有遗漏，没有"少计"和"低估"。实务中，最典型的违反完整性认定的情形就是低估负债（如隐瞒应付账款、长期借款不记账等）。

(4) 计价和分摊。资产、负债和所有者权益以恰当的金额包括在财务报表中，与之相关的计价或分摊调整已恰当记录。例如，存货成本计量不准确、固定资产入账金额不准确、交易性金融资产公允价值计量不准确等。通常涉及各种准备金计提不足，如坏账准备、资产减值准备、存货跌价准备等；还涉及固定资产、无形资产、长期待摊费用的折旧摊销金额计提有误等。

（三）与列报相关的审计目标

（1）发生以及权利和义务。披露的交易、事项和其他情况已发生，且与被审计单位有关。

（2）完整性。所有应当包括在财务报表中的披露均已包括。

（3）分类和可理解性。财务信息已被恰当地列报和描述，且披露内容表述清楚。

（4）准确性和计价。财务信息和其他信息已公允披露，且金额恰当。

任务三 │ 制定审计计划

制定审计计划分为总体审计策略和具体审计计划，总体审计策略具有统领作用，并指导具体计划的制定。具体审计计划是总体审计策略的补充。

一、总体审计策略

总体审计策略用以确定审计范围、时间和方向，并指导制定具体审计计划。在制定总体审计策略时，注册会计师应当考虑以下事项。

（一）审计范围

确定审计业务的界限，包括采用的会计准则和相关会计制度、特定行业的报告要求以及被审计单位组成部分的分布等，以界定审计范围。审计的类型很多，包括财务审计、内部控制鉴证、固定资产审计、经济效益审计等，不同的业务性质决定了不同的审计范围。

（二）审计时间

明确审计业务的报告目标，以计划审计的时间安排和所需沟通的性质，包括提交审计报告的时间要求，预期与管理层和治理层沟通的重要日期等。特别说明，审计过程中的监盘时间不与被审计单位沟通，以免被审计单位提前安排。

（三）审计方向

考虑影响审计业务的重要因素，以确定项目组的工作方向，包括确定适当的重要性水平，初步识别可能存在较高的重大错报风险的领域，初步识别重要的组成部分和账户余额，评价是否需要针对内部控制的有效性获取审计证据，识别被审计单位、所处行业、财务报告要求及其他相关方面最近发生的重大变化等。

在制定总体审计策略时，注册会计师还应考虑初步业务活动的结果，以及为被审计单位提供其他服务时所获得的经验。

(四) 审计资源

进行审计小组成员的选派和分工。明确重点审计领域及对专家和注册会计师工作的利用,并确定其独立性。

注册会计师应当针对评估的舞弊导致的财务报表层次重大错报风险,确定下列总体应对措施:

(1) 考虑人员的适当分派和督导。注册会计师应当根据舞弊导致的重大错报风险的评估结果,分派具备相应知识和技能的人员或利用专家的工作,并进行相应的督导。

(2) 考虑被审计单位采用的会计政策。注册会计师应当考虑,管理层对重大会计政策(特别是涉及主观计量或复杂交易时)的选择和运用,是否可能表明管理层通过操纵利润对财务信息作出虚假报告。

(3) 在选择进一步审计程序的性质、时间和范围时,应当注意使某些程序不为被审计单位预见或事先了解。

二、具体审计计划

具体审计计划比总体审计策略更加详细,其内容包括为获取充分、适当的审计证据以将审计风险降至可接受的低水平,以及项目组成员拟实施的审计程序的性质、时间和范围。

具体审计计划应当包括风险评估程序、计划实施的进一步审计程序和其他审计程序。

进一步审计程序可以分为进一步审计程序的总体方案和拟实施的具体审计程序两个层次。

进一步审计程序的总体方案是指注册会计师针对各类交易、账户余额和列报决定采用的总体方案(包括实质性方案或综合性方案)。具体审计程序通常包括控制测试和实质性程序的性质、时间和范围。

三、审计过程中对计划的更改

以下事项的修改会直接导致修改审计计划,也会导致对审计工作作出适时调整:
(1) 对重要性水平的调整。
(2) 对某类交易、账户余额和披露的重大错报风险评估的更新和修改。
(3) 对进一步审计程序的更新和修改。

四、确定重要性水平

确定重要性水平(动画)

重要性是指被审计单位财务报表中错报或漏报的严重程度,重要性取决于具体环境下对错报金额和性质的判断,如果一项错报或连同其他错报可能影响财务报表使用者依据报表作出经济决策,则该错报是重大的。

重要性包括以下几个方面内容:

(1) 重要性中的错报包括漏报。财务报表错报包括财务报表金额错报和财务报表披露的错报。

(2) 重要性可从数量和性质两个方面考虑。数量方面是指错报的金额大小;性质方面则是错报的性质。一般而言,金额大的错报比金额小的错报更重要,但是,如果小的错报性质比较严重,那也是很重要的,如违法所得等。况且像财务报表披露的错报无法量化,应该从性质上去判断其重要性。

(3) 重要性的确定离不开具体环境。不同的被审计单位有着不同的环境,不同的财务报表有着不同的报表预期使用者。因此,注册会计师确定的重要性水平也并不相同,某一错报在一个被审计单位很重要,在另一个被审计单位就不那么重要了。例如,10万元错报在一个资产100万元的公司很重要,但在一个资产过亿的公司就不那么重要了。

(4) 重要性水平的确定需要职业判断。注册会计师通过自己的业务经验,综合各方面要素考虑,确定合理的重要性水平。不同的注册会计师在确定同一层次重要性水平时也不尽相同。注册会计师在编制审计计划时,应当对重要性水平作出初步判断,以确定所需审计证据的数量。重要性水平越低,应当获取的审计证据越多,审计风险越低,重要性水平越高。

(一) 财务报表整体重要性水平的确定

注册会计师应当合理选用重要性水平的判断基础,采用固定比率、变动比率等确定财务报表层次的重要性水平。判断基础通常包括资产总额、净资产、营业收入、净利润等。

1. 选择基准时,以下选择可能是合适的

(1) 以营利为目的的制造行业实体,可以以税前利润或亏损(取绝对值)作为计算基准。

(2) 税前利润或亏损波动较大,或以前年度营利而本年度亏损的实体,可以考虑将异常项目或非经常性项目扣除,或使用近几年平均税前利润/亏损(通常3~5年)作为计算基准;异常项目包括但不限于长期资产减值准备、投资收益、营业外收支等。

(3) 非营利性组织(如学校、慈善机构、研发中心等)不宜以净利润作为判断重要性的基准,可以考虑用营业收入、资产总额、费用总额作为计算基准。

(4) 新设立实体运营初期可以考虑以资产总额、费用总额、净资产作为计算基准。

(5) 以资产为主的实体(如基金)可以考虑以净资产作为计算基准。

(6) 如果被审计单位属于商品流通企业,可考虑以营业收入作为计算基准。

(7) 如果被审计单位属于劳动密集型企业,一般不宜以资产总额和净资产作为计算基准。

(8) 如果被审计单位属于上市公司,且已连续亏损两年,确定财务报表项目的重要性水平时,应遵循谨慎原则。

2. 基准数据的选择

以资产总额或所有者权益等为基础计算重要性水平时,采用资产负债表日或接近该日的余额。当以营业收入、税前利润、费用总额等为基础计算重要性水平时,如果采用的是最近的中期数据,应当将其换算为年度数据;如果年度间波动显著,应考虑采用3~5年的平均数,同时应扣除重大的偶发因素影响。数据来源可以选择资产负债表日未审报表、总账或内部财务报表等。

3. 确定经验百分比

为选定的基准确定百分比需要运用职业判断。百分比和选定的基准之间存在一定的联系,如税前利润对应的百分比通常比营业收入对应的百分比要高。例如,对以营利为目的的制造行业实体,税前利润的5%可能是适当的;而对非营利组织,总收入或费用总额的1%可能是适当的。百分比无论是高一些还是低一些,只要符合具体情况,都是适当的。

当存在多个恰当的基准计算所得的重要性水平之间存在差异时,应选择较低者作为财务报表整体的重要性。

相关链接

如何选择百分比?

税前利润或亏损5%~10%:税前利润或亏损较小时用10%,较大时用5%,税前亏损取绝对值计算。

扣除异常项目或非经常性项目的税前利润或亏损;或使用近几年平均税前利润/亏损(通常3~5年)5%~10%:税前利润或亏损较小时用10%,较大时用5%,税前亏损取绝对值计算。

营业收入(0.5%~5%):营业收入较小时用5%,较大时用0.5%。

资产总额(0.5%~5%):资产总额较小时用5%,较大时用0.5%。

费用总额(0.5%~5%):费用较小时用5%,较大时用0.5%。

净资产(1%~5%):净资产较小时用5%,较大时用1%。

(二)账户、交易或披露层次重要性水平的确定

注册会计师在确定各账户或各类交易的重要性水平时,应当考虑以下主要因素:

(1)各账户或各类交易的性质及错报或漏报的可能性。

(2)各账户或各类交易重要性水平与会计报表层次重要性水平的关系。

在确定拟实施的审计程序后,如果注册会计师决定接受更低的重要性水平,审计风险增加。

注册会计师应当选用以下方法控制审计风险至可接受的水平:

(1)扩大符合性测试范围或追加符合性测试程序,以降低对控制风险的初步判断水平。

(2)修改计划实施的实质性测试程序的性质、时间和范围,以将检查风险降低至可接

受的水平。

(三) 未更正错报对重要性水平的影响

注册会计师应当评估在审计过程中已识别但尚未更正错报的汇总数是否重大。尚未更正错报与财务报表层次重要性水平相比,可能出现以下两种情况:

(1) 尚未更正错报的汇总数低于重要性水平。如果尚未更正错报的汇总数低于重要性水平,对财务报表影响不大,注册会计师可发表无保留意见的审计报告。

(2) 尚未更正错报的汇总数超过或接近重要性水平。如果尚未更正错报的汇总数超过重要性水平,对财务报表影响可能是重大的,注册会计师应当考虑通过扩大审计范围或要求管理层调整财务报表降低审计风险。如果管理层拒绝调整财务报表,并且扩大审计程序范围的结果不能使注册会计师认为尚未更正错报的汇总数不重大,注册会计师应当考虑出具非无保留意见的审计报告。

任务四 审计方法与审计程序

一、审计方法

审计方法(audit method)是指审计人员为了行使审计职能、完成审计任务、达到审计目标所采取的方式、手段和技术的总称。审计方法贯穿于整个审计工作过程,而不只存在于某一审计阶段或某几个环节。审计工作从制定审计计划开始,直至出具审计意见书、依法作出审计决定和最终建立审计档案,都运用了审计方法。

关于审计方法概念的表达,归纳起来大致有两种不同的观点:一是狭义的审计方法,即认为审计方法是审计人员为取得充分有效审计证据而采取的一切技术手段;二是广义的审计方法,即认为审计方法不应只是用来收集审计证据的技术,而应将整个审计过程中所运用的各种方式、方法、手段、技术都包括在审计方法的范畴之内。

1. 核对法

核对法是将会计记录及其相关资料中两处以上的同一数值或相关数据相互对照,用以验明内容是否一致,计算是否正确的审计方法,其目的是查明凭证、账簿、报表之间是否相符,证实被审计单位财务状况和财务成果的真实、正确、合法。一是原始凭证与记账凭证。核对内容是所附或有关的原始凭证数量是否齐全,日期、业务、内容、金额同记账凭证上的会计科目及金额是否相符,原始凭证之间、记账凭证同汇总记账凭证之间内容上是否一致。二是凭证与账簿。核对凭证的日期、会计科目、明细科目、金额同账簿记录内容是否一致;汇总记账凭证(或科目汇总表)与记入总账的账户、金额、方向是否相符。三是明细账与总分类账。主要核对期初余额、本期发生额和期末余额是否相符。四是账簿与报表。以总账或明细账的期末余额或本期发生额为依据,核对账户记录同有关报表项目是否相符。五是报表与报表。核对报表是否按制度规定要求编制,报表之间的相应关系是否正确。

2. 审阅法

审阅法是对凭证、账簿和报表,以及经营决策、计划、预算、合同等文件和资料的内容详细阅读和审查,以检查经济业务是否合法合规,经济资料是否真实正确,是否符合会计准则要求的一种方法。审阅法主要是查证凭证、账簿、报表等会计资料。一是审阅原始凭证和记账凭证,前者是审查日期、摘要、金额、大小写、签章等应填写项目是否齐全,有无涂改;后者主要是审查经济业务是否符合有关手续,有无违反财经纪律、财会制度规定,甚至从事非法经营活动的事实等。二是审阅经济资料的记录是否符合有关原理和原则。例如,会计账簿中科目使用是否正确、账户对应关系是否正常合理;会计报表是否按制度的规定编制,报表应有的关系是否正确等。三是审阅经济资料的记录有无异常情况。例如,账簿中是否有涂改、刮擦、挖补、伪造以及不符合规定的书写和更动;报表各项目有无异常的增减变化现象。

3. 复算法

复算法就是对凭证、账簿和报表以及预算、计划、分析等书面资料重新复核、验算的一种方法。这种方法是包含在核对法之中的。复核验算的主要方面有以下几个方面:一是原始凭证中单价乘数量的积数,如小计、合计等;二是记账凭证中的明细金额合计;三是账簿中每页各栏金额的小计、合计及余额;四是报表中有关项目的小计、合计、总计及其他计算;五是预算、计划、分析中的有关数据。

4. 比较法

比较法就是通过对相同被审项目的实际与计划、本期与前期、本企业与同类企业的数额进行对比分析,检查有无异常情况和可疑问题,以便跟踪、追查、提供线索,取得审计证据的审计方法。例如,以本期的有关项目相比(如利润未同产品销售收入同步增长)或以被审项目同其他单位的相同项目相比(如把流动资金周转水平同先进企业比)等都可以说明情况,发现问题。

5. 逆查法

逆查法就是按照经济活动进行的相反顺序,从终点查到起点的审计方法。在财务收支审计中,它就是按照会计核算程序的相反次序,先审查会计报表,从中发现错弊和问题,然后有针对性地依次审查和分析报表、账簿和凭证。

这种方法的主要优点是从大处着手,审计面较宽,审查的重点和目的比较明确,易于查清主要问题,审计功效较高;不足之处是着重审查分析报表,并据以重点逆查账目,可能遗漏或疏忽某些更重要的问题,难以揭露错弊。而且逆查法难度较大,因此,对审计人员业务素质要求较高。

6. 顺查法

就是按照经济活动发生的先后顺序,依次从起点查到终点的审计方法。对会计资料的审查就按照会计核算程序的先后顺序,依次审核和分析凭证、账簿和报表。

具体做法是首先审查原始凭证及记账凭证；其次进一步结合凭证查账簿；最后根据账簿审阅会计报表。

这种方法的主要优点是简便易行，由于它按记账程序逐一、仔细地核对，审计内容详细，一般说来，审计账务上的错误和弊端可以做到毫无遗漏，审计结果较为可靠。其缺点是事无大小都同等对待，往往把握不住重点和主次方向，且着重对凭证、账簿、报表的机械核对，费时费力，可能因小失大，因此一般适用于对规模较小、业务不多的单位审计时采用。

逆查法和顺查法各有侧重，各有利弊。实际中，常将两种方法结合起来运用，即采用逆查法时，对于需要了解的部分，可局部兼用顺查法详细查核；采用顺查法时，对于重要事项也可兼用逆查法，以免遗漏。

7. 详查法

详查法就是对被审计单位被审期内的全部凭证、账簿、报表或某一重要（或可疑）项目所包括的全部账项进行全面、详细审查的审计方法。早期的财务审计通常采用这种方法。

8. 抽查法

抽查法是指从被审计单位的被审计对象中抽取其中一部分进行审查的审计方法。根据审查结果，借以推断审计对象总体有无错误和弊端。其基本特点是根据审计对象的具体情况和审计目的，经过判断，选取具有代表性的、相对重要的项目作为样本，或者从被审查资料中随机抽取一定数量的样本，然后根据样本的审查结果来推断总体的正确性，或推断其余未抽部分有无错弊。这种方法的关键在于抽取样本，故又称为抽样审计法。现代审计多用此法。

抽查法可分为任意抽样法、判断抽样法和统计抽样法三种。

二、审计程序

审计程序是为完成审计工作所需的详细步骤。审计程序对审计人员而言，就好像谜底对谜题。没有审计程序，可能会导致审计人员查核方向错误或没有使用最快、最好的查核方法，以致浪费时间和成本。

审计程序的类型具体有以下几种。

（一）检查记录或文件

检查记录或文件是指注册会计师对被审计单位内部或外部生成的，以纸质、电子或其他介质形式存在的记录或文件进行审查。检查记录或文件的目的是对财务报表所包含或应包含的信息进行验证。例如，检查公司会议文件、检查发票保管情况等。

（二）检查有形资产

检查有形资产是指注册会计师对资产实物进行审查。检查有形资产程序主要适用于存货和现金，也适用于有价证券、应收票据和固定资产等。检查有形资产可为其存在性提供可靠的审计证据，但不一定能够为权利和义务或计价认定提供可靠的审计证据。

(三) 观察

观察是指注册会计师查看相关人员正在从事的活动或执行的程序。例如，对客户执行的存货盘点或控制活动进行观察。观察提供的审计证据仅限于观察发生的时点，并且在相关人员已知被观察时，相关人员从事活动或执行程序可能与日常的做法不同，从而会影响注册会计师对真实情况的了解。因此，注册会计师有必要获取其他类型的佐证或证据。

(四) 询问

询问是指注册会计师以书面或口头方式，向被审计单位内部或外部的知情人员获取财务信息和非财务信息，并对答复进行评价的过程。询问本身不足以发现认定层次存在的重大错报，也不足以测试内部控制运行的有效性，注册会计师还应当实施其他审计程序以获取充分、适当的审计证据。

(五) 函证

函证是指注册会计师为了获取影响财务报表或相关披露认定的项目的信息，通过直接来自第三方的对有关信息和现存状况的声明，获取和评价审计证据的过程。例如，对应收账款余额或银行存款的函证。通过函证获取的证据可靠性较高，因此，函证是受到高度重视并经常被使用的一种重要程序。

(六) 重新计算

重新计算是指注册会计师以人工方式或使用计算机辅助审计技术，对记录或文件中的数据计算的准确性进行核对的程序。重新计算通常包括计算销售发票和存货的总金额、加总日记账和明细账、检查折旧费用和预付费用的计算、检查应纳税额的计算等。

(七) 重新执行

重新执行是指注册会计师以人工方式或使用计算机辅助审计技术，重新独立执行作为被审计单位内部控制组成部分的程序或控制。例如，注册会计师利用被审计单位的银行存款日记账和银行对账单，重新编制银行存款余额调节表，并与被审计单位编制的银行存款余额调节表进行比较。

(八) 分析程序

分析程序是指注册会计师通过研究不同财务数据之间以及财务数据与非财务数据之间的内在关系，对财务信息作出评价的程序。分析程序还包括调查识别出的、与其他相关信息不一致或与预期数据严重偏离的波动和关系。

相关链接

审计的实施步骤

审计过程大致可分为以下几个阶段。

1. 接受业务委托

接受业务委托阶段的主要工作包括了解和评价审计对象的可审性、决策是否考虑接受委托、商定业务约定条款、签订审计业务约定书等。

2. 计划审计工作

计划审计工作主要包括在本期审计业务开始时开展的初步业务活动、制定总体审计策略、制定具体审计计划等。

3. 实施风险评估程序

实施风险评估程序的主要工作包括了解被审计单位及其环境、识别和评估财务报表层次以及各类交易、账户余额、列报认定层次的重大错报风险,如确定需要特别考虑的重大错报风险(即特别风险)以及仅通过实质性程序无法应对的重大错报风险等。

4. 实施控制测试和实质性程序

实施控制测试和实质性程序的主要工作包括实施控制测试(必要时或决定测试时)和实质性程序。

5. 完成审计工作和编制审计报告

本阶段主要工作包括审计期初余额、比较数据、期后事项和或有事项;考虑持续经营问题和获取管理层声明;汇总审计差异,并提请被审计单位调整或披露;复核审计工作底稿和财务报表;与管理层和治理层沟通;评价审计证据,形成审计意见;编制审计报告等。

思考题

1. 审计业务约定书的内容包括哪些?
2. 如何确定重要性水平?
3. 简述重要性水平与审计风险、审计证据之间的关系。

章节练习

一、单项选择题

1. 下列各项中,属于社会审计特有程序的是( )。
   A. 制定审计计划　　　　　　　　B. 测试内部控制
   C. 签订审计业务约定书　　　　　D. 编制审计报告
2. 初步业务活动的主要目的不包括( )。
   A. 与被审计单位之间不存在对业务约定条款的误解
   B. 了解被审计单位业务活动,制定具体审计计划
   C. 不存在因管理层诚信问题而可能影响注册会计师保持该项业务的意愿的事项

D. 具备执行业务所需的独立性和能力

3. 下列有关审计业务约定书的说法中,错误的是( )。
   A. 审计业务约定书是会计师事务所通常与被审计单位签订的
   B. 审计业务约定书的具体内容和格式不会因不同的被审计单位而不同
   C. 审计业务约定书具有经济合同的性质,它的目的是明确约定各方的权利和义务。约定书一经约定各方签字认可,即成为法律上生效的契约,对各方均具有法定约束力
   D. 会计师事务所承接任何审计业务,均应与被审计单位签订审计业务约定书

4. 社会审计的审计程序终结阶段的主要标志是( )。
   A. 复核并审定审计报告   B. 建立审计档案
   C. 提出审计报告和审计决定   D. 出具审计报告

5. 审计人员负责审计甲公司20×1年度的财务报表,通过风险评估程序确定将高估资产和收入作为重点审查内容,审计人员应当核实是否发生作为主要审计目标的项目是( )。
   A. 存货   B. 营业收入
   C. 应收账款   D. 固定资产

6. 甲公司为股份有限公司,20×1年12月31日"资本公积——其他资本公积"科目的余额为100万元,全部系可供出售金融资产公允价值变动产生的,假设甲公司"资本公积——股本溢价"科目的金额为50万元,则期末资产负债表中"资本公积"项目余额为150万元。则与"资本公积"账户或项目有关的认定存在问题的是( )。
   A. 存在   B. 分类正确性
   C. 完整性   D. 计价正确性

7. 下列关于我国国家审计总目标的表述,正确的是( )。
   A. 真实性是指财、政财务收支以及有关经济活动遵守法规的情况
   B. 合法性是指反映财政、财务收支以及有关经济活动的信息与实际情况相符的程度
   C. 效益性是指财政、财务收支以及有关经济活动实现的经济效益、社会效益和环境效益
   D. 真实性是最终目标,是在合法性和效益性基础上才能达到的

8. 下列各项中,不属于社会审计实施阶段工作的是( )。
   A. 签订审计业务约定书
   B. 重新确定重要性水平
   C. 对内部控制进行测试
   D. 对财务报表项目进行实质性测试

9. 下列工作中,属于国家审计在实施阶段的工作的是( )。
   A. 编制年度审计项目计划

B. 编制审计工作方案

C. 重新确定重要性水平

D. 组成审计组,送达审计通知书

10. 下列关于审计机关向社会公布审计结果的说法中,正确的是( )。

A. 审计机关向社会公布审计结果应在审计结论性文书生效后进行

B. 审计机关向社会公布审计结果应该独立进行,不论其可能产生的社会影响如何

C. 审计组可以自行决定向社会公布审计结果

D. 所有向社会公布的审计结果都应报经本级人民政府批准

11. 注册会计师在制定总体审计策略时,对审计范围的考虑事项不包括( )。

A. 编制拟审计的财务信息所依据的财务报告编制基础

B. 对利用在以前审计工作中获取的审计证据的预期

C. 评估的财务报表层次的重大错报风险对指导、监督及复核的影响

D. 拟审计的经营分部的性质

12. 关于总体审计策略和具体审计计划,下列说法中错误的是( )。

A. 注册会计师应当针对总体审计策略中所识别的不同事项,制定具体审计计划,并考虑通过有效利用审计资源以实现审计目标

B. 为获取充分、适当的审计证据,而确定审计程序的性质、时间安排和范围的决策是总体审计策略的核心

C. 注册会计师应当在制定总体审计策略时确定财务报表整体的重要性

D. 制定总体审计策略的过程通常在具体审计计划之前,但执行具体审计计划过程中,也可能对总体审计策略作出调整

13. 在财务审计项目的一般审计目标中,完整性是指( )。

A. 记录或列报的金额在总体上正确

B. 各类业务记录于正确的会计期间

C. 记录或列报的金额实际存在或发生

D. 实际存在或发生的金额均已记录或列报

14. 审计人员对被审计单位的有形资产进行监盘,可以查明这些有形资产( )。

A. 是否真实存在　　　　　　　　B. 是否归被审计单位所有

C. 计价是否正确　　　　　　　　D. 是否存在被抵押的情况

15. 在运用重要性概念时,下列各项中,不属于注册会计师应考虑的内容是( )。

A. 财务报表整体的重要性

B. 实际执行的重要性

C. 特定类别的交易、账户余额或披露的重要性

D. 被审计单位管理层对审计意见类型的要求

16. 在理解重要性概念时,下列表述中错误的是( )。

A. 重要性取决于在具体环境下对错报金额和性质的判断

B. 如果一项错报单独或连同其他错报可能影响财务报表使用者依据财务报表做出的经济决策,则该项错报是重大的

C. 判断一项错报对财务报表是否重大,应当将使用者作为一个群体对共同性的财务信息的需求来考虑

D. 在重要性水平下的小额错报,无需关注

17. 在执行审计业务时,注册会计师应当确定合理的重要性水平。下列做法正确的是( )。

A. 通过调高重要性水平,降低审计风险

B. 在确定计划的重要性水平时,制定较低金额的重要性水平,以降低评估的重大错报风险

C. 在确定计划的重要性水平时,应当考虑对被审计单位及其环境的了解

D. 在确定计划的重要性水平时,应当考虑实施进一步审计程序的结果

18. 注册会计师为了评估风险和设计进一步审计程序,应当制定一个实际执行的重要性,实际执行的重要性跟重要性水平相比较的情况是( )。

A. 实际执行的重要性更高 B. 实际执行的重要性更低

C. 两者相等 D. 实际执行的重要性略高

19. 在制定具体审计计划时,注册会计师应当考虑的内容是( )。

A. 计划实施的风险评估程序的性质、时间安排和范围

B. 计划与管理层和治理层沟通的日期

C. 计划向高风险领域分派的项目组成员

D. 计划召开项目组会议的时间

20. 对于审计过程中发现的错报,下列做法中,正确的是( )。

A. 注册会计师无需考虑每一单项错报

B. 存在相同金额的高估收入和成本费用,由于对损益无影响,无需提请被审计单位调整

C. 收入项目分类错报超过重要性水平,对关键财务比率影响微小,注册会计师认为该分类错报对财务报表整体不产生重大影响

D. 错报对遵守监管要求有影响时,由于未超过重要性水平,注册会计师未将其评价为重大错报

二、多项选择题

1. 下列有关审计目标的提法中,正确的有( )。

A. 审计目标是审计行为的出发点

B. 审计目标在不同历史时期是相同的

C. 根据审计目标的不同可将审计业务划分为不同的类型
D. 审计目标包括总体审计目标与具体审计目标两个层次
E. 审计目标对审计全过程都有影响

2. 营业收入的审计目标有( )。
   A. 证实营业收入的真实性
   B. 证实营业收入的完整性
   C. 证实营业收入计价与分类的正确性
   D. 证实应收账款计价与分类的正确性
   E. 证实坏账损失的真实性

3. 下列关于审计目标的表述,正确的有( )。
   A. 审计目标影响所需审计证据的类型和数量
   B. 审计目标对审计全过程都有影响
   C. 审计目标不影响审计准备阶段的工作
   D. 审计目标的确定影响审计标准的选择及审计程序和方法的设计
   E. 审计目标通常可以划分为总体审计目标和具体审计目标

4. 审计机关发出审计通知书的作用有( )。
   A. 通知被审计单位接受审计
   B. 制订年度审计项目计划的依据
   C. 审计组执行审计任务的依据
   D. 编制审计工作底稿的依据
   E. 审计机关质量控制的依据

5. 下列审计目标中,与完整性认定无关的有( )。
   A. 采购交易的入账时间是否恰当
   B. 已经发生的销售交易是否登记入账
   C. 已经记录的采购交易是否实际发生
   D. 存放在仓库的物资是否归被审计单位所有
   E. 以公允价值计量的交易性金融资产的金额是否列示正确

6. 下列关于国家审计工作方案和审计实施方案的表述,正确的有( )。
   A. 审计工作方案由审计机关业务部门负责编制
   B. 审计实施方案应在审计前下达到审计项目实施单位
   C. 根据审计实施过程中情况的变化,可以对审计工作方案内容进行调整
   D. 审计组人员及其分工发生重大变化时需调整审计实施方案
   E. 审计工作方案一般依据审计实施方案编制

7. 国家审计人员在判断被审计单位存在问题的重要性时,通常会关注的因素有( )。
   A. 是否需要特殊的审计技术

B. 是否属于涉嫌犯罪的问题

C. 是否属于信息系统设计缺陷

D. 是否涉及较大的数量或者金额

E. 是否关系到政策、体制的严重缺陷

8. 下列关于内部控制测试的说法中,正确的有(　　)。

A. 监盘是内部控制测试的常用方法之一

B. 通过内部控制测试以评价内部控制的可信赖程度

C. 内部控制测试在审计实施阶段进行

D. 内部控制测试在实质性测试之后进行

E. 任何审计项目都要进行内部控制测试

9. 下列各项表述中,正确的有(　　)。

A. 国家审计可以聘请外部人员参与审计工作

B. 内部审计无需向被审计单位发出审计通知书

C. 社会审计依法出具审计报告和审计处理处罚决定

D. 内部审计需对被审计单位整改情况进行跟踪

E. 国家审计依法向社会公布审计调查结果

10. 管理层对财务报表的认定可以归成的类别有(　　)。

A. 与期初账户余额相关的认定

B. 与期末账户余额相关的认定

C. 与本期发生额相关的认定

D. 与报表列报和披露相关的认定

E. 与各类业务相关的认定

11. 注册会计师应当在总体审计策略中清楚地说明审计资源的规划和调配,包括(　　)。

A. 向具体审计领域调配的资源,包括向高风险领域分派有适当经验的项目组成员,就复杂的问题利用专家工作等

B. 如何管理、指导、监督这些资源,包括预期何时召开项目组预备会和总结会,预期项目合伙人和经理如何进行复核,是否需要实施项目质量控制复核等

C. 何时调配这些资源,包括是在期中审计阶段还是在关键的截止日期调配资源等

D. 向具体审计领域分配资源的多少,包括分派到重要地点进行存货监盘的项目组成员的人数,在集团审计中复核组成部分注册会计师工作的范围,向高风险领域分配的审计时间预算等

12. 出于特定需要的考虑,注册会计师应当考虑在业务约定书中列明的内容有(　　)。

A. 管理层确认将提供书面声明

B. 审计工作按照审计准则的规定执行审计工作就不会存在重大错报未被发现的风险

C. 说明对注册会计师是责任可能存在的限制

D. 向其他机构或人员提供审计工作底稿的义务

13. A 注册会计师负责审计甲公司 20×1 年度财务报表。在确定执行审计工作的前提时,下列有关甲公司管理层责任的说法中,A 注册会计师认为正确的有( )。
   A. 甲公司管理层应当允许 A 注册会计师查阅与编制财务报表相关的所有文件
   B. 甲公司管理层应当负责按照适用的财务报告编制基础编制财务报表
   C. 甲公司管理层应当允许 A 注册会计师接触所有必要的相关人员
   D. 甲公司管理层应当负责设计、执行和维护必要的内部控制

14. 下列有关重要性的表述中正确的有( )。
   A. 注册会计师对审计重要性水平确定的越高,所需收集的审计证据的数量就越少
   B. 财务报表项目的金额及其波动幅度可能促使财务报表使用者作出不同的反应,基于谨慎性,注册会计师应按最近几年的最低金额确定重要性
   C. 从报表使用者决策的信息需求而言,如果财务报表中的某项错报足以改变或影响财务报表使用者的相关决策,则该项错报就是重要的
   D. 在计划审计工作时,注册会计师应当考虑导致财务报表发生重大错报的原因,并应当在了解被审计单位及其环境的基础上,确定一个可接受的重要性水平,即首先为财务报表层次确定重要性水平,以发现在金额上重大的错报

15. 下列因素中,注册会计师在评价财务报告编制基础的可接受性时,需要考虑的有( )。
   A. 被审计单位的性质
   B. 财务报表的目的
   C. 法律法规是否规定了适用的财务报告编制基础
   D. 财务报表的性质

16. 下列审计程序中,有助于验证短期借款入账完整性的有( )。
   A. 向被审计单位开户银行函证
   B. 分析利息费用账户
   C. 审查借款程序
   D. 审查债券发行的合法性
   E. 审查借款合同登记簿

17. 为证明 20×0 年 12 月 31 日公司已付而银行未付的材料采购款的真实性,审计人员可以采取的审计程序有( )。
   A. 检查 20×1 年 1 月份的银行对账单
   B. 检查相关的采购合同、供应商销售发票和付款审批手续
   C. 就 20×0 年 12 月末银行存款余额向银行寄发询证函
   D. 向相关的原材料供应商寄发询证函
   E. 检查 20×0 年 12 月份的银行对账单

18. 向债权人函证应付账款数额时,应重点选取的账户有( )。
   A. 金额较大的
   B. 欠账时间较长的

C. 核对时发现账证不符的 D. 卖方对账单齐备的
E. 余额为零但为重要供应商的

19. 为了审查实收资本的真实性，下列各项中，审计人员应取得的资料有（　　）。
A. 投资协议 B. 资产评估证明
C. 公司章程 D. 出资证明
E. 盈余公积明细表

20. 为了核实银行存款收付的截止期，审计人员可以实施的审计程序有（　　）。
A. 对资产负债表日前后数天发生的银行存款收付业务进行审查
B. 向开户银行进行函证
C. 审阅支票收入与送存记录，检查年终未送存银行的支票及其收入的记录日期
D. 查阅资产负债表日后银行对账单第一周的银行存款收入，核实银行存款日记账，检查是否将资产负债表日后的收入提前入账
E. 检查被审计单位资产负债表日签发的最后一张支票序号，并检查该序号前的支票是否均已寄出并入账

三、简答题

1. A注册会计师负责对常年审计客户甲公司20×1年度财务报表进行审计，撰写了总体审计策略和具体审计计划，部分内容摘录如下：

（1）初步了解20×1年度甲公司及其环境未发生重大变化，拟信赖以往审计中对管理层、治理层诚信形成的判断。

（2）因对甲公司内部审计人员的客观性和专业胜任能力存有疑虑，拟不利用内部审计的工作。

（3）如对计划的重要性水平作出修正，拟通过修改计划实施的实质性程序的性质、时间和范围降低重大错报风险。

（4）尽管20×0年度审计中发生了大量的调整，项目总体风险较高，但由于对甲公司非常了解，A注册会计师将实际执行的重要性水平确认为财务报表层次重要性水平的75%。

（5）假定甲公司在收入确认方面存在舞弊风险，拟将销售交易及其认定的重大错报风险评估为高水平，不再了解和评估相关控制设计的合理性并确定其是否已得到执行，直接实施细节测试。

（6）因甲公司于20×1年9月关闭某地办事处并注销其银行账户，拟不再函证该银行账户。

（7）因审计工作时间安排紧张，拟不函证应收账款，直接实施替代审计程序。

要求：针对上述事项（1）～（7），逐项指出A注册会计师拟定的计划是否存在不当之处。如有不当之处，简要说明理由。

2. 假设 A 注册会计师在执行 ABC 公司财务报表审计时发现表 2-2 中的事项,请分别针对每一事项指明被审计单位违反了哪一项审计目标。

要求:先写出审计目标的大类,再写出名称。(例如,"与各类交易和事项相关的审计目标:发生"。)

表 2-2 具体事项

财务报表审计时分别发现的事项	被审计单位违反的审计目标
本期交易推迟至下期记账,或者将下期应当记录的交易提前到本期记录	
期末少计提累计折旧	
在销售明细账中记录了并没有发生的一笔销售业务	
不存在某顾客,在应收账款明细表中却列入了对该顾客的应收账款	
财务报表附注没有分别对原材料、在产品和产成品等存货成本核算方法作恰当的说明	
将不属于被审计单位的债务记入账内	
将出售某经营性固定资产(并非企业的日常交易事项)所得的收入记录为营业收入	
没有将一年内到期的长期负债列为一年内到期的非流动负债	
发生了一项销售交易,但没有在销售明细账和总账中记录	
在销售交易中有如下情况:①发出商品的数量与账单上的数量不符;②开具账单时运用了错误的销售价格;③账单中的乘积或加总有误;④在销售明细账中记录了错误的金额	
存在对某客户的应收账款,在应收账款明细表中却没有列入对该客户的应收账款	
关联交易类型、金额没有在财务报表附注中作恰当披露	
关联方和关联方交易,没有在财务报表中充分披露	
将现销记录为赊销	

项目三　获取审计证据

学习目标

➢ 了解审计证据的含义。
➢ 熟悉审计证据的种类和特征。
➢ 掌握审计证据的分析。
➢ 掌握获取审计证据的审计程序。

 案例引入　　　　　郑百文财务舞弊案例

郑州百文股份有限公司(集团)(以下简称郑百文公司)于1996年4月获准上市,1997年其销售收入达76.73亿元,净利润达8 126万元,在上交所上市公司中排名第一,进入国内上市企业100强。从1996年9月到1998年2月的17个月中,郑百文公司股价涨幅高达228%。然而在1998年,郑百文公司却创造了每股净亏损2.54元的中国股市最差业绩的"奇迹"。1999年,郑百文公司一年亏掉9.8亿元,再创沪深股市亏损之最。

经查明,郑百文公司上市前采取虚提返利、少计费用、费用跨期入账等手段,虚增利润1 908万元,并据此制作了虚假上市申报材料;上市后三年采取虚提返利、费用挂账、无依据冲减成本及费用、费用跨期入账等手段,累计虚增利润14 309万元。该公司同时还存在股本金不实,上市公告书有重大遗漏,年报信息披露有虚假记载、误导性陈述或重大遗漏等问题。证监会在调查中还发现,原郑州会计师事务所签字注册会计师违反有关法律法规,为郑百文公司出具了严重失实的审计报告。

基于郑百文公司及相关人员的以上事实,证监会根据有关证券法规,对该公司作出了警告并罚款200万元的行政处罚;对公司董事长李福乾,董事、总经理卢一德,董事乔鸿祥、钟文珍、平玉兰、郭玉兰、赵三焕、李安民、王金凤、李新阳、杨东、陆家豪分别作出了罚款30万元、20万元、10万元的行政处罚;对为公司出具审计报告的注册会计师龚淑敏、宋大力分别作出罚款30万元、20万元并暂停证券从业资格等行政处罚。

思考题:

1. 如何获取审计证据从而得出审计结论?
2. 应当按照怎样的程序获取审计证据?

任务一 认识审计证据

一、审计证据的含义

审计证据是审计工作的核心问题。《审计法》规定,审计人员通过审查会计凭证、会计账簿、会计报表,查阅与被审计事项有关的文件、资料,检查现金、实物、有价证券,向有关单位和个人调查等方式进行审计,并取得证明材料。审计证明材料,即通常所说的审计证据,是证明应证事项是否客观存在的材料,是证明被审计单位财政收支、财务收支及其有关的经济活动真相的凭证。审计证据是证明应证事实是否客观存在的材料,是证明被审对象真相的凭证。对国家审计来说,审计证据是指审计机关和审计人员获取的用以证明审计事项真相形成审计结论基础的证明材料。

《中国注册会计师审计准则第1301号——审计证据》第3条规定,审计证据是指注册会计师为了得出审计结论、形成审计意见而使用的所有信息,包括会计报表所依据的会计记录中的信息和其他信息。这个定义说明了两点:一是说明审计证据是在执行审计业务过程中获得的,非审计过程中所获取的信息虽然也可能成为某种证据,但不能成为审计证据;二是说明获得审计证据的目的是形成审计意见,只要与形成审计意见有关,虽不能构成其他类型的证据(如法律证据),但同样可作为审计证据。

中国台湾《审计准则》第2条指出,查核证据系指查核人员为对财务报表表示意见,而关于其专业判断所归集之资料。中国香港《审计指导》中认为,审计证据是审计师为达成审计结论,据以对财务报表表示意见所收集的资料。《国际审计准则》中将审计证据界定为审计人员在达成据以形成审计意见的结论时所获取的信息。审计证据的概念虽有不同的提法,但都充分强调审计证据是发表审计意见的依据。无论是中国的审计还是国际的审计,无论是国家审计还是社会审计,审计的最终结果均要对被审计事项表示意见、得出结论或作出决定,其依据和基础当然是充分、适当的审计证据。

因此,审计证据是指审计人员在执行审计程序过程中,围绕审计目标和依照法定程序和方法,获得的并经过核实,用以证明审计事项真实并保证审计意见和审计决定正确所依据的资料。

审计证据不仅是审计理论的一个重要组成部分。审计证据对整个审计工作具有十分重要的意义,审计证据是审计人员实现审计目标,完成审计任务,发表审计建议和意见的基础,对审计工作质量起着决定性的作用。

二、审计证据的种类

审计证据可以按照不同的标准进行分类,不同种类的审计证据的证据力不同,在证实审计目标方面有不同的作用,证据格式也不同。研究审计证据的种类,可以加深对审计证据的理解,有助于审计人员提高收集审计证据的效率,也有利于正确评价和综合运用审计证据,最终达到提高审计质量的目的。

政府审计机关常用的审计证据记录表、被审计单位承诺书、审计调查记录表如表 3-1、表 3-2、表 3-3 所示,会计师事务所使用的应收账款询证函如表 3-4 所示。

审计证据的
种类及要求
(动画)

表 3-1 审计证据记录表

××审计单位

审计证据记录

索引号:

被审计单位名称	
审计的主要事项	
审计证据记录: 审计人员: 年　　月　　日	
附件:共　　页。其中:证明性证据　　页;法规文件　　页;其他资料共　　页。	
被审计单位经办人意见: 被审计单位负责人意见: (签名并加盖公章)	

表 3-2　被审计单位承诺书

索引号：

被审计单位名称			法定代表人		
根据《××法》第××条和《××法》第××条规定，在审计期间，我单位愿给予积极配合，并提供下列资料和情况：					
项目	单位	数量	内容		备注
账簿					
报表					
凭证					
承诺	以上资料为我单位　年　月　日至　年　月　日财政、财务收支的全部资料，并保证其真实性和合法性。如发现有虚假、隐匿的会计资料，愿承担由此引起的全部法律责任。				
主管领导签字及签字日期：			财务负责人签字及签字日期：		
备注					（被审计单位盖章） 年　月　日
审计组组长签字：					

表 3-3　审计调查记录表

××审计单位

审计调查记录

调查单位		邮政编码	
通信地址		调查地点	
调查方式		调查时间	
调查单位法人代表		企业性质	
接待人或提供人姓名		所在部门及职务	
调查记录： 　　　　　　　　　　　　　　　　　　　　　　　　　　调查人： 　　　　　　　　　　　　　　　　　　　　　　　　　　年　月　日			
被调查人记录： 　　　　　　　　　　　　　　　　　　　　　　　　　　（签名） 　　　　　　　　　　　　　　　　　　　　　　　　　　年　月　日			

表 3-4 应收账款询证函

编号：

甲公司：
　　本公司聘请的_____会计师事务所正在对本公司_____年度财务报表进行审计，按照《中国注册会计师审计准则》的要求，应当询证本公司与贵公司的往来账项等事项。下列信息出自本公司账簿记录，如与贵公司记录相符，请在本函下端"信息证明无误"处签章证明；如有不符，请在"信息不符"处列明不符项目。如存在与本公司有关的未列入本函的其他项目，也请在"信息不符"出这些项目的金额及详细资料。回函请直接寄至_____会计师事务所。
　　回函地址：　　　　　　　　　　　　　　　　　　　　　　　　　　邮编：
　　电话：　　　　　　　　传真：　　　　　　　　联系人：

1. 本公司与贵公司的往来账项列示如下：

单位：元

截止日期	贵公司欠	欠贵公司	备注

2. 其他事项

本函仅为复核账目之用，并非催款结算。若款项在上述日期之后已经付清，仍请及时函复为盼。

（被审计单位盖章）

年　月　日

结论：

1. 信息证明无误。	2. 信息不符，请列明不符项目及具体内容。
（甲公司盖章） 年　月　日 经办人：	（甲公司盖章） 年　月　日 经办人：

（一）按证据表现形式分类

根据审计证据的表现形式，也就是按照作为证据的客观事实是通过什么形式反映出来的，可以将审计证据分为实物证据、书面证据、视听或电子数据证据、口头证据、鉴定和勘探证据和环境证据。不同形式的审计证据必须符合与其形式相对应的既定要件规则。

1. 实物证据

实物证据是以实物存在，以其外部形态特征和内在本质为表现形式的证据，审计人员通过对人员、财产或事项进行直接检查或观察而取得的证据（如实际观察和实地盘点资产、存货）是这些财产物资实际存在的最好证据。这类实物证据有两个方面的特点：①可以通过实物实际观察或盘点方式取证；②作为物证能够通过价值加以反映。

有一种实物证据虽然不完全具备有形资产证据的两个特征，但它们的确以实物形态存在，当它们同时与某一被审计事项发生关系时，它们就会以其实物形态为该事项作证，成为一种实物证据。例如，在审查企业发放劳保用品的合规性时，已发放的物品虽然所有者已不属于企业，但这些物品可以当作实物证据拿来用以佐证企业是否有超标准、超规定发放劳保用品的情况。

因此，实物证据就是审计人员通过对人员、财产或事项进行直接检查或观察而取得的证据。这类证据可以以文字记录、照片、图片、视频录像、图表、地图或实物样本的形式加以记录。实物证据具有很强的证明力，可以有效地证实实物的状态、数量、特征、质量等，但不能证明资产或实物的所有权、计价及分类等。审计人员对实物证据的质量应当进行适时控制，要求实物证据中的文字记录应当符合审计机构预先设定的统一格式，并经审计人员和被审计单位有关人员双方签字确认；照片、视频录像等应当由审计人员注明制作时间、地点，并经证据提供者与原物核对无误后确认；收集实物证据时，还应当注明实物的所有权人、存放地点、存放方式和实物证据提供者等信息。

2. 书面证据

书面证据是指以书面形式存在的并以其记载内容证明审计事项的依据。书面证据又称为文件证据，它有两个方面的特征：第一，它所记载的内容或所表达的思想可供他人认识和了解；第二，它的内容必须反映一定的审计事项的事实。

书面证据是审计证据中最基本的证据，数量多并且来源广泛。例如，与审计有关的各种原始凭证、记账凭证、会计凭证和各种明细表，有关会议记录和文件，各种合同文件、通知书、报告书及函件等。

书面证据按其来源可以分为内部证据和外部证据两大类。内部证据是由被审计单位内部机构获职员编制和提供的书面证据。外部证据是由被审计单位以外的机构或人士所编制的书面证据。一般来说，内部证据不如外部证据可靠，但如果内部证据在外部流转，并获得其他单位或个人的认可，则具有较强的可靠性。

3. 视听或电子数据证据

视听或电子数据证据是指以录音录像或者计算机储存、处理的，能证明被审计事项的证据。审计人员在收集电子数据证据时，应当注明制作方法、制作时间、制作人和电子数据资料的运行环境、数据采集和处理过程以及存放地点、存放方式等；电子数据能转换成书面材料的，应将其转换成书面材料，交由证据提供者签字盖章。

4. 口头证据

口头证据是指与审计事项有关的人员提供的言词材料。例如,按照审计人员的要求,提供审计事项知情人的陈述、被调查人的口头答复等,这种证据能够证明审计事项真实情况的事实是通过人的陈述表现的。它包括质询的口头答复、被调查人的陈述和书面证据材料等。由于口头证据都是人的陈述,在审计实践中常常把它们叫作人证。口头证据是人用言词叙述他们所知道的客观事实,不仅客观因素、陈述者的主观倾向能够影响其真实性,而且其与陈述者的记忆力、判断力、表达力密切相关。审计人员不能单凭口头证据作出审计结论,但审计人员可以通过言词证据发掘出一些重要的线索,从而有利于对某些需审核的情况作进一步的调查,以收集到更为可靠的证据。因此,审计人员应将各种重要言词尽快地转换成书面记录,并取得被询问者的签名确认。对同一事项不同人的口头证据能相互印证或一致的,这类口头证据则具有较高的可靠性。

5. 鉴定和勘探证据

鉴定和勘探证据是指因特殊需要审计机关指派或聘请专门人员对某些审计事项进行鉴定而产生的证据。这种证据实际上是书面证据的特殊形式。例如,对书面资料的字迹进行鉴定、对票据真伪进行鉴定、对产品质量的鉴定证明等。

6. 环境证据

环境证据也称状态证据,它是指对被审计单位产生影响的各种环境状况。例如,被审计单位的地理位置、内部控制状况、管理人员素质、管理条件和管理水平、国内外政治经济形势等。

一般来说,环境证据不是主要的审计证据,它必须有其他的书面证据和实物证据来加以支撑,但它可以帮助审计人员了解被审计单位所处环境状况,从而评价相关审计风险水平。环境证据是审计人员进行专业判断所必须掌握的资料。

(二)按证据来源分类

审计证据按其来源分类,可以分为内部证据、外部证据、亲历证据和相关单位证据。

1. 内部证据

内部证据是指审计人员从被审计单位内部产生的资料中所取得的证据。这类审计证据包含两方面的内容:一种是指由被审计产生并经过其处理、保存的证据,如被审计单位的会计资料、统计资料、合同章程、技术资料等内部证据;另一种是由被审计单位产生但经过外部单位处理或保存的证据,如被审计单位签发的票据(支票、收据、销售发票等)。

2. 外部证据

外部证据是指审计人员从被审计单位以外的其他单位所取得的各种审计证据。主要包括外部有关单位提供的业务询证资料、书面证明、从外部获得的实物证据以及外部有关人员的陈述等。外部有关人员的陈述是指被审计单位以外的其他单位应审计人员的要求对被审计单位的债权、债务、在被审计单位寄存的财物或接受审计单位所寄存的财物的说明、其他单位关于被审计单位经济业务往来情况的说明等。

3. 亲历证据

亲历证据是指审计人员在被审计单位执行审计工作时,亲眼目击、亲自参加检查测试或亲自动手所取得的证据。例如,审计人员通过鉴定实物、现场观察、计算分析等所取得的证据。亲历证据可信程度高,具有很强的证明力。

亲历证据包括审计人员亲自编制的计算表、分析表,如对累计折旧的计算;审计人员实施分析程序,一般采用比较法、趋势分析法、比率分析法等,对财务报表进行全面评价;审计人员亲自监督或参与盘点财产物资等。

4. 相关单位证据

相关单位证据是指被审计单位与其相关单位之间因经济往来而产生的证据。审计人员要注意母公司和子公司之间、同一母公司的各子公司之间、公司与主要股东、高级管理人员或其直系亲属之间以及各关联公司之间的交易。

(三) 按取证方式分类

审计人员在取证过程中采取的不同方式进行的证据分类,一般来说,这类证据都具有亲历证据的特征。

1. 检查证据

检查证据是指审计人员在审计过程中,采用审阅、核对、分析、监盘等方法所获得的各种会计资料及其他信用资料等。

2. 调查证据

调查证据是指审计人员针对某些被审计事项向有关部门和人员进行调查时获得的陈述材料和出具资料。

3. 鉴定证据

在审计实践中,针对某种事项、实物或资料,审计人员要求有必要进行鉴定的部门进行鉴定所取得的鉴定结论即为鉴定证据。

4. 其他证据

除上述证据之外的各种证据,如审计人员在审计工作中的各种记录、群众的举报材料、来访接待记录、分析对比资料等。

(四) 按审计证据重要性分类

按照审计证据的重要性分类,可以分为基本证据和辅助证据。基本证据是指对应证事项具有直接证明力的重要的原始证据,因此,又称为主要证据。辅助证据是指能佐证或支持基本证据,或能证明应证事项有关细节的侧面的证据,这种证据对基本证据起补充、强化的作用,因此,又称为佐证、旁证。

三、审计证据的特征

审计人员不仅要搜集、分析、评价个别的审计证据,还要汇集相关证据,并且依据它们的相互联系,提出确切的审计意见,所以,审计证据应具备数量和质量双重条件。

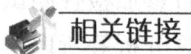
相关链接

《中国注册会计师审计准则第1301号——审计证据》第6条指出,注册会计师执行审计业务,应当取得充分、适当的审计证据,以得出合理的审计结论,作为形成审计意见的基础。注册会计师应当保持职业怀疑态度,运用专业判断,评价审计证据是否充分、适当。由此可见,要保证审计质量,先要保证审计证据的质量。

审计人员在审计工作的整个过程中应当保持职业怀疑态度,运用职业判断,持续评价审计证据质量方面的适当性和数量方面的充分性。

(一)审计证据的适当性

1. 审计证据的相关性

审计证据的适当性是对审计证据质量的衡量,有证据力的审计证据必须具有相关性,证据的相关性越强,说明质量就越好。审计证据是用以证明审计事项真相,保证审计意见和审计决定正确所依据的资料。审计证据必须有证明力,并且要与审计事项、审计目标高度相关。审计证据的相关性,要求证据与该项审计的目标相关;与证实同一目标的全部证据之间能够相互印证,具有内在联系,能产生一种联系的证明力。审计人员在确定审计证据相关性时,应考虑以下三个方面问题:

(1)特定的审计程序可能只为某些认定提供相关的审计证据。

(2)针对同一项认定可以获取不同来源或不同性质的审计证据。

(3)与某项认定相关的审计证据并不能替代与其他认定相关的证据。

2. 审计证据的可靠性

审计人员需要判断审计证据的真实可信程度。审计证据的可靠性受其来源和性质的影响,同时还取决于获取审计证据的具体环境。证据的种类不同,要求审计人员从不同的方面评价其可靠性。一般来说,受个人支配程度越小,被篡改和伪造的机会越少,证据就越可靠。反之,就越不可靠。审计人员在判断审计证据的可靠性时,通常可以根据以下原则进行判断:

(1)从被审计单位外部获取的审计证据比从内部取得的审计证据更可靠,已获得外部独立第三者确认的内部证据比未获得独立第三者确认的内部证据可靠。

(2)内部控制有效时内部生成的审计证据比内部控制薄弱时内部生成的审计证据更可靠。如果被审计单位有健全的内部控制并且在日常管理中得到一以贯之的执行,会计记录的可信度将会增加;反之,可靠性就大大降低。

(3)审计人员直接获取的审计证据比间接获取或推论得出的审计证据更可靠。推论得出的审计证据主观性强,人为因素较多,可信赖程度也会受到一定程度的影响。

(4)从被审计单位财务会计资料中直接采集的审计证据比经被审计单位加工处理后

提交的审计证据更可靠。

（5）从原件形式获取的审计证据比从复印件或传真件获取的审计证据更可靠。

一般来说，一个人所提供的证据的可靠程度同他所具有的相关方面的知识有密切关系。来自具有较高的专业水平的人的证据的可靠性较高，反之则低。不同来源或不同形式的审计证据能相互印证时，审计证据具有较高的可靠性；反之，如果不能相互印证，可能表面某项审计证据不可靠，审计人员应当追加审计程序予以澄清。

（二）审计证据的充分性

审计证据的充分性是对审计证据数量的衡量。充分性和适当性是审计证据的两个重要特征，两者缺一不可，只有充分并且适当的审计证据才是有证明力的。

审计证据的数量并非越多越好，审计人员应当在评估存在重要问题是可能性和审计证据质量的基础上，兼顾获取审计证据的成本与所获取信息的有用性之间的关系，决定应当获取审计证据的数量。不同审计项目对审计证据的需要量，应根据具体情况而定。一般情况下，审计证据质量越高，需要的审计证据数量可能越少。

审计人员判断审计证据是否充分，还受错报风险的影响。错报风险越大，需要的审计证据可能就越多。

（三）适当性和充分性之间的关系

适当性和充分性是审计证据的两个重要特征，只有充分且适当的审计证据才是有证明力的证据。审计证据的适当性会影响审计证据的充分性。受到审计证据质量的影响，审计人员需要获取的审计证据的数量也受影响，审计证据质量越高，需要的审计证据数量可能越少；反之，需要的审计证据数量可能就越多。审计证据的质量存在缺陷无法通过数量来弥补。如果审计证据的质量存在缺陷，那么审计人员仅仅靠获取更多的审计证据，可能也无法弥补其质量上的缺陷。

四、审计证据的分析

为了完成审计工作任务，获取充足的高质量的审计证据，审计人员应该对所获得的证据进行整理和分析。审计人员在工作开始时，应当首先考虑收集审计证据的方式与方法，其次选取具体的审计证据，最后作出决策。对获取的审计证据，审计人员应该进行整理和分析，逐个进行鉴定，判断其内容的真伪和效用，使证据的潜在证明力转化为现实证明力，再将筛选保留的证据按照审计目标整理，综合形成有序的、系统化的、彼此联系的审计证据，从而用来支持审计结论。

分析审计证据是否真实，审计证据与被审计证据之间是否存在内在联系，需要审计人员进行鉴定，评价其质量特征，筛选出具有充分证明力的证据。因此，要求审计人员在实施审计过程中，持续对获取的审计证据的适当性和充分性进行评价分析，审计人员应当根据审计项目计划或审计方案实施审计，如果发现不符合审计要求的，还需要进一步的取证,做到边收集边评价。

可靠性是对证据评价的第一步,不同种类的证据要求从不同的角度来评价其可靠性。例如,口头证据需要分析证据提供者陈述的是否真实可信;书面证据不仅要核对金额,还要判断真伪;实物证据不仅要核算数量,还要关注其质量。通过评价,判断证据的可靠性,从而对不具有可靠性的资料予以舍弃。

第二步是鉴定证据与被审计事项的相关性,审计人员对审计证据的相关性进行分析时,应当使用与审计目标相关联的审计证据来支撑自己的审计结论。应当注意取证方法获取的审计证据与审计目标的相关程度,以及审计证据可以从不同来源获取同一审计证据或者不同形式的证据。审计人员应当利用与审计目标相关联的审计证据来支持审计结论,与审计目标无关的证据应当予以舍弃。

充分性和适当性是审计证据的两个特征,缺一不可,只有充分并且适当的审计证据才是有证明力的。因此,第三步需要对审计证据是否具备充分性进行分析。如果该项审计证据对审计报告的意见没有太多作用,可有可无,甚至没有作用,那这样的审计证据不具有重要性,审计人员应当对不具有重要性的资料予以舍弃。如果审计人员对审计证据的可靠性、相关性和充分性进行审查鉴定后,发现审计证据不够充分,不够可靠,这时应当进一步收集审计证明材料。

审计证据的分析主要是对个别证据的鉴定评价,证据的整理分析则是从证据的总体上进行分析、研究和整理,找出证据间的内在联系,归纳出一组组证据所证实的问题,并给予定量、定性的处理,从而产生审计结论和审计意见。

任务二 | 获取审计证据的审计程序

为了获取充分、适当的审计证据,得出准确的审计结论,形成合理的审计意见,有胜任能力的审计人员应当实施相应的审计程序。这就要求审计人员不仅要了解审计证据的基本概念和相关知识,还应当能够灵活运用恰当的审计方法获取相关、可靠、充分的审计证据。

一、获取审计证据的审计程序

审计人员为了获取充分、适当的审计证据而实施的审计程序主要有三种,即风险评估程序、控制测试和实质性程序。

风险评估程序

1. 风险评估程序

审计人员应当实施风险评估程序,以此作为评估财务报表层次和认定层次重大错报风险的基础。风险评估程序为审计人员确定重要性水平、识别需要特别考虑的领域、设计和实施进一步审计程序等工作提供了重要基础。

实施风险评估程序时应注意以下事项:①风险评估程序并不能识别出所有的重大错报

风险,虽然它可作为评估财务报表层次和认定层次重大错报风险的基础,但并不能为发表审计意见提供充分、适当的审计证据;②为了获取充分、适当的审计证据,审计人员还需要实施进一步程序,包括实施控制测试和实质性程序;③每次财务报表审计都应实施必要程序。

2. 控制测试

当存在下列情形之一时,控制测试是必要的:

(1) 在评估认定层次重大错报风险时,预期控制的运行是有效的,审计人员应当实施控制测试以支持评估结果。

(2) 仅实施实质性程序不足以提供认定层次充分、适当的审计证据,审计人员应当实施控制测试,以获取内部控制运行有效性的审计证据。

实施控制测试的目的在于测试内部控制在防止、发现并纠正认定层次重大错报方面的运行有效性,以及在前一目的的基础上支持或修正重大错报风险的评估结果,据以确定实质性程序的性质、时间和范围。

3. 实质性程序

审计人员应当实施实质性程序,以应对评估的重大错报风险。实质性程序包括对各类交易、账户余额、列报的细节测试,以及实质性分析程序。值得注意的是,实质性程序是每次财务报表审计都应实施的必要程序。

二、获取审计证据的具体程序

1. 检查

检查是指审计人员对被审计单位内部或外部生成的,以纸质、电子或其他介质形式存在的记录和文件进行审查,或对资产进行实物审查。检查程序具有方向性,即"顺查"和"逆查"。

(1) 检查记录或文件。检查记录或文件的目的是对财务报表所包含或应包含的信息进行验证。例如,被审计单位通常对每一笔销售交易都保留一份顾客订单、一张发货单和一份销售发票副本,对于注册会计师验证被审计单位记录的销售交易的正确性而言,这些凭证都是有用的证据。

(2) 检查有形资产。检查有形资产是指审计人员对资产实物进行审查。检查有形资产程序主要适用于存货和现金,也适用于有价证券、应收票据和固定资产等。检查有形资产可为其存在性提供可靠的审计证据,但不一定能够为权利和义务或计价认定提供可靠的审计证据。区分有形资产检查与记录或文件的检查,对具体审计目标来说非常重要。如果被检查的对象(如销售发票)本身没有价值,则这种证据就是文件检查证据。例如,支票在签发以前是文件,签发以后变成了资产,核销以后又变成了文件。严格来讲,只有当支票是项资产时,才能对其进行有形资产检查。

2. 监盘

监盘是审计人员现场监督被审计单位各种实物资产、现金及有价证券等项目的盘点,并进行适当的抽查。审计人员对实物资产、现金及有价证券等的监盘应采用适当的方式。对于现金的监盘可以事先规划，准备有关的记录表格或调整表格、实施突击性的监督盘点；而对于那些隐藏可能性小、体积庞大、质量较重的材料和固定资产则可以事先预告被审计单位，甚至要组织被审计单位有关参与人对监盘规划事项进行学习，然后按预定程序进行监盘工作。

监盘所取得的证据可以对几个方面进行认定：①资产的实物形态是否真实存在；②对资产的监盘结果是否与账面金额相一致，如不一致应查明原因并进行调节，其不一致的原因往往包括记录遗漏、短缺、毁损、贪污盗窃等。运用监盘方法获取的往往是实物证据，它不能证实以下几项认定：①被审计单位是否对资产拥有所有权；②被盘点资产如何确定其价值；③被盘点资产是否完整。因此，审计人员还应另外实施对实物资产的计价和所有权的审计程序。

监盘中应注意，盘点工作由被审计单位进行，审计人员只进行现场监督，但对于那些价值较高的物资，审计人员应亲自进行抽点，必要时对那些使用较频繁的材料物资也应实施抽点。

3. 观察

观察是指审计人员查看相关人员正在从事的活动或实施的程序。例如，对客户执行的存货盘点或控制活动进行观察。观察提供的审计过程仅限于观察发生的时点，而且被观察人员的行为可能因被观察而受到影响，这也会使观察提供的审计证据受到限制。采用观察方法可以获取环境证据。它只能帮助审计人员对被审计事项整体合理性进行评价，而对具体的各项认定不能提供最直接的证据。同时，审计人员对于观察中所发现的问题应进一步实施审计。

4. 询问

询问是指审计人员以书面或口头方式，向被审计单位内部或外部的知情人员获取财务信息和非财务信息，并对答复进行评价的过程。

被询问人员对询问的答复可能为审计人员提供尚未获悉的信息或佐证证据，也可能提供与已获悉信息存在重大差异的信息，审计人员应当根据询问结果考虑修改审计程序或实施追加的审计程序。询问本身不足以发现认定层次存在的重大错报，也不足以测试内部控制运行的有效性，审计人员还应当实施其他审计程序以获取充分、适当的审计证据。

5. 函证

函证是指注册会计师为了获取影响财务报表或相关披露认定的项目的信息，通过直接来自第三方对有关信息和现存状况的声明，获取和评价审计证据的过程。书面答复可以采用纸质、电子或其他介质等形式。例如，对应收账款余额或银行存款的函证。

函证适用于以下几种情形：

（1）当针对的是与特定账户余额及其项目相关的认定时，函证常常是相关的程序。

（2）函证不必局限于账户余额，还适用于对协议和交易条款进行函证。

（3）函证程序还可以用于获取不存在某些情况的审计证据。

6. 重新计算

重新计算是审计人员对被审计单位的原始凭证及会计记录中的数据以人工方式或使用计算机辅助审计技术进行的验算或另行计算，对记录或文件中数据计算的准确性进行核对。在财务报表审计中，审计人员需大量地运用计算方法来获取必要的审计证据。通常包括计算销售发票和存货的总金额、加总日记账和明细账、检查折旧费用和预付费用的计算、检查应纳税额的计算等。

> **相关链接**
>
> 审计人员进行计算的目的是验证被审计单位的凭证、账簿和报表中的数字是否正确。审计人员运用计算方法取证时，应采用与被审计单位确定的政策和选定的方法相一致，但在计算形式和顺序上可以按审计人员认为最有利于提高效率的方式进行，不一定要遵循被审计单位的原定方式和方法。

7. 重新执行

重新执行是指注册会计师以人工方式或使用计算机辅助审计技术，重新独立执行作为被审计单位内部控制组成部分的程序或控制。例如，注册会计师利用被审计单位的银行存款日记账和银行对账单，重新编制银行存款余额调节表，并与被审计单位编制的银行存款余额调节表进行比较。需要注意的是，重新执行只能用于控制测试。

8. 分析程序

分析程序是指注册会计师通过研究不同财务数据之间及财务数据与非财务数据之间的内在关系，对财务信息作出评价。例如，注册会计师可以对被审计单位的财务报表和其他会计资料中的重要比率及其变动趋势进行分析性复核，以发现其异常变动项目。对于异常变动项目，注册会计师应重新考虑其所采用的审计方法是否合适；必要时，应追加适当的审计程序，以获取相应的审计证据。分析程序还包括调查识别出的与其他相关信息不一致或与预期数据严重偏离的波动和关系。一般而言，在整个审计过程中，审计都将运用分析程序。

在实务中，分析程序适用于以下几种情形：

（1）分析不同财务数据之间的内在关系，对财务信息作出评价。

（2）分析财务数据与非财务数据之间的内在关系，对财务信息作出评价。

（3）分析已识别出的、与其他相关信息不一致或与预期值差异重大的波动或关系进行调查。

在实施风险评估程序、控制测试或实质性程序时，审计人员可以根据实际需要单独或综合运用检查记录或文件、检查有形资产、观察、询问、函证、重新计算、重新执行和分析程序等具体方法，以获取充分适当的审计证据。

思考题

1. 分析审计证据如何按不同的分类标准，对各类审计证据进行区分。
2. 结合实际案例，分析如何获取有针对性的与审计对象相关的审计证据。

章节练习

一、单项选择题

1. 下列关于审计证据的理解中，错误的是（　　）。
   A. 注册会计师为了得出审计结论、形成审计意见而使用的所有信息
   B. 包括会计记录所含有的信息和其他信息
   C. 注册会计师必须在每项审计工作中获取充分、适当的审计证据
   D. 会计记录中含有的信息能为对财务报表发表审计意见提供充分的审计证据

2. 注册会计师为证实应付账款的完整性认定，通过下列审计程序获取的审计证据中，最不具有相关性的是（　　）。
   A. 检查债务形成的相关原始凭证，如供应商发票、验收报告或入库单等，查找有无未及时入账的应付账款
   B. 检查资产负债表日后应付账款明细账贷方发生额的相应凭证，关注其购货发票的日期，确认其入账时间是否合理
   C. 获取被审计单位与其供应商之间的对账单，并将对账单和被审计单位财务记录之间的差异进行调节
   D. 从被审计单位的明细账中选取项目进行函证，并且列明具体金额要求被询证者确认

3. 注册会计师所需获取的审计证据数量受各种因素的影响。下列相关说法中，不正确的是（　　）。
   A. 审计客户规模越大，需要的审计证据可能越多
   B. 连续审计的年限越长，所需的审计证据可能越少
   C. 审计证据的质量缺陷越多，所需的审计证据越多
   D. 业务越复杂，需要的审计证据可能越多

4. 关于审计证据的适当性，下列说法中，不正确的是（　　）。
   A. 审计证据的适当性是对审计证据数量的衡量
   B. 审计证据适当性的核心内容是相关性和可靠性
   C. 审计证据的适当性是对审计证据质量的衡量

D. 高质量的审计证据可能会减少注册会计师对审计证据数量的依赖

5. 下列关于审计证据可靠性的说法,正确的是( )。
   A. 被审计单位的会议记录比保险公司出具的证明更可靠
   B. 购货发票比验收单更可靠
   C. 口头形式的证据比电子或其他介质形式的证据更可靠
   D. 询问某项内部控制的运行得到的证据比观察某项内部控制的运行得到的证据更可靠

6. 下列关于审计证据的相关性的表述中,错误的是( )。
   A. 相关性是用作审计证据的信息与审计程序的目的和所考虑的相关认定之间的逻辑关系
   B. 审计证据的相关性可能受测试方向的影响
   C. 如果测试应付账款的低估,则测试已记录的应付账款可能是相关的审计程序
   D. 如果测试应收账款的高估,则测试已记录的应收账款可能是相关的审计程序

7. 下列与审计证据相关的表述中,正确的是( )。
   A. 如果审计证据数量足够,就可以弥补审计证据的质量缺陷
   B. 审计工作通常不涉及鉴定文件的真伪,对用作审计证据的文件记录,只需考虑相关内部控制的有效性
   C. 不应考虑获取审计证据的成本与获取信息的有用性之间的关系
   D. 会计记录中含有的信息本身不足以提供充分的审计证据作为对财务报表发表审计意见的基础

8. A注册会计师负责对甲公司20×1年度财务报表进行审计。在获取的下列审计证据中,可靠性最强的通常是( )。
   A. 甲公司连续编号的采购订单
   B. 甲公司编制的成本分配计算表
   C. 甲公司提供的银行对账单
   D. 甲公司管理层提供的声明书

9. 注册会计师实施的下列控制测试程序中,通常能获取最可靠审计证据的是( )。
   A. 询问
   B. 检查控制执行留下的书面证据
   C. 观察
   D. 重新执行

10. 下列各项审计证据中,属于实物证据的是( )
    A. 计算机中储存的资料
    B. 与当事人谈话的录音带
    C. 被审计单位的库存现金
    D. 经济业务发生时现场的录像带

11. 下列各项审计证据中,可靠性最弱的是( )。
    A. 被审计单位记账凭证所附的采购发票
    B. 被审计单位与保险公司签订的保险合同

C. 被审计单位自行编制的折旧计算表

D. 审计人员亲自抽查盘点被审计单位仓库存货形成的记录

12. 下列关于收集审计证据的表述中,错误的是( )。

    A. 审计人员取得证明被审计单位存在违反国家规定的财政收支的审计证据材料,应当由提供证据的有关人员、单位签名或盖章

    B. 审计人员应将获取审计证据的名称、来源、内容和时间等清晰、完整地记录在审计工作底稿中

    C. 不能取得签名或者盖章的审计证据无效

    D. 审计事项比较复杂或者取得的审计证据数量较大的,可以对审计证据进行汇总分析,编制审计取证单,由证据提供者签名或者盖章

13. 对存货的监盘结果只能证明存货是否存在,是否毁损、短缺,却不能证明存货的计价是否正确和所有权归属问题,对这一点的审计证据鉴定的根据是( )。

    A. 鉴定审计证据的客观性

    B. 鉴定审计证据的可靠性

    C. 鉴定审计证据的合法性

    D. 鉴定审计证据的相关性

14. 下列实施的审计程序与其目的相关的是( )。

    A. 观察某项正在执行的控制可以证明该项控制一贯有效执行

    B. 实地检查固定资产可以证明固定资产的权利和义务认定

    C. 函证可以证明应收账款的存在认定

    D. 重新计算可以证明固定资产存在认定

15. 下列有关审计程序的说法中,正确的是( )。

    A. 检查内部记录或文件时,其可靠性取决于生成该记录或文件的内部控制的有效性

    B. 函证的内容仅限于账户余额

    C. 询问程序仅适用于风险评估程序

    D. 注册会计师应当获取书面声明以证实对口头询问的答复

16. 下列关于函证程序的表述中,错误的是( )。

    A. 注册会计师对在本期注销的银行存款账户不必进行函证

    B. 如果认为函证应收账款很可能无效,注册会计师应当实施替代审计程序

    C. 函证程序通常适用于账户余额,也可函证被审计单位与第三方签订的合同条款

    D. 通常以资产负债表日为截止日,在资产负债表日后适当时间实施函证

17. 针对下列情形的应收账款项目,注册会计师可以不实施函证的是( )。

    A. 金额较大的项目

    B. 交易频繁但期末账户余额为零的项目

    C. 重大或异常的交易

D. 函证很可能无效

18. 下列各项中,有关对函证过程的控制的说法,错误的是(   )。
    A. 对于银行存款的函证,注册会计师应当确认需要函证的相关信息是否与银行对账单保持一致
    B. 询证函交由被审计单位盖章并发出
    C. 询证函的发出和收回可以采用邮寄、跟函、电子形式函证等方式
    D. 注册会计师可以不使用被审计单位本身的邮寄设施,而是独立寄发询证函

19. 下列各项中,不属于与函证程序相关的舞弊风险迹象的是(   )。
    A. 管理层不允许寄发询证函
    B. 被询证者将回函寄至被审计单位,被审计单位将其转交给注册会计师
    C. 与以前年度相比,回函率异常偏高
    D. 从被询证客户的官方电子信箱发送的回函

20. 下列关于分析程序的表述中,不恰当的是(   )。
    A. 分析程序的对象包括财务数据与非财务数据
    B. 注册会计师在了解被审计单位及其环境过程中运用分析程序是强制要求
    C. 不同目的下使用分析程序会有不同的特点
    D. 分析程序是对财务信息作出评价,不包括对不一致的情况进行调查

二、多项选择题

1. 下列有关审计证据的说法中,正确的有(   )。
    A. 作为审计证据的会计记录的来源和被审计单位内部控制的相关强度,会影响注册会计师对这些信息的信赖程度
    B. 会计记录取决于交易的性质,既包括手工形式也包括电子形式
    C. 审计证据是绝对的,能佐证会计记录中所记录信息的合理性
    D. 如果审计证据不一致,注册会计师应信赖被审计单位内部的原始凭证

2. 审计证据的特征有(   )。
    A. 适当性   B. 递延性
    C. 充分性   D. 独立性
    E. 合法性

3. 审计证据的作用有(   )。
    A. 判断被审计事项是非、优劣的标准
    B. 考核审计人员业绩的依据
    C. 作出审计决定的基础
    D. 联结审计工作的纽带
    E. 评价审计事项的事实根据

4. 下列各项中,属于审计证据整理分析的方法的有(   )。
   A. 分类   B. 计算
   C. 比较   D. 小结
   E. 观察

5. 下列关于审计人员鉴定审计证据可靠性的说法中,正确的有(   )。
   A. 对实物证据,不仅要核实数量,还应关注质量
   B. 对书面证据,不仅要核对金额,还应判别真伪
   C. 对口头证据,要分析提供者的陈述是否真实
   D. 针对一项具体审计目标可以从不同来源获取审计证据或者获取不同形式的审计证据
   E. 良好内部控制环境下产生的证据更可靠

6. 注册会计师取得的审计证据中,属于会计记录中含有的信息的有(   )。
   A. 销售发运单   B. 租赁合同
   C. 与竞争者的比较数据   D. 顾客对账单

7. 注册会计师对必要审计证据的性质与范围的判断,受下列(   )因素的影响。
   A. 重要性评估水平   B. 与特定认定相关的审计风险
   C. 总体规模   D. 审计意见类型

8. 注册会计师在评价审计证据的充分性和适当性时,需要特殊考虑的内容有(   )。
   A. 使用被审计单位生成信息时的考虑
   B. 证据相互矛盾时的考虑
   C. 对文件记录可靠性的考虑
   D. 获取审计证据时对成本的考虑

9. 注册会计师对审计证据充分性和适当性的特殊考虑中,正确的有(   )。
   A. 如果识别出文件记录中的某些条款已发生变动,注册会计师应当作出进一步调查,包括直接向第三方函证或考虑利用专家的工作
   B. 如果实施审计程序时使用被审计单位生成的信息,且针对信息的完整性和准确性获取审计证据是所实施审计程序本身不可分割的组成部分,则可以与所实施的审计程序同时进行
   C. 如果打算将被审计单位生成的信息用于其他审计目的,则注册会计师无需考虑信息对审计目的而言是否足够精确和详细
   D. 注册会计师可以考虑获取审计证据的成本与所获取信息的有用性之间的关系

10. 下列关于审计证据的表述,正确的有(   )。
    A. 不同来源或不同形式的审计证据可以与同一审计目标相关
    B. 口头证据需要得到其他相应证据的支持
    C. 审计人员进行外部调查获取的有关人员提供的说明材料属于实物证据

D. 按形式不同可以将证据划分为亲历证据、内部证据和外部证据

E. 被审计单位的内部控制状况属于环境证据

11. 下列有关审计证据可靠性的表述,正确的有( )。

    A. 审计人员间接获取的审计证据比直接获取的审计证据更可靠

    B. 原件形成的审计证据比复制件形成的审计证据更可靠

    C. 从内部取得的审计证据比从被审计单位外部获取的证据更可靠

    D. 内部控制健全有效情况下形成的审计证据比内部控制无效情况下形成的审计证据更可靠

    E. 从被审计单位财务会计资料中直接采集的审计证据比经被审计单位加工处理后提交的审计证据更可靠

12. 注册会计师可以运用观察程序来获取下列与( )有关的审计证据。

    A. 内部控制的执行

    B. 内部控制的设计

    C. 被审计单位人员执行的存货盘点

    D. 业务经营活动

13. 下列审计程序中,可以用于风险评估程序的有( )。

    A. 询问　　　　　　　　　　B. 分析程序

    C. 观察　　　　　　　　　　D. 检查

14. 在确定是否选择函证程序作为实质性程序的决策时,注册会计师可能考虑的因素有( )。

    A. 评估的认定层次重大错报风险

    B. 被询证者对函证事项的了解

    C. 预期被询证者回复询证函的能力或意愿

    D. 预期被询证者的客观性

15. 下列各项中,属于影响被询证者回复询证函的意愿和能力的因素有( )。

    A. 被询证者可能不愿意承担回复询证函的责任

    B. 被询证者可能以不同币种核算交易

    C. 回复询证函不是被询证者日常经营活动的重要部分

    D. 被询证者可能认为回复询证函成本太高或消耗太多时间

16. 在确定函证的内容、范围、时间和方式时应该考虑的因素有( )。

    A. 被审计单位的经营环境

    B. 被审计单位管理层的要求

    C. 函证账户或交易的性质

    D. 被询证者处理询证函的习惯做法

17. 对于通过跟函方式获取的回函,注册会计师可以实施的审计程序包括( )。

A. 了解被询证者处理函证的通常流程和处理人员

B. 确认处理询证函人员的身份

C. 确认处理询证函人员的权限

D. 观察处理询证函的人员是否按照处理函证的正常流程认真处理询证函

18. 如果注册会计师收到的询证函回函与被审计单位的财务报表不符,则下列说法中,正确的有(　　)。

A. 不符事项表明财务报表存在错报

B. 不符事项可能显示被审计单位与财务报告相关的内部控制存在缺陷

C. 不符事项可以为注册会计师判断类似的被询证者回函的质量提供依据

D. 不符事项可能是由于函证程序的计量或书写错误造成的

19. 在函证过程中,注册会计师应对舞弊风险迹象保持警觉。下列各项中,表明存在舞弊风险迹象的有(　　)。

A. 管理层不允许寄发询证函

B. 位于不同地址的多家被询证者的回函邮戳显示的发函地址相同

C. 被询证者缺乏独立性

D. 收到同一日期发回的、相同笔迹的多份回函

20. 在下列各项中,注册会计师通常认为适合运用分析程序的有(　　)。

A. 营业外支出

B. 营业收入

C. 应付职工薪酬

D. 固定资产的累计折旧

三、简答题

1. ABC会计师事务所负责M公司20×0年度财务报表审计。在执行审计的过程中,审计人员B发现M公司可能存在下列导致重大错报的情况:

(1) 当期应收账款计提的期末坏账准备可能不准确。

(2) 期末存货余额中委托H公司代销的商品可能不存在。

(3) 期末存货盘点结果可能存在较大问题。

(4) 可能存在未入账的应付账款。

(5) 以公允价值模式计量的投资性房地产期末余额可能存在较大差错。

(6) 期末长期借款余额中可能有一部分将在一年内到期。

(7) 可能存在将出售经营性固定资产取得的价款计入营业收入。

(8) 在检查针对主营业务收入的交易时,发现可能存在发货单与销售订单数量不同。

请按以下要求填写表3-5:上述问题对应的管理层认定;审计人员B应当执行的审计程序;这些审计程序获取审计证据的类型。

表 3-5　相关项目

序号	管理层的认定	实质性审计程序	审计证据
(1)			
(2)			
(3)			
(4)			
(5)			
(6)			
(7)			
(8)			

2. ABC 会计师事务所负责审计 D 公司 20×0 年度财务报表，A 注册会计师是项目合伙人，在进驻审计现场后，A 注册会计师决定立即实施函证程序，并采取了以下措施对函证实施过程进行控制：

(1) A 注册会计师要求项目组成员将被询证者的名称、单位名称、地址以及询证函中列示的账户余额或其他信息与被审计单位有关记录和资料核对，然后再发出询证函。

(2) 询证函经被审计单位盖章后，由于负责银行存款函证的项目组成员 B 比较忙，所以在将询证函密封后，交给被审计单位的出纳代为发出。

(3) 为保证回函的客观性，项目组成员 C 以 ABC 会计师事务所的名义向被审计单位的客户发函。

(4) A 注册会计师认为应收账款的重大错报风险很高，所以取得积极式询证函回函是必要程序，在两次发函均没有收到回函的情况下，A 注册会计师认为不需要执行替代审计程序，而直接考虑其对审计意见的影响。

要求：针对以上注册会计师对函证实施过程进行控制的措施，逐项说明是否恰当。如果不恰当，简要说明理由。

项目四 审计工作底稿

学习目标

➢ 理解审计工作底稿的含义及内容。
➢ 掌握审计工作底稿的要素及复核。
➢ 了解审计工作底稿的归档。

 案例引入　　因为教下属"放飞机",一位高级审计员丢了工作

某全球四大会计师事务所将一名高级审计员辞退,理由是教唆下属"放飞机"的行为触犯了公司的核心利益。

"放飞机"一词,是流传于审计行业中一种违规行为的俗称,可解释为"审计人员在没有实际完成所需工作的情况下谎称已执行某些审计程序",简单地说就是在审计工作底稿上写自己没干的事。对于这种行为,会计师事务所态度非常明确,绝不容忍自己的金字招牌染上污点。且该会计师事务所对行业协会发布了公开信。

各位审计同事们:

我们解雇了一名高级审计员,原因是他被证实指使一名团队成员,在没有实际完成所需工作的情况下,谎称已执行了某些审计程序。这是一个令人遗憾和不能接受的事情,违背了公司核心价值。

诚信是我们所属专业的基石,如果不解雇他,我们永远不能赢得公众的信任,并达到我们所期望的审计质量水平。

思考题:

审计工作底稿的作用是什么?

任务一 认识审计工作底稿

一、审计工作底稿的含义

审计工作底稿是指注册会计师对制定的审计计划、实施的审计程序、获取的相关审计

证据,以及得出的审计结论作出的记录。审计工作底稿是审计证据的载体,是注册会计师在审计过程中形成的审计工作记录和获取的资料。它形成于审计过程,也反映整个审计过程。

二、审计工作底稿的编制目的

注册会计师应当及时编制审计工作底稿,以实现下列目的:

(1) 提供充分、适当的记录,作为审计报告的基础。

(2) 提供证据,证明注册会计师已经按照《中国注册会计师审计准则》和相关法律法规的规定计划和执行了审计工作。

除上述目的外,编制审计工作底稿还可以实现下列目的:

(1) 有助于项目组计划和实施审计工作。

(2) 保留对未来审计工作持续产生重大影响的事项的记录。

(3) 便于项目组说明其执行审计工作的情况。

(4) 有助于负责督导的项目组成员按照《中国注册会计师审计准则第1121号——对财务报表审计实施的质量控制》的规定,履行其指导、监督与复核审计工作的责任。

(5) 便于会计师事务所根据《质量控制准则》的规定,实施质量控制复核与检查。

(6) 便于监管机构和注册会计师协会根据相关法律法规或其他相关要求,对会计师事务所实施执业质量检查。

三、审计工作底稿的存在形式与内容

1. 审计工作底稿的存在形式

随着信息技术的广泛运用,审计工作底稿存在的形式有纸质、电子或其他介质形式。

审计工作底稿的存在形式和内容(动画)

2. 审计工作底稿控制实现的目的

(1) 使审计工作底稿清晰地显示其生成、修改及复核的时间和人员。

(2) 在审计业务的所有阶段,尤其是在项目组成员共享信息或通过互联网将信息传递给其他人员时,保护信息的完整性和安全性。

(3) 防止未经授权改动审计工作底稿。

(4) 允许项目组和其他经授权的人员为适当履行职责而接触审计工作底稿。

3. 对电子和其他介质审计工作底稿转换和归档要求

(1) 在实务中,为了便于复核,注册会计师可以将以电子或其他介质形式存在的审计工作底稿通过打印等方式,转换成纸质形式的审计工作底稿,并与其他纸质形式的审计工作底稿一并归档。

(2) 会计师事务所同时应当单独保存以电子或其他介质形式存在的审计工作底稿。

任务二 编制审计工作底稿

一、编制审计工作底稿时需考虑的因素

注册会计师在确定审计工作底稿时,应当考虑下列因素:
(1) 被审计单位的规模和复杂程度。
(2) 拟实施审计程序的性质(存货监盘、应收账款函证)。
(3) 识别出的重大错报风险(高、低)。
(4) 已获取审计证据的重要程度。
(5) 识别出的例外事项的性质和范围。
(6) 当从已执行审计工作或获取审计证据的记录中不易确定结论或结论的基础时,记录结论或结论基础的必要性。

二、审计工作底稿的要素

通常,审计工作底稿包括下列全部或部分要素:
(1) 审计工作底稿的标题。
(2) 审计过程记录。
(3) 审计结论。
(4) 审计标识及其说明。
(5) 索引号及编号。
(6) 编制者姓名及编制日期。
(7) 复核者姓名及复核日期。
(8) 其他应说明事项。
审计工作底稿范例如表 4-1 所示。

三、审计工作底稿的复核

1. 审计项目组内部复核的原则

审计项目组内部复核的原则是审计项目组内经验较多的人员复核经验较少人员的工作,具体表现为:
(1) 高级助理人员复核低级助理人员执行的工作。
(2) 复核工作有时由项目经理完成。
(3) 复核工作最终由项目负责人完成。

表 4-1　审计工作底稿范例

检查情况表									
								索引号：	ZA-2-7
单位名称：				编制人：				编制日期：	
截止日期：				复核人：				复核日期：	
记账日期	凭证编号	业务内容	对应科目	金额	核对内容（用"√""×"表示）				备注
					1	2	3	4	5	
核对内容说明：1.原始凭证是否齐全；2.记账凭证与原始凭证是否相符；3.账务处理是否正确；4.是否记录于恰当的会计期间；5.……									
对不符事项的处理：									
审计说明：									

2. 复核事项

(1) 审计工作是否已按照法律法规、职业道德规范和审计准则的规定执行。

(2) 重大事项是否已提请进一步考虑。

(3) 相关事项是否已进行适当咨询,由此形成的结论是否得到记录和执行。
(4) 是否需要修改已执行审计工作的性质、时间和范围。
(5) 已执行的审计工作是否支持形成的结论,并已得到适当记录。
(6) 获取的审计证据是否充分、适当。
(7) 审计程序的目标是否实现。

3. 审计项目组内复核人员的职责

(1) 应当知悉并解决重大的会计和审计问题。
(2) 考虑会计和审计问题的重要程度。
(3) 必要时修改总体审计计划和具体审计计划。

任务三 审计工作底稿的归档

一、审计工作底稿归档工作的性质

在审计报告日后将审计工作底稿归整为最终审计档案是一项事务性的工作,不涉及实施新的审计程序或得出新的结论。

如果在归档期间对审计工作底稿作出的变动属于事务性的,注册会计师可以作出变动,主要包括:

(1) 删除或废弃被取代的审计工作底稿。
(2) 对审计工作底稿进行分类、整理和交叉索引。
(3) 对审计档案归整工作的完成核对表签字认可。
(4) 记录在审计报告日前获取的、与审计项目组相关成员进行讨论并取得一致意见的审计证据。

二、审计档案的结构

对每项具体审计业务,注册会计师应当将审计工作底稿归整为审计档案。审计档案的结构如表 4-2 所示。

表 4-2 审计档案的结构

类别	特征	内容
永久性档案	内容相对稳定(变动较少)、有长期使用价值(对以后审计工作具有重大影响和直接作用)等	如营业执照、章程、重要合同及法律性文件、重要资产的产权证书等
当期档案	内容每年变动、仅供本次审计使用或下次审计参考等	如审计计划、控制测试工作底稿、实质性程序工作底稿

三、审计工作底稿归档的期限

审计工作底稿的归档期限为审计报告日后60天内。如果注册会计师未能完成审计业务,审计工作底稿的归档期限为审计业务中止后的60天内。

如果针对客户的同一财务信息执行不同的委托业务,出具两个或多个不同的报告,在规定的归档期限内分别将审计工作底稿归整为最终审计档案。

四、审计工作底稿归档后的变动

在完成最终审计档案的归整工作后,注册会计师不得在规定的保存期限届满前删除或废弃审计工作底稿。

1. 需要变动审计工作底稿的情形

注册会计师发现有必要修改现有审计工作底稿或增加新的审计工作底稿的情形主要有以下两种:

(1) 注册会计师已实施了必要的审计程序,取得了充分、适当的审计证据并得出了恰当的审计结论,但审计工作底稿的记录不够充分。

(2) 审计报告日后,发现例外情况要求注册会计师实施新的或追加审计程序,或导致注册会计师得出新的结论。

2. 变动审计工作底稿时的记录要求

在完成最终审计档案的归整工作后,如果发现有必要修改现有审计工作底稿或增加新的审计工作底稿,无论修改或增加的性质如何,注册会计师均应当记录下列事项:

(1) 修改或增加审计工作底稿的时间和人员,以及复核的时间和人员。

(2) 修改或增加审计工作底稿的具体理由。

(3) 修改或增加审计工作底稿对审计结论产生的影响。

五、审计工作底稿的保存期限

会计师事务所应当自审计报告日起,对审计工作底稿至少保存10年。

如果注册会计师未能完成审计业务,会计师事务所应当自审计业务中止日起,对审计工作底稿至少保存10年。

对于连续审计的情况,当期归整的档案中可能包括以前年度获取的资料(有可能是10年以前),注册会计师应视为当期取得并至少保存10年。

六、审计工作底稿的作用

1. 审计工作底稿是联结全部审计工作的纽带

审计工作经常由多个注册会计师进行,他们之间存在不同的分工协作,编制、复核、借鉴、汇总等工作都需要依据审计工作底稿来实现。

2. 审计工作底稿是形成审计结论、发表审计意见的依据

审计工作底稿是审计证据的载体,它不但记录了审计证据本身的反映内容,而且记载了注册会计师对审计证据的评价分析情况以及得出的审计结论。这些审计证据和注册会计师的专业判断是形成审计结论、发表审计意见的直接依据。

3. 审计工作底稿是评价审计责任、专业胜任能力和工作业绩的依据

如果注册会计师严格依据《独立审计准则》进行审计,据实发表意见,并把这些情况记录于审计工作底稿上,那么在任何时候依据审计工作底稿进行评价都有利于解脱或减除审计责任。注册会计师专业能力的强弱、工作业绩的好坏表现在选择何种程序、有无科学的计划、专业判断是否恰当等方面。这些因素可以通过评价审计工作底稿来体现和衡量。

4. 审计工作底稿为审计质量控制与质量检查提供了基础依据

开展审计质量控制通常是由会计师事务所为确保审计质量符合《独立审计准则》的要求而制定和运用的控制政策和程序,主要包括指导和监督注册会计师选择实施审计程序,编制审计工作底稿,并对审计工作底稿进行复核。离开审计工作底稿,审计质量检查就会成为无本之木,无源之水。

5. 审计工作底稿也是经济纠纷、法律诉讼的有力证据

审计工作底稿记录着审计的全过程,是审计证据的载体,当发生纠纷时,可以作为证据,保护审计人员的权利。

思考题

1. 什么是审计工作底稿?
2. 审计工作底稿的要素有哪些?
3. 审计工作底稿的作用有哪些?
4. 简述审计工作底稿的归属权。
5. 简述审计工作底稿的档案期限。

章 节 练 习

一、单项选择题

1. 下列有关审计工作底稿的表述中,错误的是(　　)。
   A. 审计工作底稿是控制审计工作质量的手段
   B. 审计工作底稿可以作为追究审计人员责任的依据
   C. 审计工作底稿应当真实、完整地反映审计全过程
   D. 审计工作底稿是注册会计师审计收费的基础

2. 下列关于审计工作底稿表述中,错误的是( )。
   A. 审计工作底稿是审计人员在审计过程中形成的与审计事项有关的工作记录
   B. 审计工作底稿是撰写审计报告的基础
   C. 审计工作底稿要经过被审计单位复核
   D. 审计工作底稿是考核审计人员工作质量的依据
3. 下列关于审计工作底稿的说法中,错误的是( )。
   A. 审计工作底稿是作出审计决定的依据
   B. 审计工作底稿是联结整个审计工作的纽带
   C. 审计工作底稿是考核审计人员的依据
   D. 审计工作底稿不能用于行政复议
4. 审计工作底稿的复核中,不能作为复核人的是( )。
   A. 主任会计师、所长或指定代理人
   B. 业务助理人员
   C. 部门经理或签字注册会计师
   D. 项目经理或项目合伙人
5. 下列各项中,不属于审计工作底稿内容的是( )。
   A. 调查了解记录   B. 执行审计措施记录
   C. 重要管理事项记录   D. 不重要管理事项记录
6. 以下关于审计工作底稿的表述中,不正确的是( )。
   A. 审计工作底稿是指注册会计师对制定的审计计划、实施的审计程序、获取的相关审计证据,以及得出的审计结论作出的记录
   B. 审计证据是审计工作底稿的载体
   C. 审计工作底稿是出具审计报告的基础
   D. 审计工作底稿形成于审计过程,也反映整个审计过程
7. 注册会计师编制的审计工作底稿,应当使未曾接触该审计工作的有经验的专业人士清楚了解审计程序、审计证据和重大审计结论等。其中,有经验的专业人士可以不具备的特质是( )。
   A. 了解与被审计单位所处行业相关的会计和审计问题
   B. 了解审计过程
   C. 了解被审计单位所处的经营环境
   D. 在会计师事务所长期从事审计工作
8. 以下有关审计工作底稿的说法中,不正确的是( )。
   A. 注册会计师获取的每个与审计结论相关的可靠审计证据都应当记录于审计工作底稿
   B. 每张审计工作底稿都能直接为财务报表是否存在重大错报提供证据

C. 审计工作底稿是注册会计师对财务报表出具审计报告的基础

D. 审计工作底稿能为注册会计师是否遵循了审计准则提供证据

9. 以下针对以电子形式存在的工作底稿的说法中,不正确的是( )。

   A. 以电子形式存在的审计工作底稿应当能转换成纸质形式的审计工作底稿

   B. 转换成纸质形式后,无须单独保存以电子形式存在的审计工作底稿

   C. 转换成纸质形式后,仍应单独保存以电子形式存在的审计工作底稿

   D. 以电子形式存在的审计工作底稿应与纸质形式的审计工作底稿一并归档

10. 在确定审计工作底稿的格式、要素和范围时,注册会计师应当考虑的因素不包括( )。

    A. 当从已执行审计工作或获取审计证据的记录中不易确定结论或结论的基础时,记录结论或结论基础的必要性

    B. 识别出的例外事项的性质和范围

    C. 拟实施审计程序的性质

    D. 编制审计工作底稿使用的文字

11. 下列关于影响审计工作底稿的格式、要素和范围的因素的说法中,不正确的是( )。

    A. 对业务复杂的被审计单位进行审计形成的工作底稿通常比对业务简单的被审计单位进行审计形成的审计工作底稿要多

    B. 有关函证程序的审计工作底稿和存货监盘程序的审计工作底稿在内容、格式和范围上是不同的

    C. 无论审计证据质量高还是低,都要记录于审计工作底稿中

    D. 审计证据的重要程度会影响审计工作底稿的格式、内容和范围

12. 对于某一具体项目或事项而言,识别特征的最主要的特点是( )。

    A. 多样性 B. 广泛性
    C. 唯一性 D. 完整性

13. 以下关于识别特征的说法中,不正确的是( )。

    A. 识别特征是指被测试的项目或事项表现出的征象或标志

    B. 识别特征因测试的项目或事项不同而不同

    C. 对识别特征的记录,可以反映项目组履行职责的情况

    D. 审计程序的性质不会影响到识别特征

14. 在对营业收入进行细节测试时,注册会计师对顺序编号的销售发票进行了检查。针对所检查的销售发票,注册会计师记录的识别特征通常是( )。

    A. 销售发票的开具人 B. 销售发票的编号
    C. 销售发票的金额 D. 销售发票的付款人

15. 注册会计师应当记录针对重大事项如何处理不一致的情况,下列相关说法中,错误的是( )。

A. 记录如何处理识别出的信息与针对重大事项得出的结论不一致的情况有助于注册会计师关注这些不一致

B. 记录针对重大事项如何处理不一致的情况,有助于注册会计师执行必要的审计程序以恰当解决这些不一致

C. 注册会计师应当保留导致这些不一致情况的不正确的审计工作底稿,以反映审计过程

D. 如果项目组成员和被咨询人员的不同意见涉及重大事项,则注册会计师应当记录该事项的解决情况

16. 下列各项中,不属于在归档期间对审计工作底稿作出的事务性的变动的是( )。

A. 删除被取代的审计工作底稿

B. 记录在审计报告日前获取的、与项目组相关成员进项讨论并达成一致意见的审计证据

C. 对审计工作底稿进行分类、整理和交叉索引

D. 在审计报告日后获知法院在审计报告日前已对被审计单位的诉讼、索赔事项作出最终判决结果

17. 下列各项中,属于审计完成阶段工作底稿的是( )。

A. 审计报告和经审计的财务报表

B. 审计工作完成情况核对表

C. 总体审计策略

D. 有关控制测试工作底稿

18. B注册会计师对乙公司2020年度财务报表出具审计报告的日期为2021年2月15日,乙公司对外报出财务报表的日期为2021年2月20日。在完成审计档案的归整工作后,可以变动审计工作底稿的是( )。

A. 2021年5月5日,乙公司发生火灾,烧毁一生产车间,导致生产全部停工

B. 2021年5月10日,法院对乙公司涉讼的专利侵权案作出最终判决,乙公司赔偿原告2 000万元。2020年12月31日,该案件尚在审理过程中,由于无法合理估计赔偿金额,乙公司在2020年度财务报表中对这一事项作了充分披露,未确认预计负债

C. 2021年5月15日,B注册会计师知悉乙公司2020年12月31日已存在的、可能导致修改审计报告的舞弊行为

D. 2021年5月20日,乙公司收回一笔2019年已经注销的应收账款,金额为1 000万元

19. 下列关于对审计工作底稿的归整和保存的表述中,正确的是( )。

A. 在完成最终审计档案的归整工作后,不得修改现有审计工作底稿或增加新的审计工作底稿

B. 在审计报告日后将审计工作底稿归整为最终审计工作档案,可能涉及实施新的审计程序或得出新的审计结论

C. 如果注册会计师未能完成审计业务,则可以不保存审计工作底稿

D. 即使注册会计师未能完成审计业务,也应当对审计工作底稿的归档期限作出限制

20. 下列有关审计工作底稿归档期限的表述中,正确的是(　　)。

A. 如果完成审计业务,归档期限为审计报告日后60天内

B. 如果完成审计业务,归档期限为外勤审计工作结束日后60天内

C. 如果未能完成审计业务,归档期限为外勤审计工作中止日后30天内

D. 如果未能完成审计业务,归档期限为审计业务中止日后30天内

二、多项选择题

1. 下列属于注册会计师编制审计工作底稿的目的的有(　　)。

A. 能够提供充分、适当的记录,作为出具审计报告的基础

B. 为证明注册会计师已经按照审计准则和相关法律法规的规定计划和执行了审计工作提供证据

C. 便于会计师事务所按照质量控制准则规定,实施质量控制复核与检查

D. 作为评估财务报表层次和认定层次重大错报风险的基础

2. 注册会计师编制审计工作底稿除了主要目的外,还可以实现其他目的,下列有关其他目的的说法正确的有(　　)。

A. 有助于项目组计划和执行审计工作

B. 保留对未来审计工作持续产生重大影响的事项的记录

C. 便于项目组说明其执行审计工作的情况

D. 有助于负责督导的项目组成员按照审计准则的规定,履行指导、监督与复核审计工作的责任

3. 注册会计师编制的审计工作底稿,应当使未曾接触该项审计工作的有经验的专业人士清楚地了解(　　)。

A. 实施审计程序的结果

B. 按照审计准则和相关法律法规的规定实施的审计程序的性质、时间安排和范围

C. 审计中遇到的重大事项和得出的结论,以及在得出结论时作出的重大职业判断

D. 获取的审计证据

4. 会计师事务所对审计工作底稿设计和实施适当的控制,其目的有(　　)。

A. 使审计工作底稿清晰地显示其生成、修改及复核的时间和人员

B. 在审计业务的所有阶段,保护信息的完整性和安全性

C. 防止未经授权改动审计工作底稿

D. 禁止会计师事务所项目组成员以外的人接触审计工作底稿

5. 下列关于审计工作底稿存在形式的相关说法中,正确的有( )。
   A. 审计工作底稿可以以纸质、电子或其他介质形式存在
   B. 以电子或其他介质形式存在的审计工作底稿,应与其他纸质形式的审计工作底稿一并归档
   C. 以电子或其他介质形式存在的审计工作底稿,只要保存完整,不必考虑是否能够转换成纸质形式的审计工作底稿
   D. 以电子或其他介质形式存在的审计工作底稿,与其他纸质形式的审计工作底稿一并归档时,不需要单独保存以电子或其他介质形式存在的审计工作底稿

6. 审计工作底稿可能包括的内容有( )。
   A. 总体审计策略和具体审计计划
   B. 重复的文件记录
   C. 分析表和问题备忘录
   D. 被审计单位文件记录的摘要或复印件

7. 审计工作底稿通常包括的内容有( )。
   A. 询证函回函
   B. 管理建议书
   C. 与被审计单位律师的沟通文件
   D. 项目组内部的会议记录

8. 通常,注册会计师编制的审计工作底稿包含的要素可能有( )。
   A. 审计工作底稿的标题   B. 审计过程记录
   C. 审计结论   D. 编制者姓名及其编制日期

9. 在编制重大事项概要时,下列内容中属于重大事项的有( )。
   A. 高级管理人员舞弊
   B. 异常或超出正常经营过程的重大交易
   C. 导致注册会计师难以实施必要审计程序的情形
   D. 导致注册会计师出具非标准审计报告的事项

10. 如果识别出的信息与针对某重大事项得出的最终结论不一致,下列做法中正确的有( )。
    A. 应当记录如何处理识别出的信息与针对重大事项得出的结论不一致的情况
    B. 记录如何解决不一致的情况时,应当保留不正确的审计工作底稿
    C. 如果某些信息是错误的或不完整的,并且初步显示的不一致可以通过获取正确或完整的信息得到满意的解决,则注册会计师无须保留这些错误的或不完整的信息
    D. 对于职业判断的差异,若初步的判断意见是基于不完整的资料或数据,则注册会计师无须保留这些初步的判断意见

11. 在记录审计过程时,注册会计师应当特别注意的几个重点方面包括( )。

A. 具体项目或事项的识别特征

B. 重大事项及相关重大职业判断

C. 审计标识及其说明

D. 针对重大事项如何处理不一致的情况

12. 在记录已实施审计程序的性质、时间安排和范围时,注册会计师应当记录的内容有( )。

A. 项目质量控制复核人员及其复核的日期

B. 测试的具体项目或事项的识别特征

C. 审计工作的执行人员及完成审计工作的日期

D. 审计工作的复核人员及复核的日期和范围

13. 下列有关注册会计师在审计报告日后对审计工作底稿作出变动的做法中,正确的有( )。

A. 在归档期间废弃被取代的审计工作底稿

B. 对审计档案归整工作的完成核对表签字认可

C. 以归档期间收到的询证函回函替换审计报告日前已实施的替代程序审计工作底稿

D. 在完成最终审计档案的归整工作后,不应在规定的保存期限届满前删除或废弃任何性质的底稿

14. 在审计工作底稿归档后,注册会计师认为有必要修改或增加审计工作底稿,应在审计工作底稿中记录的事项包括( )。

A. 修改或增加审计工作底稿的理由

B. 修改或增加审计工作底稿的人员

C. 修改或增加审计工作底稿的时间

D. 复核审计工作底稿的时间和人员

15. 如果2021年4月20日完成X公司2020年度财务报表的审计工作,并出具审计报告,则下列有关审计工作底稿的说法中正确的有( )。

A. 审计工作底稿的归档期限为2021年4月21日至2021年6月9日

B. 在审计工作底稿的归档期间,不得删除任何审计工作底稿

C. 审计工作底稿应从2021年4月20日起至少保管10年

D. 审计工作底稿应从2021年6月9日起至少保管10年

16. 审计工作底稿的主要作用有( )。

A. 有利于组织协调审计工作

B. 有利于控制审计工作质量

C. 有利于考核审计人员工作业绩

D. 便于编制、佐证和解释审计报告

17. 审计工作底稿的编制原则有( )。

A. 完整性原则 B. 重要性原则
C. 真实性原则 D. 相关性原则

18. 会计师事务所对审计工作底稿的复核,可以分为会计师事务所的( )。
A. 主管合伙人复核 B. 项目负责人复核
C. 辅助人员复核 D. 注册会计师复核

19. 下列关于审计工作底稿的表述中,正确的有( )。
A. 审计工作底稿是注册会计师在审计过程中形成的审计工作记录和获取的资料
B. 审计工作底稿形成于审计过程,也反映整个审计过程
C. 审计工作底稿不可用于质量控制复核
D. 审计工作底稿能够提供证据,证明会计师事务所是否按审计准则规定执行了审计工作

20. 甲注册会计师在完成审计工作后,准备将审计工作底稿整理归档,下列做法中,正确的有( )。
A. 在审计报告日后,收到应收账款函证的回函原件,甲注册会计师核对一致后,将原底稿中的复印件替换
B. 审计助理人员乙发现以前工作底稿中索引号编写错误,进行了修改
C. 审计助理人员乙完成了一份有关租金收入审计的说明,但字迹潦草,注册会计师要求其重抄一份,将原底稿销毁
D. 甲注册会计师编制的工作底稿没有签名,安排审计助理人员乙进行补签

三、简答题

1. 甲公司系 ABC 会计师事务所的常年审计客户。ABC 会计师事务所委托 B 注册会计师负责甲公司 2020 年度财务报表审计业务,在执行审计工作的过程中,B 注册会计师对与审计工作底稿相关的事项的处理或观点如下:

(1) B 注册会计师认为编制审计工作底稿有助于负责督导的项目组成员按照《独立审计准则》的规定,履行指导、监督与复核审计工作的责任。

(2) 为了便于复核,B 注册会计师将以电子形式存在的审计工作底稿转换成纸质形式的工作底稿,并与其他纸质形式的审计工作底稿一并归档。同时为了遵循保密原则,B 注册会计师删除了电子形式的审计工作底稿。

(3) B 注册会计师认为问题备忘录和核对表只是审计过程中一些汇总和分析手段,并不能构成审计结论和审计意见的支持性证据,因而不属于审计工作底稿应当包括的内容。

(4) 审计工作底稿中的每张表或记录都应当有一个索引号。

(5) B 注册会计师认为如果若干页的审计工作底稿记录同一性质的具体审计程序或事项,并且编制在同一个索引号中,则可以仅在审计工作底稿的第一页上记录审计工作的

执行人员和复核人员并注明日期。

要求：针对上述第(1)~(5)项，逐项指出 B 注册会计师的观点或做法是否正确。如不正确，请简要说明理由。

2. A 注册会计师负责对甲公司 2020 年度财务报表进行审计。在编制审计工作底稿时，A 注册会计师的相关观点如下：

(1) 在归整审计档案时，注册会计师删除了关于存货减值准备审计工作底稿的初稿。

(2) 甲公司的风险投资部经理 H 虽然没有审计实务经验，但是了解与甲公司所处行业相关的会计和审计问题，A 注册会计师认为 H 属于有经验的专业人士。

(3) 为了明确责任，审计工作底稿的编制者和复核者都应在工作底稿上签名并注明日期。A 注册会计师认为，如果审计工作底稿数量特别大、性质多，编制者和复核者可以仅在审计工作底稿的第一页上签名并注明日期。

(4) 如果针对甲公司在 2018 年度承接了财务报表审计业务，同时也承接了甲公司的内部控制审计业务，如果两项业务报告日不同，应于较晚的业务报告日起至少保存 10 年。

(5) A 注册会计师认为审计工作底稿除了包括总体审计策略和具体审计计划等之外，还包括管理建议书和业务约定书等，但审计工作底稿不能代替甲公司的会计记录。

要求：针对上述第(1)~(5)项，逐项指出 A 注册会计师的做法是否恰当。如不恰当，简要说明理由。

项目五　风险评估

学习目标

➢ 理解风险评估的概念及程序。
➢ 了解被审计单位及其环境。
➢ 掌握内部控制要素及测评。
➢ 理解重大错报的含义及内容。
➢ 识别重大错报风险及审计程序。
➢ 掌握审计风险的含义及内容。
➢ 学会运用审计风险模型。
➢ 掌握审计风险。
➢ 掌握审计重要性及审计证据之间的关系。

　**案例引入**　　　　　**巴林银行倒闭案**

巴林银行(Barings Bank)创建于1763年,由于经营灵活、富于创新,巴林银行很快就在国际金融领域获得了巨大的成功。

20世纪初,巴林银行荣幸地获得了一个特殊客户:英国王室。由于巴林银行的卓越贡献,巴林家族先后获得了5个世袭的爵位。这一记录奠定了巴林银行显赫地位的基础。

然而,这个具有200多年历史、在全球范围内掌控270多亿英镑资产的巴林银行,竟毁于一个年龄只有28岁的毛头小子尼克·李森之手。

尼克·李森未经授权,在新加坡国际货币交易所(SIMEX)大量买进日经225指数期货合约,且交易失败,致使巴林银行产生了高达6亿英镑的亏损,这一数字远远超出了该行的资本总额(3.5亿英镑)。

1995年2月26日,英国中央银行英格兰银行宣布,巴林银行不得继续从事交易活动并应申请资产清理。10天后,这家拥有200多年历史的银行以1英镑的象征性价格被荷兰国际集团收购。这意味着巴林银行的彻底倒闭。

巴林银行事件引发了人们的思考,从表面上看,交易员的违规操作直接导致了巴林银行的灭亡。然而,隐藏在背后的内部控制失效才是巴林银行倒闭的根本原因,包括以下几

个方面:

(1) 管理层风险意识淡薄。
(2) 不当授权,导致缺乏制衡。
(3) 信息系统管理不善。
(4) 会计造假。
(5) 越权操作,缺乏监督。
(6) 内部审计失效。

思考题:

注册会计师该如何识别风险和应对风险?

任务一 风险评估程序

一、风险评估程序概述

风险评估程序是指注册会计师为了解被审计单位及其环境,以识别和评估财务报表层次和认定层次的重大错报风险而实施的审计程序。

风险评估包括风险识别、风险分析、风险评估,风险应对四个内容。

(1) 风险识别。风险识别是指查找企业各业务流程、各项重要经营活动及其重要业务流程中有无风险,有何种风险的活动。风险识别主要是识别财务报表层次和认定层次潜在的错报风险,以及重要流程、重大事项的风险。可以通过财务报表分析法、流程分析法、现场调查法等方法识别风险。

(2) 风险分析。风险分析是指对识别的风险进行整理、汇总,分析和描述风险发生可能性的高低、风险发生的条件,以及风险发生的联系性因素的活动。利用定性与定量相结合的方式分析风险的类别和性质,找出关联的因素。

(3) 风险评估。风险评估是指评估风险对企业实现目标的影响程度、风险的价值等的活动。对识别的风险因素进行评估,评估这些风险对财务报表的影响程度,以确定下一步的应对措施。

(4) 风险应对。风险应对是指在风险评估的基础上,针对存在的风险因素,运用科学方法,提出各种风险解决方案,降低审计风险的活动。会计师事务所可以通过增加有经验的注册会计师、聘请专家、买保险等措施来降低风险。

二、风险评估程序的性质

1. 询问

注册会计师可以考虑向管理层和财务负责人询问下列事项:

(1) 询问管理层,有助于注册会计师理解财务报表编制的环境。

(2) 询问内部审计人员,有助于注册会计师了解其针对被审计单位内部控制设计和运行有效性而实施的工作,以及管理层对内部审计发现的问题是否采取适当的措施。

(3) 询问参与生成、处理或记录复杂或异常交易的员工,有助于注册会计师评估被审计单位选择和运用某项会计政策的适当性。

(4) 询问内部法律顾问,有助于注册会计师了解有关法律法规的遵循情况、产品保证和售后责任、与业务合作伙伴的安排(如合营企业)、合同条款的含义以及诉讼情况等。

(5) 询问营销或销售人员,有助于注册会计师了解被审计单位的营销策略及其变化、销售趋势以及与客户的合同安排。

(6) 询问采购人员和生产人员,有助于注册会计师了解被审计单位的原材料采购和产品生产等情况。

(7) 询问仓库人员,有助于注册会计师了解原材料、产成品等存货的进出、保管和盘点等情况。

2. 分析程序

分析程序可用作风险评估程序和实质性程序,也可用于对财务报表的总体复核。《中国注册会计师审计准则》主要说明在了解被审计单位及其环境并评估重大错报风险时使用的分析程序,即将分析程序用作风险评估程序。

注册会计师实施分析程序有助于识别异常的交易或事项,以及对财务报表和审计产生影响的金额、比率和趋势。

在实施分析程序时,注册会计师应当预期可能存在的合理关系,并与被审计单位记录的金额、依据记录金额计算的比率或趋势相比较;如果发现异常或未预期到的关系,注册会计师应当在识别重大错报风险时考虑这些比较结果。

3. 观察和检查程序

观察和检查程序可以印证对管理层和其他相关人员的询问结果,并可提供有关被审计单位及其环境的信息,注册会计师应当实施下列观察和检查程序。

(1) 观察被审计单位的生产经营活动。例如,观察被审计单位人员正在从事的生产活动和内部控制活动,可以增加注册会计师对被审计单位人员如何进行生产经营活动及实施内部控制的了解。

(2) 检查文件、记录和内部控制手册。例如,检查被审计单位的章程,与其他单位签订的合同、协议,各业务流程操作指引和内部控制手册等,了解被审计单位组织结构和内部控制制度的建立健全情况。

(3) 阅读由管理层和治理层编制的报告。例如,阅读被审计单位年度和中期财务报告,股东大会、董事会会议、高级管理层会议的会议记录或纪要,管理层的讨论和分析资料,经营计划和战略,对重要经营环节和外部因素的评价,被审计单位内部管理报告以及其他特殊目的的报告(如新投资项目的可行性分析报告)等,了解自上一期审计结束至本期审计期间被审计单位发生的重大事项。

(4) 实地察看被审计单位的生产经营场所和设备。通过现场访问和实地察看被审计单位的生产经营场所和设备,可以帮助注册会计师了解被审计单位的性质及其经营活动。在实地察看被审计单位的厂房和办公场所的过程中,注册会计师有机会与被审计单位的管理层和担任不同职责的员工进行交流,可以增强注册会计师对被审计单位的经营活动及其重大影响因素的了解。

(5) 追踪交易在财务报告信息系统中的处理过程(穿行测试)。这是注册会计师了解被审计单位业务流程及其相关控制时经常使用的审计程序。通过追踪某笔或某几笔交易在业务流程中如何生成、记录、处理和报告,以及相关内部控制如何执行,注册会计师可以确定被审计单位的交易流程和相关控制是否与之前通过其他程序所获得的了解一致,并确定相关控制是否得到执行。

三、其他审计程序和信息来源

(一) 其他审计程序的含义

除了采用上述风险评估程序从被审计单位内部获取信息以外,如果根据职业判断认为从被审计单位外部获取的信息有助于识别重大错报风险,注册会计师应当实施其他审计程序以获取这些信息。

> 📢 小提示
>
> 其他审计程序强调从被审计单位外部获取信息,以了解被审计单位及其环境并评估重大错报风险。

(二) 其他审计程序的内容

(1) 询问外部人员,主要包括聘请的外部法律顾问、专业评估师、投资顾问和财务顾问等。

(2) 阅读外部信息,主要包括证券分析师、银行、评级机构出具的有关被审计单位及其所处行业的经济或市场环境等状况的报告、贸易与经济方面的报纸期刊、法规或金融出版物、政府部门或民间组织发布的行业报告和统计数据等。

(三) 其他信息来源

1. 在客户接受或保持过程中获取的信息

注册会计师应当考虑在客户接受或保持过程中获取的信息是否与识别重大错报风险相关。通常,对新的审计业务,注册会计师应在业务承接阶段对被审计单位及其环境有一个初步的了解,以确定是否承接该业务;而对连续审计业务,也应在每年的续约过程中对上年审计作总体评价,并更新对被审计单位的了解和风险评估结果,以确定是否续约。

2. 提供其他服务中获取的信息

注册会计师还应当考虑向被审计单位提供其他服务(如执行中期财务报表审阅业务)。

四、项目组讨论

(一) 讨论的目标

项目组内部的讨论为项目组成员提供了交流信息和分享见解的机会。项目组通过讨论可以使成员更好地了解在各自负责的领域中,由于舞弊或错误导致财务报表重大错报的可能性,并了解各自实施审计程序的结果如何影响审计的其他方面,包括对确定进一步审计程序的性质、时间安排和范围的影响。

(二) 讨论的内容

项目组应当讨论被审计单位面临的经营风险、财务报表容易发生错报的领域以及发生错报的方式,特别是由于舞弊导致重大错报的可能性。

(三) 参与讨论的人员

注册会计师应当运用职业判断确定项目组内部参与讨论的成员。项目组的关键成员应当参与讨论,如果项目组需要拥有信息技术或其他特殊技能的专家,这些专家也应参与讨论。参与讨论人员的范围受项目组成员的职责经验和信息需要的影响。

(四) 讨论的时间和方式

项目组应当根据审计的具体情况,在整个审计过程中持续交换有关财务报表发生重大错报可能性的信息。

任务二 了解行业状况及其环境

了解行业状况、法律环境和监管(动画)

一、了解被审计单位的性质

审计单位的性质包括所有权结构、治理结构、组织结构、经营活动、正在实施和计划实施的投资的类型和筹资方式。

1. 了解所有权结构

对被审计单位所有权结构的了解有助于注册会计师识别关联方关系并了解被审计单位的决策过程。

注册会计师应当了解所有权结构以及所有者与其他人员或实体之间的关系,考虑关联方关系是否已经得到识别,以及关联方交易是否得到恰当核算。

注册会计师应当按照《中国注册会计师审计准则第1323号——关联方》的规定,了解被审计单位识别关联方的程序,获取被审计单位提供的所有关联方信息,并考虑关联方关系是否已经得到识别,关联方交易是否得到恰当记录和充分披露。

2. 了解治理结构

良好的治理结构可以对被审计单位的经营和财务运作实施有效的监督,从而降低财务报表发生重大错报的风险。注册会计师应当了解被审计单位的治理结构。

3. 了解组织结构

复杂的组织结构可能导致某些特定的重大错报风险。注册会计师应当了解被审计单位的组织结构,考虑复杂组织结构可能导致的重大错报风险,包括财务报表合并、商誉减值以及长期股权投资核算等问题。

4. 了解经营活动

注册会计师应当了解被审计单位的经营活动,主要包括:

(1)主营业务的性质(考试以主营业务是制造业为背景)。

(2)与生产产品或提供劳务相关的市场信息。例如,主要客户和合同、付款条件、利润率、市场份额、竞争者、出口、定价政策、产品声誉、质量保证、营销策略和目标等(如导致存货、营业收入高估风险)。

(3)业务的开展情况。例如,业务分部的设立情况、产品和服务的交付、衰退或扩展的经营活动的详情等。

(4)联盟、合营与外包情况。

(5)从事电子商务的情况。例如,是否通过互联网销售产品和提供服务以及从事营销活动。

(6)地区分布与行业细分。

(7)生产设施、仓库和办公室的地理位置,存货存放地点和数量(如导致存货高估风险)。

(8)关键客户。例如,销售对象是少量的大客户还是众多的小客户;是否有被审计单位高度依赖的特定客户(如超过销售总额10%的顾客);是否有造成高回收性风险的若干客户或客户类别(如正处在一个衰退市场中的客户);是否与某些客户订立了不寻常的销售条款或条件(如导致营业收入高估风险)。

(9)货物和服务的重要供应商。例如,是否签订长期供应合同、原材料供应的可靠性和稳定性、付款条件,以及原材料是否受重大价格变动的影响(如导致存货高估风险)。

(10)劳动用工安排。例如,分地区用工情况、劳动力供应情况、工薪水平、退休金和其他福利、股权激励或其他奖金安排以及与劳动用工事项相关的政府法规(如导致应付职工薪酬的低估风险)。

(11)研究与开发活动及其支出。

(12)关联方交易。例如,有些客户或供应商是否为关联方;对关联方和非关联方是否采用不同的销售和采购条款。此外,还存在哪些关联方交易,对这些交易采用怎样的定价政策(如导致营业收入高估风险)。

5. 了解投资活动

注册会计师应当了解被审计单位的投资活动,主要包括:

(1) 近期拟实施或已实施的并购活动与资产处置情况,包括业务重组或某些业务的终止。注册会计师应当了解并购活动如何与被审计单位目前的经营业务相协调,并考虑它们是否会引发进一步的经营风险。

(2) 证券投资、委托贷款的发生与处置(如导致资产减值风险)。

(3) 资本性投资活动,包括固定资产和无形资产投资、近期或计划发生的变动以及重大的资本承诺等。

(4) 不纳入合并范围的投资。例如,联营、合营或其他投资,包括近期计划的投资项目。

6. 了解筹资活动

注册会计师应当了解被审计单位的筹资活动,主要包括:

(1) 债务结构和相关条款,包括资产负债表外融资和租赁安排。例如,获得的信贷额度是否可以满足营运需要;得到的融资条件及利率是否与竞争对手相似,如不相似,原因何在;是否存在违反借款合同中限制性条款的情况;是否承受重大的汇率与利率风险(如披露风险)。

(2) 主要子公司和联营企业(无论是否处于合并范围内)的重要融资安排。

(3) 实际受益方及关联方。例如,实际受益方是国内的还是国外的,其商业声誉和经验可能对被审计单位产生的影响。

(4) 衍生金融工具的使用。例如,衍生金融工具是用于交易目的还是套期目的,以及运用的种类、范围和交易对手等。

二、了解被审计单位所处的法律环境和监管环境

(1) 会计原则和行业特定惯例。

(2) 受管制行业的法规框架。

(3) 对被审计单位经营活动产生重大影响的法律法规,包括直接的监管活动。

(4) 税收政策。

(5) 目前对被审计单位开展经营活动产生影响的政府政策,如货币政策、财政政策、财政刺激措施、关税或贸易限制政策等。

(6) 影响行业和被审计单位经营活动的环保要求。

三、了解被审计单位对会计政策的选择和运用

企业的重大错报风险与被审计单位对会计政策的选择和运用存在比较密切的关系。

如果被审计单位在会计政策的选择上不适当,或者虽然选择适当,但并未正确运用,都将导致财务报表错报,根据相关的金额和范围,这项错报可能是重大的。注册会计师对与此相关的风险应当设计相应的审计程序予以识别并评估其风险大小。检查是否确实存在错误选择或运用会计政策,导致财务报表出现重大错报。如果确实出现重大错报,应当与被审计单位沟通,提请被审计单位调整会计报表。如果被审计单位拒绝调整会计报表,注册会计师应当判断这项错报的严重程度及是否具有广泛影响,决定审计报告的意见类型。通常,严重的错报并不具备广泛影响,注册会计师应当发表保留意见,如果同时具备广泛影响则应当发表否定意见。

审计人员应当根据被审计单位的经营活动,评价会计政策是否适当,并与适用的财务报告编制基础、相关行业使用的会计政策保持一致。

重要项目的会计政策包括收入确认、存货的计价方法、投资的核算、固定资产的折旧方法、坏账准备、存货跌价准备和其他资产减值准备的确定、借款费用资本化方法、合并财务报表的编制方法等。除会计政策以外,某些行业可能还存在一些行业惯例,注册会计师应当熟悉这些行业惯例。当被审计单位采用与行业惯例不同的会计处理方法时,注册会计师应当了解其原因,并考虑采用与行业惯例不同的会计处理方法是否适当。

四、了解被审计单位的目标、战略以及可能导致重大错报风险的相关经营风险

经营风险是指可能对被审计单位实现目标和实施战略的能力产生不利影响的重要状况、事项、情况、作为(或不作为)而导致的风险,或由于制定不恰当的目标和战略而导致的风险,如表5-1所示。

表5-1 相关经营风险

导致风险因素	潜在的相关经营风险及举例
行业发展	被审计单位不具备足以应对行业变化的人力资源和业务专长
开发新产品或提供新服务	被审计单位产品责任增加
业务扩张	被审计单位对市场需求的估计不准确
新的会计要求	被审计单位不当执行相关会计要求,或会计处理成本增加
监管要求	被审计单位法律责任增加
本期及未来的融资条件	被审计单位由于无法满足融资条件而失去融资机会
信息技术的运用	被审计单位信息系统与业务流程难以融合
实施战略的影响,特别是由此产生的需要运用新的会计要求的影响	被审计单位执行新要求不当或不完整

五、经营风险对重大错报风险的影响

（1）多数经营风险最终都会产生财务后果，从而影响财务报表。

（2）并非所有经营风险都会导致重大错报风险。

（3）经营风险可能对某类交易、账户余额和披露的认定层次或财务报表层次重大错报风险产生直接影响。

任务三 了解被审计单位内部控制

一、内部控制含义及要素

（一）内部控制的含义

内部控制是指由企业董事会（或者由企业章程规定的经理、厂长办公会等类似的决策、治理机构，以下简称董事会）、管理层和全体员工共同实施的，其旨在合理保证实现企业基本目标的一系列控制活动。

内部控制要素

控制活动（动画）

（二）内部控制的目标

(1) 企业战略。

(2) 经营的效率和效果。

(3) 财务报告及管理信息的真实可靠。

(4) 资产的安全完整。

(5) 遵循国家法律法规和有关监管要求。

（三）内部控制的基本要素

1. 内部环境

内部环境是影响、制约企业内部控制制度建立与执行的各种内部因素的总称，是实施内部控制的基础。内部环境主要包括治理结构、组织机构设置与权责分配、企业文化、人力资源政策、内部审计机制、反舞弊机制等内容。

2. 风险评估

风险评估是及时识别、科学分析影响企业战略和经营管理目标实现的各种不确定因素并采取应对策略的过程，是实施内部控制的重要环节和内容。风险评估主要包括目标设定、风险识别、风险分析和风险应对。

3. 控制措施

控制措施是根据风险评估结果、结合风险应对策略所采取的确保企业内部控制目标得以实现的方法和手段，是实施内部控制的具体方式和载体。控制措施结合企业具体业务和事项的特点与要求制定，主要包括职责分工控制、授权控制、审核批准控制、预算控制、财产保护控制、会计系统控制、内部报告控制、经济活动分析控制、绩效考评控制、信息技术控制等。

4. 信息与沟通

信息与沟通是及时、准确、完整地收集与企业经营管理相关的各种信息，并使这些信息以适当的方式在企业有关层级之间进行及时传递、有效沟通和正确应用的过程，是实施内部控制的重要条件。信息与沟通主要包括信息的收集机制以及在企业内部和与企业外部有关方面的沟通机制等。

5. 监督检查

监督检查是企业对其内部控制制度的健全性、合理性和有效性进行监督检查与评估，形成书面报告并作出相应处理的过程，是实施内部控制的重要保证。监督检查主要包括对建立并执行内部控制制度的整体情况进行持续性监督检查，对内部控制的某一方面或者某些方面进行专项监督检查，以及提交相应的检查报告、提出有针对性的改进措施等。企业内部控制自我评估是内部控制监督检查工作中的一项重要内容。

（四）内部控制的一般方法

内部控制的一般方法通常包括职责分工控制、授权控制、审核批准控制、预算控制、财产保护控制、会计系统控制、内部报告控制、运营分析控制、绩效考评控制、信息技术控制等。

（1）职责分工控制，要求根据企业目标和职能任务，按照科学、精简、高效的原则，合理设置职能部门和工作岗位，明确各部门、各岗位的职责权限，形成各司其职、各负其责、便于考核、相互制约的工作机制。

企业在确定职责分工过程中，应当充分考虑不相容职务相互分离的制衡要求。不相容职务通常包括授权批准、业务经办、会计记录、财产保管、稽核检查等。

（2）授权控制，要求企业根据职责分工，明确各部门、各岗位办理经济业务与事项的权限范围、审批程序和相应责任等内容。企业内部各级管理人员必须在授权范围内行使职权和承担责任，业务经办人员必须在授权范围内办理业务。

（3）审核批准控制，要求企业各部门、各岗位按照规定的授权和程序，对相关经济业务和事项的真实性、合规性、合理性以及有关资料的完整性进行复核与审查，通过签署意见并签字或者盖章，作出批准、不予批准或者其他处理的决定。

（4）预算控制，要求企业加强预算编制、执行、分析、考核等各环节的管理，明确预算项目，建立预算标准，规范预算的编制、审定、下达和执行程序，及时分析和控制预算差异，采取改进措施，确保预算的执行。

（5）财产保护控制，要求企业限制未经授权的人员对财产的直接接触和处置，采取财产记录、实物保管、定期盘点、账实核对、财产保险等措施，确保财产的安全完整。

（6）会计系统控制，要求企业根据《中华人民共和国会计法》《企业会计准则》和国家统一的会计制度,制定适合本企业的会计制度,明确会计凭证、会计账簿和财务会计报告以及相关信息披露的处理程序,规范会计政策的选用标准和审批程序,建立、完善会计档案保管和会计工作交接办法,实行会计人员岗位责任制,充分发挥会计的监督职能,确保企业财务报告真实、准确、完整。

(7) 内部报告控制,要求企业建立和完善内部报告制度,明确相关信息的收集、分析、报告和处理程序,及时提供业务活动中的重要信息,全面反映经济活动情况,增强内部管理的时效性和针对性。内部报告方式通常包括例行报告、实时报告、专题报告、综合报告等。

(8) 运营分析控制,要求企业综合运用生产、购销、投资、财务等方面的信息,利用因素分析、对比分析、趋势分析等方法,定期对企业经营管理活动进行分析,发现存在的问题,查找原因,并提出改进意见和应对措施。

(9) 绩效考评控制,要求企业科学设置业绩考核指标体系,对照预算指标、盈利水平、投资回报率、安全生产目标等业绩指标,对各部门和员工当期业绩进行考核和评价,兑现奖惩,强化对各部门和员工的激励与约束。

(10) 信息技术控制,要求企业结合实际情况和计算机信息技术应用程度,建立与本企业经营管理业务相适应的信息化控制流程,提高业务处理效率,减少和消除人为操纵因素,同时加强对计算机信息系统开发与维护、访问与变更、数据输入与输出、文件储存与保管、网络安全等方面的控制,保证信息系统安全、有效运行。

(11) 与财务报告相关的内部控制,内部控制被定义为一个流程,该流程由公司的首席执行官和财务总监或类似人员设计并监督其运行,并由公司董事会、管理层和其他相关人员实行;从而对财务报告的可靠性以及对外披露的财务报告的编制是否符合公认会计准则提供合理保证。

了解内部控制形成的结论:一是内部控制设计有效,得到运行;二是内部控制有效,得不到运行;三是内部控制设计无效。

二、内部控制测评

内部控制测评是指审计人员通过调查了解被审计单位内部控制的设置和运行情况,并进行相关测试,对内部控制的健全性、合理性和有效性作出评价,以确定是否依赖内部控制和实质性测试的性质、范围、时间和重点的活动。内部控制测评遵循以下原则。

1. 相互牵制原则

相互牵制原则是指一项完整的经济业务活动,必须分配给具有互相制约关系的两个或两个以上的部门(或岗位)分别完成。在横向关系上,至少要由彼此独立的两个部门或人员办理,以使该部门或人员的工作接受另一个部门或人员的检查和制约;在纵向关系上,至少要经过互不隶属的两个或两个以上的岗位和环节,以使下级受上级监督,上级受下级牵制。其理论根据是在相互牵制的关系下,几个人发生同一错弊而不被发现的概率,

是每个人发生该项错弊的概率的连乘积,因而将降低误差率。不相容职务相互分离控制有以下几项内容:

(1) 授权批准职务与执行业务职务相分离。
(2) 执行业务职务与监督审核职务相分离。
(3) 执行业务职务与会计记录职务相分离。
(4) 财产保管职务与会计记录职务相分离。
(5) 执行业务职务与财产保管职务相分离。

2. 授权控制原则

授权控制原则是指企业单位应该根据各岗位业务性质和人员要求,相应地赋予作业任务和职责权限,规定操作规程和处理手续,明确纪律规则和检查标准,以使职、责、权、利相结合。岗位工作程式化,要求做到事事有人管,人人有专职,办事有标准,工作有检查。授权体系包括:

(1) 授权批准的范围。企业所有的经营活动一般都应当纳入授权批准的范围。

(2) 授权层次。授权应当是区别不同情况分层次进行的。根据经济活动的重要性水平和金额大小确定不同的授权批准层次,有利于保证各种管理层和有关人员有权有责。

授权批准在层次上应当考虑连续性,要将可能发生的情况全面纳入授权批准体系,避免出现真空地带。当然,应当允许根据具体情况的变化,不断对有关制度进行修正。

(3) 授权责任。被授权者应能够明确在履行权力时应对哪些方面负责,避免授权责任不清,出现问题又难辞其咎的情况发生。

(4) 授权批准程序。企业的经济业务既涉及企业与外单位之间资产与劳务的交换,也包括在企业内部资产和劳务的转移和使用。因此,每类经济业务都会有一系列内部相互联系的流转程序。所以,应规定每一类经济业务的审批程序,以便按程序办理审批,避免越级审批和违规审批的情况发生。

3. 成本效益原则

贯彻成本效益原则,即要求在实行内部控制花费的成本和由此而产生的经济效益之间要保持适当的比例,实行内部控制所花费的代价不能超过由此而获得的效益,否则应舍弃该控制措施。

4. 整体结构原则

企业内部控制系统,必须包括控制环境、风险评估、控制活动、信息与沟通、监督五项要素,并覆盖各项业务和部门。换言之,各项控制要素、各业务循环或部门的子控制系统,必须有机构成企业内部控制的整体架构。这就要求,各子系统的具体控制目标,必须对应整体控制系统的一般目标。

内部控制测试的结论是:单位内部控制运行有效,可以信赖;单位内部控制运行无效,不可以信赖。

任务四 审计风险模型及应用

一、重大错报风险的定义

重大错报风险是指财务报表在审计前存在重大错报的可能性。

在设计审计程序以确定财务报表整体是否存在重大错报时，注册会计师应当从财务报表的层次和各类交易、账户余额、披露认定层次方面考虑重大错报风险。

财务报表层次上的重大错报风险是与会计报表整体相关的风险，并不是与具体会计报表项目直接相关的风险。

相关链接

在金融危机的影响下，被审计单位在多个方面存在可能导致对持续经营假设产生重大疑虑的事项或情况，继续按持续经营假设编制财务报表已不再适当，如果被审计单位仍按此基础编制，产生的风险将是与财务报表整体广泛相关，而不是只与某一类交易、账户余额、列报的认定相关，我们应将这种风险评估为财务报表层次的重大错报风险。

认定层次上的风险是与具体会计报表项目在认定上相关的风险，如与主营业务收入在认定上相关的风险。

在风险评估程序中运用分析程序主要在于识别那些可能表明财务报表存在重大错报风险的异常变化。在实质性程序中运用分析程序主要是更有效地将认定层次的检查风险降至可接受的水平。

二、识别和评估重大错报风险的审计程序

在评估重大错报风险时，注册会计师应当实施下列审计程序。

1. 识别风险，并考虑各类交易、账户余额、列报

注册会计师应当运用各项风险评估程序，在了解被审计单位及其环境的整个过程中识别风险，并将识别的风险与各类交易、账户余额和列报相联系。例如，被审计单位因相关环境法规的实施需要更新设备，可能面临原有设备闲置或贬值的风险；宏观经济的低迷可能预示应收账款的回收存在问题；竞争者开发的新产品上市，可能导致被审计单位的主要产品在短期内过时，预示将出现存货跌价和长期资产（如固定资产等）的减值。

2. 将识别的风险与认定层次可能发生错报的领域相联系

注册会计师应当将识别的风险与认定层次可能发生错报的领域相联系。例如，销售困难使产品的市场价格下降，可能导致年末存货成本高于其可变现净值而需要计提存货跌价准备，这显示存货的计价认定可能发生错报。

3. 考虑识别的风险是否重大

风险是否重大是指风险造成后果的严重程度。例如,除考虑产品市场价格下降因素外,注册会计师还应当考虑产品市场价格下降的幅度、该产品在被审计单位产品中的比重等,以确定识别的风险对财务报表的影响是否重大。假如产品市场价格大幅下降,导致产品销售收入不能补偿成本,毛利率为负,那么年末存货跌价问题严重,存货计价认定发生错报的风险重大;假如价格下降的产品在被审计单位销售收入中所占比例很小,被审计单位其他产品销售毛利率很高,尽管该产品的毛利率为负,但可能不会使年末存货发生重大跌价问题。

4. 考虑识别的风险导致财务报表发生重大错报的可能性

注册会计师还需要考虑上述识别的风险是否会导致财务报表发生重大错报。例如,考虑存货的账面余额是否重大,是否已适当计提存货跌价准备等。在某些情况下,尽管识别的风险重大,但仍不至于导致财务报表发生重大错报。例如,被审计单位对于存货跌价准备的计提实施了比较有效的内部控制,管理层已根据存货的可变现净值,计提了相应的跌价准备。在这种情况下,财务报表发生重大错报的可能性将相应降低。

注册会计师应当利用实施风险评估程序获取的信息,包括在评价控制设计和确定其是否得到执行时获取的审计证据,作为支持风险评估结果的审计证据。注册会计师应当根据风险评估结果,确定实施进一步审计程序的性质、时间和范围。

三、财务报表层次和认定层次的重大错报风险

1. 评估重大错报风险的考虑因素

(1) 风险的性质。
(2) 错报的规模。
(3) 发生的可能性。

2. 评估重大错报风险的程序

识别两个层次的重大错报风险

(1) 在了解被审计单位及其环境的整个过程中,结合对各类交易、账户余额和披露的考虑识别风险。
(2) 将识别的风险与认定层次可能发生错报的领域相联系。
(3) 评估识别出的风险,评价其是否更广泛地与财务报表整体相关,进而潜在地影响多项认定。
(4) 考虑发生错报的可能性,以及潜在错报的重大程度是否足以导致重大错报。

四、特别风险

特别风险作为风险评估的一部分,注册会计师应当运用职业判断,确定识别的风险哪些是需要特别考虑的重大错报风险(以下简称特别风险)。

特别风险

(一) 在确定风险的性质时应考虑的事项

在确定哪些风险是特别风险时,注册会计师应当在考虑识别出的控制对相关风险的抵销效果前,根据风险的性质、潜在错报的重要程度(包括该风险是否可能导致多项错报)和发生的可能性,判断风险是否属于特别风险。

在确定风险的性质时,注册会计师应当考虑下列事项:①风险是否属于舞弊风险;②风险是否与近期经济环境、会计处理方法和其他方面的重大变化有关;③交易的复杂程度;④风险是否涉及重大的关联方交易;⑤财务信息计量的主观程度,特别是对不确定事项的计量存在较大区间;⑥风险是否涉及异常或超出正常经营过程的重大交易。

(二) 非常规交易和判断事项导致的特别风险

日常的、不复杂的、经正规处理的交易不太可能产生特别风险,特别风险通常与重大的非常规交易和判断事项有关。

非常规交易是指由于金额或性质异常而不经常发生的交易。例如,企业购并、债务重组、重大或有事项等。由于非常规交易具有下列特征,与重大非常规交易相关的特别风险可能导致更高的重大错报风险:①管理层更多地介入会计处理;②数据收集和处理涉及更多的人工成分;③复杂的计算或会计处理方法;④非常规交易的性质可能使被审计单位难以对由此产生的特别风险实施有效控制。

(三) 判断事项通常包括作出的会计估计

如资产减值准备金额的估计、需要运用复杂估值技术确定的公允价值计量等。由于下列原因,与重大判断事项相关的特别风险可能导致更高的重大错报风险:①对涉及会计估计、收入确认等方面的会计原则存在不同的理解;②所要求的判断可能是主观和复杂的,或需要对未来事项作出假设。

相关链接

特别风险的应对措施及结果汇总如表 5-2 所示。

表 5-2 特别风险的应对措施及结果汇总

项目	简要填写说明	举例(重点理解并掌握)
经营目标	记录对当期审计有影响的经营目标	被审计单位通过发展中小城市的新客户和放宽授信额度争取销售收入比上一年度增长25%
经营风险	只记录那些对当期审计有影响的经营风险,或注册会计师认为对未来审计产生影响并有必要向被审计单位报告的经营风险	不严格执行对新客户的信用记录调查和筛选、放宽授信额度都会增加坏账风险
特别风险	记录源自经营风险的特别风险,或在审计过程中发现的并非由经营目标和经营风险导致的特别风险	应收账款坏账准备的计提可能不足

(续表)

项目	简要填写说明	举例（重点理解并掌握）
管理层应对或控制措施	记录管理层认为有助于降低特别风险的控制及其评价。如果评价结果显示注册会计师不能依赖这些内部控制，应相应调整审计方案，并考虑把这个问题报告给被审计单位	(1) 财务部每月编制账龄分析报告； (2) 对超过一年未收回的账款由销售人员与客户签订还款协议，其条款须经区域销售经理和销售总监批准； (3) 销售部每月编制逾期应收账款还款协议签订及执行情况报告，经销售总监审阅并决定是否降低授信额度或暂停供货； (4) 财务经理根据该报告并结合账龄分析报告，对有可能难以收回的应收账款计提坏账准备
财务报表项目及认定	记录受特别风险影响的财务报表项目和认定	应收账款（相关认定：计价）
审计措施	记录应对特别风险的审计措施，即综合性方案或实质性方案。根据控制测试和实质性程序的结果对本栏内容予以更新	(1) 与销售总监讨论所执行的坏账风险评估程序； (2) 与财务经理讨论坏账准备的计提； (3) 审阅账龄分析报告和还款协议签订及执行报告； (4) 抽查还款协议和货款收回情况
向被审计单位报告的事项	汇总记录向被审计单位报告的事项，并注明与相关工作底稿的勾稽关系	无或详见管理建议书

五、审计风险

（一）审计风险的定义

中国注册会计师协会在《独立审计具体准则第 9 号——内部控制和审计风险》中对审计风险定义为，所谓审计风险是指会计报表存在重大错误或漏报，而注册会计师审计后发表不恰当审计意见的可能性。

（二）审计风险的基本特征

1. 客观性

现代审计的一个显著特征，就是采用抽样审计的方法，即根据总体中的一部分样本的特性来推断总体的特性，而样本的特性与总体的特性或多或少有一点误差，这种误差可以控制，但一般难以消除。因此，不论是统计抽样还是判断抽样，若根据样本审查结果来推断总体，总会产生一定程度的误差，即审计人员要承担一定程度的作出错误审计结论的风险。即使是详细审计，由于经济业务的复杂、管理人员道德品质等因素，仍存在审计结果与客观实际不一致的情况。因此，风险总是存在于审计活动过程中，只是这些风险有时并未产生灾难性的后果，或对审计人员并未构成实质性的损失而已。所以，通过审计风险的研究，人们只能认识和控制审计风险，只能在有限的空间和时间内改变风险存在和发生的条件,降低其发生的频率和减少损失的程度,而不能、也不可能完全消除风险。

2. 普遍性

虽然审计风险是通过最后的审计结论与预期的偏差来表现的,但这种偏差是由多方面的因素引起的,审计活动的每一个环节都可能导致风险因素的产生。因此,有什么样的审计活动,就有与之相适应的审计风险,并会最终影响总的审计风险。从总体来看,可能产生风险的因素包括：内部控制结构控制能力差；重要的数字遗漏；对项目的错误评价和虚假注释；项目的流动性强；项目的交易量大；经济萧条；财务状况不佳；抽样技术局限性等。从每一个具体风险看,审计风险也是由多因素组成的。因此,审计风险具有普遍性,它存在于审计过程的每一个环节,任何一个环节的审计失误,都会增加最终的审计风险。因此,对最终审计风险的控制,也就取决于对上述各种风险的控制。

3. 潜在性

审计责任的存在是形成审计风险的一个基本因素,如果审计人员在执业上不受任何约束,对自己的工作结果不承担任何责任,就不会形成审计风险,这就决定审计风险在一定时期里具有潜在性。如果审计人员虽然发生了偏离客观事实的行为,但没有造成不良后果,没有引起相应的审计责任,那么这种风险只停留在潜在阶段,而没有转化为实在的风险。审计风险是在错误形成以后经过验证才会体现出来,假如这种错误被人们无意中接受,即不再进行验证,则由此而应承担的责任或遭受的损失实际没有成为现实。所以,审计风险只是一种可能的风险,它对审计人员构成某种损失有一个显化的过程,这一过程的长短因审计风险的内容、法律环境、经济环境以及客户、社会公众对审计风险的认识程度而异。

4. 偶然性

审计风险是由于某些客观原因,或审计人员并未意识到的主观原因造成的,即并非审计人员故意所为,审计人员在无意接受了审计风险,又在无意中承担了审计风险带来的严重后果。肯定审计风险具有偶然性是非常重要的,因为只有在这一前提下,审计人员才会努力设法避免或减少审计风险,对审计风险的控制才有意义。倘若审计人员因某种私利故意作出与事实不符的审计结论,则由此承担的责任并不形成真正意义上的审计风险,因为这种审计人员故意的舞弊行为谈不上是在对审计风险进行控制,而这种行为本身就会受到职业道德的谴责,应承担法律责任。

5. 可控性

审计要为其报告的正确性承担责任风险,然而现代审计的指导思想从制度基础审计进一步发展到风险审计表明,审计职业界并未被越来越多的审计风险捆住手脚而失去其活力,而是逐步向主动控制审计风险的方向发展。正确认识审计风险的可控性有着重要意义。一方面不必害怕审计风险,虽然审计人员的责任会导致审计风险的产生,且一旦产生,便可能对审计职业产生重大影响,但通过识别风险领域、采取相应的措施可以避免。审计人员没有必要因为风险的存在,而不敢承接客户。只要风险降低到可接受的水平,仍可对客户进行审计。另一方面,意识到审计风险的可控性,说明审计风险是可以通过努力而降低其水平的,可以促使研究审计理论,提高审计质量。

(三) 审计风险防范措施

1. 建立风险责任制度

从风险控制的角度出发,建立健全会计师事务所内部的全面质量管理制度。其基本内容主要是明确审计组织内部各个层次、各个岗位工作人员的职责和权限。做到事事有人审核,有人实际操作,有人负责指导监督,有人负责考核,出了问题能够及时反映出来,并能分清责任。

2. 提高注册会计师的综合素质

会计师事务所内部应该注意做好两个方面的工作:一方面是在招聘专业人员时,严格把住质量关,不具备条件者不能聘用;另一方面,应注意对现有注册会计师不断地进行后续教育。中国的经济成分极其复杂,新规定、新政策不断出现,审计对象和内容就经常处于变化之中。所以应形成一种制度,让每个注册会计师都有机会学习新的知识,不断提高自身的业务能力,同时,还要加强职业道德的刚性约束。首先,要加强职业道德教育,不断强化相关人员的法律意识、责任意识和风险意识,不能只顾增加事务所的经济收入而忽视社会效益,给事务所带来巨大的审计风险。其次,必须把执业质量放在事务所的工作首位,执业质量关系到社会审计事业的兴衰成败,绝不可掉以轻心,一定要按照市场规则,独立、客观、公正地从事各项审计业务,坚决反对弄虚作假的行为。

3. 认真制定审计方案

要针对每一个审计项目的具体情况,制定出科学合理的审计方案,在对审计的内容和被审计单位的特点进行深入的研究之后,对审计的范围、重点、程序、方法、人员分工和工作进度等作出详细的规划,使注册会计师有所遵循,对审计质量的考核也有所依据,减少失察的可能性,从而规避审计风险。

4. 建立利用专业指导机制

会计师事务所要建立专业指导机制,保证注册会计师在遇到超出自己知识范围的情况时,能够得到及时的咨询服务、恰当的业务指导。例如,会计师事务所可以聘请法律、经济、技术方面的专家做审计的技术顾问,使审计人员在作出判断和决定时,有权威的专业人士作后盾,这样就可以增强审计结论对审计风险的承受力。

5. 审慎选择被审计单位

注册会计师如欲避免法律诉讼,有效地控制和防范审计风险,必须慎重选择被审计单位。如果被审计单位没有正直的品格,也必然会蒙骗注册会计师,使注册会计师陷入他们设定的圈套。社会审计不同于国家审计,事务所有权拒绝被审计单位的委托来降低风险。另外事务所也不要承接胜任能力不足的业务,否则会增加审计风险。

6. 正确处理降低风险与经济效益的关系

审计风险是可以控制的,但不可能完全消除,这是由审计客体的不可控性决定的。同时,控制审计风险需要花费一定的代价,随着审计成本的增加,审计风险的降低幅度呈递减趋势,这就要求审计风险的控制要限定在一个经济意义上适当范围,超出这个范围,一味降低审计风险,就可能违背成本效益原则。这就要求事务所在接受审计委托时,要认真评价被审计单位的风险程度,以避免高风险的审计客户。

7. 提取风险基金或购买责任保险

中国已经加入世界贸易组织(WTO),要求注册会计师为国内外客户提供高质量、全方位的服务,使注册会计师和会计师事务所面临的风险在范围和深度上都增加了。为了更好地服务于国内外客户,会计师事务所必须以更高的执业质量和更有保障的资信条件来迎接新的挑战。而通过提取风险基金和投保的方式可以提高会计师事务所的赔偿能力,从而取信于国内外客户,并提高社会信誉。《中华人民共和国注册会计师法》也规定,会计师事务所应当按规定建立职业风险基金,办理职业保险,这一措施能帮助注册会计师转嫁风险,避免遭受或减少损失。

六、审计风险与重要性水平和审计证据的关系

《独立审计具体准则第10号——审计重要性》第二条指出,审计重要性是指被审计单位会计报表中错报或漏报的严重程度,这一程度在特定环境下可能影响会计报表使用者的判断或决策。简单地说,审计重要性就是错报的可容忍程度,其量化标准即重要性水平。也就是说,在重要性水平之内的错报,是可以容忍和接受的。因此,审计风险与审计重要性之间有着密切的关系。

评估审计风险与审计重要性之间是反向关系,即评估审计风险越高,所确定的重要性水平就越低,这样才能保证终极审计风险在一定水平内。反之,评估审计风险越低,重要性水平越高,这样可以节约审计成本。《独立审计具体准则第10号——审计重要性》第八条指出,注册会计师应当考虑重要性与审计风险之间存在的反向关系。重要性水平越高,审计风险越低;重要性水平越低,审计风险越高。这里的审计风险是指评估审计风险。

可接受审计风险与审计重要性之间是正向关系,即可接受审计风险越高,所确定的重要性水平越高,这样可以保证审计成本的节约;反之可接受审计风险越低,所确定的重要性水平也应越低,这样才能保证审计质量的控制。因为可接受审计风险越低,说明审计人员要求的财务报表错报的可容忍程度越低,则其重要性水平也应越低,才能满足较低的审计风险的要求。终极审计风险与审计重要性之间也是正向关系。终极审计风险基本上取决于可接受审计风险。

水平与审计风险呈反向变动关系。在重要性、审计风险、审计证据三者中其中一者既定的情况下,其余两者呈反向变动关系。注意这里的重要性是指注册会计师最终面临的审计风险,而不是注册会计师可接受的审计风险。举两个极端的例子:如果审计风险为0,则重要性水平为无穷大,注册会计师就不需要查账了;如果审计风险为无穷大,则重要性水平为0,注册会计师就不得不实施详细审计,将所有业务全部仔细查一遍。重要性

水平就是我们审计时定的一个数额，在审计一个项目时，我们只审计这个数额以上的账目，而这个数额以下的账目我们可以视为不重要，我们只有在相信管理当局所做的内部控制的情况下才可能把重要性水平定得比较高，也就是说，我们认为账簿的可靠性越高，重要性水平才会越高；而相对来说，因为账簿的可靠性越高，所以查不出来是否有错报或漏报的可能性小，也就是说审计风险相对来说比较低，即重要性水平与审计风险成反比。

审计重要性与审计证据成反向变化的关系，审计重要性水平越低，即较低金额的错报或漏报对财务报表使用者也是重要的，要求审计师在实质性测试中努力发现该金额以上的错报或漏报。为实现较小金额的错报或漏报的审计目标，就需要审计师增加实施审计程序、扩大审查范围，并从不同的途径收集较多的审计证据，即审计重要性水平低、审计范围大、审计证据多；相反，审计重要性水平越高，即较高金额的错报或漏报对财务报表使用者才是重要的，那么，就要求审计师在实质性测试中努力发现较高金额以上的错报或漏报，而不需要刻意去发现较高金额以下的错报或漏报。这样，审计师只要在较窄的范围进行审查，实施较少的审计程序，合理保证发现较大金额以上的错报或漏报就可以了。相应地，所需收集的审计证据就可以少些，即审计重要性水平高、审计范围小、审计证据少。审计证据的多少是相对的，任何时候都应当保证审计证据的充分适当性，以支持审计结论。

审计重要性决定审计证据，即重要性水平的高低决定审计证据的多少。但审计证据对重要性水平则没有影响，它们之间的关系不同于审计重要性与审计风险的关系。审计重要性与审计证据的反向关系对审计实务同样有着重要的指导意义。审计重要性水平高，审计师就可以缩小审查范围，减少审计程序，收集较少的审计证据；审计重要性水平低，审计师就应扩大审查范围，增加审查程序，收集较多的审计证据。

审计证据是审计人员在执行审计业务过程中，为形成审计意见所获取的证据。审计人员所获取的审计证据越多，对实质上错报的财务资料提供不适当意见的可能性就越小，审计风险也就越低。因而审计证据与审计风险之间也有着密切的关系。

评估审计风险与审计证据是正向关系，即评估审计风险越高，所需获取的审计证据就应越多，这样才可降低终极审计风险。可接受审计风险与审计证据则为反向关系，即可接受审计风险越低，所需获取的审计证据就越多。因为搜集的证据越多，越容易发现财务报表中的错误，因而越容易形成正确的审计意见，审计风险也就越小。终极审计风险与审计证据也为反向关系，即所获取的审计证据越多，终极审计风险就越小。

七、审计风险模型

(一) 审计风险模型要素组成

1. 主要的审计风险模型

审计风险模型主要研究构成审计风险的要素、各要素之间的相互关系以及它们对审计风险的影响。目前，审计界认可的一个基本审计风险模型为：

审计风险模型（动画）

$$\text{审计风险}(AR)=\text{固有风险}(IR)\times\text{控制风险}(CR)\times\text{检查风险}(DR)$$

此模型的特点在于从风险控制的程序上分解审计风险,并用连乘形式表明了审计风险在不同阶段的数量关系。这种审计风险模型为基础审计制度提供了重要的理论基础,使得进一步定量评估审计风险成为可能,同时在实务中注册会计师往往也根据这个模型和对控制风险的评估结果来决定审计程序或审计范围。

2. 审计风险模型逻辑关系剖析

固有风险、控制风险和检查风险三者的内在关系,可以从定量和定性两个方面加以考察:

(1) 从定量方面看,这种关系是指审计风险可能造成各方面经济损失的一定限度的规定性。审计风险是客观存在的,探讨审计风险问题,目的是尽可能地把审计风险控制在一定水平上。审计风险三要素的相互关系为:

$$\text{审计风险}(AR)=\text{固有风险}(IR)\times\text{控制风险}(CR)\times\text{检查风险}(DR)$$

根据上述公式,在既定的期望审计总风险水平上,注册会计师可以容许的最大检查风险为:

$$\text{最大可容许检查风险}=\text{期望审计总风险}\div(\text{固有风险}\times\text{控制风险})$$

其中,检查风险=分析性复核风险×实质性测试风险。

(2) 从定性方面看,这种关系是指注册会计师在执行审计程序中接受的一定程度的不确定性。检查风险与固有风险和控制风险的综合水平之间成反比关系,即固有风险和控制风险的综合水平越高,注册会计师可接受的检查风险越低;反之亦然。在任何一种情况下,注册会计师实质性测试程序的性质、时间和范围的确定,应当考虑将检查风险降低到可容许的程度。

(二) 审计风险模型应用

审计风险模型在风险导向审计方式下的运用,主要体现在审计的计划阶段和审计的终结阶段。在审计计划阶段的运用,主要是根据计划检查风险水平确定将要实施的实质性测试的性质和所收集审计证据的数量。在审计终结阶段的运用,主要是评价实际审计风险是否低于可接受的审计风险水平。如果实际审计风险低于可接受审计风险,说明审计证据是充分的,可据此作出审计结论;如相反,则应重新评价可接受的审计风险、固有风险和控制风险的估计水平是否适当,审计证据是否充分。

对该模型的应用分析如下:

(1) 了解内控后初评 C_1R,如果高水平,表明不信赖,此时 DR 很低,说明主要依靠实施详细的实质性测试,获取充分的审计证据。例如,$C_1R=100\%$,$AR=5\%$,$IR=100\%$,则 $DR=5\%$ 很低,进行详细测试。

(2) 了解内控后初评 C_1R,如果低于高水平,并拟信赖内控制度,则进行符合性测试,

再评估出 C_2R，此时根据 $DR=AR\div(IR\times C_2R)$ 计算 DR，并确定实质性测试的性质、时间、范围。例如，假设 $C_1R=80\%$。打算信赖内控制度进行符合性测试，再根据 $C_2R=60\%$，得出计划的控制风险是 60%，计划的 $DR=5\%\div(100\%\times60\%)=8.33\%$。最后根据 $DR=8.33\%$ 确定具体审计实质性测试的性质、时间、范围。

(3) 终结审计前，再评 C_3R。若 $C_3R=40\%$，小于 60%，则 $DR=12.5\%$，说明审计程序执行较充分；若 $C_3R=80\%$，大于 60%，则 $DR=6.25\%$，说明对控制风险最终评估的水平高于计划评估水平，审计程序不充分，应当考虑追加审计程序或收集更多的审计证据，将检查风险降低到可接受水平。

思考题

1. 风险评估的性质有哪些？
2. 简述内部控制需要运用哪些方法。
3. 分析审计风险与重要性水平、审计证据之间的关系。
4. 简述审计风险模型及其运用。

章 节 练 习

一、单项选择题

1. 下列各项中，不属于内部控制要素中控制活动的是（　　）。
   A. 业绩评价　　　　　　　　　B. 信息处理
   C. 职责分离　　　　　　　　　D. 监督控制
2. 下列关于内部控制的说法中，不正确的是（　　）。
   A. 审计人员在确定内部控制的可信赖程度时，应当保持应有的职业谨慎
   B. 在审计风险模型中，控制风险始终大于零
   C. 内部控制测评如果设置的好，可以代替实质性程序
   D. 审计中总是存在一定的控制风险
3. 下列情形中，最有可能导致注册会计师解除业务约定的是（　　）。
   A. 被审计单位管理层没有清晰区分内部控制要素
   B. 被审计单位管理层没有根据变化的情况修改相关的内部控制
   C. 注册会计师对被审计单位管理层的诚信存在严重疑虑
   D. 管理层没有及时完善内部控制存在的缺陷
4. 被审计单位中管理当局的观念和经营风格属于内部控制要素中的（　　）。
   A. 控制环境　　　　　　　　　B. 风险评估

C. 控制活动 D. 信息与沟通

5. 在了解控制环境时,注册会计师应当关注的内容不包括( )。
   A. 被审计单位治理层相对于管理层的独立性
   B. 被审计单位管理层的理念和经营风格
   C. 被审计单位员工整体的道德价值观
   D. 被审计单位管理层是否及时纠正控制运行中的偏差

6. 经过对内部控制初步评价,如果认为控制系统健全,相关的内部控制能够防止或发现和纠正重大错报或漏报,审计人员应( )。
   A. 转入内部控制测试阶段 B. 提高控制风险评估水平
   C. 提高固有风险评估水平 D. 直接转入实质性审查阶段

7. 下列情况中,应当将相关账户或交易的控制风险评估为低水平的是( )。
   A. 相关内部控制失效 B. 难以评估内部控制的有效性
   C. 相关内部控制有效 D. 相关内部控制不健全

8. 关于评估重大错报风险,下列说法中,错误的是( )。
   A. 控制环境薄弱,通常表明存在财务报表层次的重大错报风险
   B. 被审计单位存在复杂的联营或合资,通常表明存在财务报表层次的重大错报风险
   C. 管理层凌驾于控制之上的风险属于特别风险
   D. 日常的、不复杂的、经正规处理的交易不太可能产生特别风险

9. 下列有关特别风险的相关表述,错误的是( )。
   A. 注册会计师应当了解、评估针对特别风险的控制
   B. 如果针对特别风险仅实施实质性程序,注册会计师只能使用细节测试
   C. 注册会计师应当对拟信赖的针对特别风险的控制在本审计期间运行的有效性实施测试
   D. 如果认为仅通过实质性程序无法将认定层次的检查风险降至可接受的水平或者针对特别风险,注册会计师应当了解和评估相关的控制活动

10. 注册会计师在了解的以下事项中,属于行业状况的是( )。
    A. 生产经营的季节性和周期性
    B. 国家的特殊监管要求
    C. 与被审计单位相关的税务法规是否发生变化
    D. 是否存在新出台的法律法规

11. 下列各项中,属于业务授权控制的是( )。
    A. 客户赊销限额的批准
    B. 表账证之间的定期核对
    C. 原材料采购和会计记录职责的分离
    D. 财产物资的专人保管制度

12. 建立适当的防范措施以限制非相关人员接近资产或记录的控制活动属于(　　)。
    A. 业务授权控制　　　　　　　　　　B. 职责分工控制
    C. 凭证与记录控制　　　　　　　　　D. 实物控制

13. 如果审计人员确定的重要性水平较低,则(　　)。
    A. 审计风险就会增加　　　　　　　　B. 审计风险就会减少
    C. 固有风险就会增加　　　　　　　　D. 控制风险就会减少

14. 在审计风险的组成要素中,审计人员能够控制的是(　　)。
    A. 重大错报风险　　　　　　　　　　B. 控制风险
    C. 检查风险　　　　　　　　　　　　D. 抽样风险

15. 审计人员可接受的审计风险为5%,评估被审计单位的重大错报风险为40%,则检查风险为(　　)。
    A. 20%　　　　　　　　　　　　　　B. 70%
    C. 95%　　　　　　　　　　　　　　D. 12.5%

16. 不论错报风险的评估结果如何,审计人员都应对各重要账户或交易类别进行(　　)。
    A. 详细审计　　　　　　　　　　　　B. 抽样审计
    C. 实质性测试　　　　　　　　　　　D. 控制测试

17. 下列关于重大错报风险的说法中,错误的是(　　)。
    A. 重大错报风险是指如果存在某一错报,该错报单独或连同其他错报可能是重大的,注册会计师为将审计风险降至可接受的低水平而实施程序后没有发现这种错报的风险
    B. 重大错报风险包括财务报表层次和各类交易、账户余额以及列报和披露认定层次的重大错报风险
    C. 财务报表层次的重大错报风险可能影响多项认定,此类风险通常与控制环境有关,但也可能与其他因素有关
    D. 认定层次的重大错报风险可以进一步细分为固有风险和控制风险

18. 下列有关识别、评估和应对重大错报风险的说法中,错误的是(　　)。
    A. 在识别和评估重大错报风险时,注册会计师应当考虑发生错报的可能性以及潜在错报的重大程度
    B. 注册会计师应当将识别的重大错报风险与特定的某类交易、账户余额和披露的认定相联系
    C. 对于某些汇总大错报风险,注册会计师可能认为仅通过实质性程序无法获取充分、适当的审计证据
    D. 在实施进一步审计程序的过程中,注册会计师可能需要修正对认定层次重大错报风险的评估结果

19. 下列各项中,注册会计师在确定特别风险时不需要考虑的是(　　)。

A. 潜在错报的重大程度　　　　　　　B. 控制对相关风险的抵销效果
C. 错报发生的可能性　　　　　　　　D. 风险的性质

20. 在审计风险模型中,控制风险和检查风险是针对下列(　　)的重大错报风险而言的。
A. 审计意见　　　　　　　　　　　　B. 重要性
C. 财务报表层次　　　　　　　　　　D. 认定层次

二、多项选择题

1. 下列各项中,属于注册会计师在了解被审计单位财务业绩衡量和评价情况时应当关注的信息的有(　　)。
A. 关键业绩指标、关键比率、趋势和经营统计数据
B. 员工业绩考核与激励性报酬政策
C. 被审计单位与竞争对手的业绩比较
D. 同期财务业绩比较分析

2. 注册会计师了解被审计单位的性质,包括对被审计单位经营活动的了解。为此应当了解的内容有(　　)。
A. 劳动用工情况以及与生产产品或提供劳务相关的市场信息
B. 主营业务的性质、生产设施、仓库的地理位置及办公地点
C. 从事电子商务的情况,技术研究与产品开发活动及其支出
D. 拟实施的并购活动与资产处置情况

3. 在了解被审计单位及其环境时,注册会计师可能实施的风险评估程序有(　　)。
A. 检查文件、记录和内部控制手册
B. 重新执行内部控制
C. 询问被审计单位管理层和内部其他人员
D. 实地查看被审计单位生产经营场所和设备

4. 会计师事务所对审计工作底稿设计和实施适当的控制,其目的有(　　)。
A. 使审计工作底稿清晰地显示其生成、修改及复核的时间和人员
B. 在审计业务的所有阶段,保护信息的完整性和安全性
C. 防止未经授权改动审计工作底稿
D. 禁止会计师事务所项目组成员以外的人接触审计工作底稿

5. 在了解被审计单位财务业绩的衡量与评价时,下列各项中,注册会计师可以考虑的信息有(　　)。
A. 信用评级机构报告　　　　　　　　B. 证券研究机构的分析报告
C. 经营统计数据　　　　　　　　　　D. 员工业绩考核与激励性报酬政策

6. 下列属于内部控制测评的作用的有(　　)。
A. 确定会计和其他经济信息的可依赖性

B. 为制定和修改审计方法提供科学依据
C. 保护财产物资的安全完整和有效使用
D. 减少审计工作量

7. 下列各项中,不属于控制环境要素的有(　　)。
   A. 管理当局的观念和经营风格　　　　B. 责权配置
   C. 不相容职责的分离　　　　　　　　D. 对财产实物的防护措施

8. 审计人员在确定内部控制的可信赖程度时,应充分关注内部控制在实践中所固有的局限性,其局限性包括(　　)。
   A. 内部控制的设置和运行受制于成本效益原则
   B. 内部控制针对企业所有的业务活动而设置
   C. 内部控制可能因有关人员相互勾结、内外串通而失效
   D. 内部控制可能因经营环境、业务性质的改变而削弱或失效

9. 下列各项中,属于控制活动中实物控制的有(　　)。
   A. 建造抗震、防潮的仓库　　　　　　B. 建立物资的专人负责保管制度
   C. 建立严格的簿记制度　　　　　　　D. 定期或不定期的财产清查盘点

10. 审计人员对被审计单位的内部控制进行初步调查后,应当实施控制测试的情形有(　　)。
    A. 内部控制存在重大缺陷　　　　　　B. 初步评估的控制风险为低水平
    C. 内部控制设计合理且预期运行有效　D. 初步评估的控制风险为高水平

11. 下列有关内部控制测评的表述中,正确的有(　　)。
    A. 被审计单位的内部控制十分健全有效时,内部控制测评可以代替实质性审查
    B. 内部控制测试后审计人员应根据结果对被审计单位内部控制情况进行再评价
    C. 内部控制再评价主要是对被审计单位内部控制的健全性以及合理性进行评价
    D. 内部控制测试的范围与审计人员对被审计单位控制风险的估计水平直接相关

12. 下列活动中,注册会计师认为属于控制活动的有(　　)。
    A. 授权　　　　　　　　　　　　　　B. 业绩评价
    C. 风险评估　　　　　　　　　　　　D. 职责分离

13. 下列各项中,属于内部控制中"控制活动"要素的有(　　)。
    A. 人力资源制度　　　　　　　　　　B. 对交易和事项的独立检查
    C. 对控制的日常监督　　　　　　　　D. 实物控制

14. 下列各项中,属于职责分工控制活动的有(　　)。
    A. 所有业务执行均需经过授权　　　　B. 资产的保管与账实核对相分离
    C. 凭证应预先连续编号　　　　　　　D. 业务的执行与记录相分离

15. 审计人员对内部控制进行调查了解的方法有(　　)。
    A. 查阅相关文件　　　　　　　　　　B. 分析性复核
    C. 询问有关人员　　　　　　　　　　D. 观察业务活动

16. 下列有关重大错报风险的说法中,正确的有(   )。
    A. 重大错报风险包括固有风险和检查风险
    B. 注册会计师应当将重大错报风险与特定的交易、账户余额和披露的认定相联系
    C. 在评估一项重大错报风险是否为特别风险时,注册会计师不应考虑控制对风险的抵销作用
    D. 注册会计师对重大错报风险的评估可能随着审计过程中不断获取审计证据而作出相应的变化

17. 在向被审计单位解释审计固有局限性时,下列有关审计固有限制的说法中,注册会计师认为正确的有(   )。
    A. 审计工作可能因高级管理人员的舞弊行为而受到限制
    B. 审计工作可能因审计收费过低而受到限制
    C. 审计工作可能因项目组成成员素质和能力不足而受到限制
    D. 审计工作可能因财务报表项目涉及主观决定而受到限制

18. 在审计风险模型中,以下有关检查风险的说法中,恰当的有(   )。
    A. 注册会计师将可接受的检查风险水平降低会影响其审计程序
    B. 检查风险的控制效果取决于设计的审计程序的合理性和执行审计程序的有效性
    C. 在既定的审计风险水平下,可接受的检查风险与财务报表层次重大错报风险的评估结果呈正向关系
    D. 在审计风险确定的情况下,认定层次重大错报风险与可接受的检查风险呈反向关系

19. 审计风险取决于重大错报风险和检查风险,下列表述不正确的有(   )。
    A. 在既定的审计风险水平下,注册会计师应当实施审计程序,将重大错报风险降至可接受的低水平
    B. 注册会计师应当合理设计审计程序的性质、时间安排和范围,并有效执行审计程序,以控制重大错报风险
    C. 注册会计师应当合理设计审计程序的性质、时间安排和范围,并有效执行审计程序,以消除检查风险
    D. 注册会计师应当获得认定层次充分适当的审计证据,以便在完成审计工作时,能够以可接受的、低水平的审计风险对财务报表整体发表意见

20. 在以下关于重要性水平、审计风险、审计证据数量三者之间关系的说法中,正确的有(   )。
    A. 如果审计重要性与审计风险之间成反向变动关系,则重要性与审计证据的数量之间必然也成反向变动关系
    B. 审计证据的数量与重要性之间成反向变动关系意味着注册会计师可以通过增加审计证据的数量来降低审计的重要性水平

C. 如果重要性与审计证据的数量之间成反向变动关系,则重要性与审计风险之间的反向变动关系就不一定成立

D. 审计证据的数量与审计风险之间成反向变动关系意味着注册会计师可以通过增加审计证据的数量来降低审计风险

三、简答题

1. ABC会计师事务所委派A注册会计师作为项目合伙人审计甲公司20×1年的财务报表。在了解甲公司的内部控制时,A注册会计师的相关观点和做法如下:

（1）A注册会计师确定的了解内部控制的目标是评价内部控制的设计,并确定其是否得到一贯执行。

（2）A注册会计师采用了询问、观察、检查和穿行测试程序来了解甲公司的内部控制。

（3）A注册会计师在了解甲公司内部控制并实施审计程序后,得出了甲公司内部控制执行有效的结论。

（4）甲公司的某种材料存在难以界定、预计的错误,A注册会计师认为采用自动化控制更为适当。

（5）A注册会计师认为只要甲公司内部控制设计合理并且有效执行,就能为甲公司实现财务报告目标提供百分之百的保证。

要求：针对上述事项,逐项指出A注册会计师相关观点和做法是否恰当,如存在不当之处,简要说明理由。

2. A注册会计师是甲公司20×1年财务报表审计业务的项目合伙人。在了解甲公司及其环境时,A注册会计师实施了风险评估程序并进行了项目组内部讨论,相关情况如下：

（1）A注册会计师采用询问程序了解甲公司及其环境时,询问了参与生成、处理或记录复杂或异常交易的员工,以有助于注册会计师评价被审计单位选择和运用某项会计政策的恰当性。

（2）在了解甲公司的内部控制时,A注册会计师主要实施了分析程序和重新执行。

（3）为了确定甲公司销售交易流程和相关控制是否与之前通过其他程序所获得的了解一致,A注册会计师实施了穿行测试。

（4）在项目组内部讨论中,A注册会计师要求所有的项目组成员每次都必须参与讨论,但专家无需参加讨论。

（5）A注册会计师将项目组讨论的时间定在审计工作之初,待充分讨论后执行审计工作,出于成本效率考虑,一经讨论决定的事项不能改变。

（6）A注册会计师委派助理人员观察甲公司人员正在从事的生产活动和内部控制活动,增加注册会计师对甲公司人员如何进行生产经营活动及实施内部控制的了解。

要求：针对上述情况,逐项指出A注册会计师在实施风险评估程序和项目组内部讨论中的做法是否恰当,如不恰当,简要说明理由。

项目六 审 计 抽 样

学习目标

➢ 了解审计抽样的含义。
➢ 熟悉审计抽样的种类。
➢ 掌握审计抽样的风险及控制。
➢ 掌握审计抽样的基本程序。

 案例引入　　厄特马斯公司对道奇与尼文会计师事务所的诉讼案

　　1924年3月,弗雷德·斯特公司(以下简称斯特公司)向从事应收账款业务的厄特马斯公司贷款10万美元。厄特马斯公司过去曾和斯特公司发生过几笔小额业务往来,但这次鉴于贷款数额较大,厄特马斯公司要求斯特公司的管理层出具一份经过审计的资产负债表,以决定是否同意对其发放这笔贷款。事实上,斯特公司早已经委托了著名的道奇与尼文会计师事务所对其公司1923年的资产负债表进行了审计。审计结果显示,斯特公司的总资产已超过250万美元,且有近百万美元的净资产。于是,厄特马斯公司向斯特公司提供了10万美元贷款,随后又向其发放了两笔总计6.5万美元的贷款。而在同一时间,斯特公司还以相同的手法从其他两家当地银行,得到了超过30万美元的贷款。

　　1925年1月,斯特公司宣告破产,随之而来的法庭证词表明,就在资产负债表显示斯特公司拥有100万美元净资产的1923年年底,该公司已处于资不抵债的状态。斯特公司的一名会计向审计人员隐瞒了公司濒临破产的事实,其中虚构的最大一笔会计分录是将超过70万美元的虚假销售收入记入了"应收账款"账户的借方。

　　在斯特公司破产后,厄特马斯公司为追回经济损失,起诉了道奇与尼文会计师事务所。厄特马斯公司的律师陈述道,道奇与尼文会计师事务所的审计人员,应该很轻易地查出斯特公司在1923年12月31日的资产负债表中虚增了70多万美元应收账款项目这一事实,如果这个虚构事项被纠正了,将使斯特公司报告的净资产减少近70%,则厄特马斯公司就不可能贷给斯特公司如此大额的款项。而道奇与尼文会计师事务所的律师为此项疏忽辩护说,审计主要是抽样测试,而不是对所有账目进行详细检查。法庭对此裁决指出,虽然通常审计工作是建立在以抽样为基础的原则上的,但鉴于斯特公司登记的1923年12月大额销售收入性质可疑,道奇与尼文会计师事务所有责任对其进行特别检查。对于在日常商业过程中记入账簿的账户来说,用抽样和测试的方式进行查账就已经足够了。然而由于环境所决定,被告必须对12月的应收账款进行仔细的审查。

思考题：
1. 审计过程中哪些阶段可以采用审计抽样？
2. 如何控制审计抽样的风险？

任务一 | 审计抽样的概述

随着社会经济和科学技术的不断发展,被审计单位的规模越来越大,业务量越来越多,并且复杂程度也越来越高,随之而来的是审计费用越来越高。全面审计的效率低下,不适合现代经济发展需要。与此同时,现代企业的内部控制理论在实践中不断发展完善,概率和数理统计理论渗入审计中,于是出现了审计抽样。

一、审计抽样的含义

审计抽样是指审计人员在实施审计时,从审计对象总体中选取一定数量的样本进行审查测试,通过样本的审查测试的结果,推断总体特征的一种审计方法,包括统计抽样方法和非统计抽样方法。

科学运用审计抽样方法,对提高审计效率、降低审计成本、防范审计风险具有重要的意义。

（一）审计抽样的适用情形

审计抽样适用的条件：为实现审计目标,需要测试某些账户余额或交易类型,但审计人员通常缺乏特别的了解。在这种情况下,审计抽样就显现出它的作用。随着被审计单位的规模和经营复杂程度不断增加,为了控制审计成本、提高审计效率和保证审计效果,审计人员在审计业务中使用审计抽样越来越普遍。但审计抽样并不适用于这些测试的所有程序。例如,审计抽样可在检查和函证中广泛运用,但通常不用于询问、观察和分析。

审计抽样通常不适用于下列情况：
(1) 检查总体的完整性。
(2) 抽样单位较少。
(3) 总体中的每笔业务金额均超过重要性水平。
(4) 可以接受检查风险过低或要求审计检查保证程度过高。
(5) 有特殊风险或需要特别关注的事项。

(6) 使用审计抽样不符合成本效益原则。

(二) 审计抽样的特点

(1) 抽样审计不同于详细审计。详细审计是100%的审计对象总体中的全部项目,并根据审计结果形成审计意见。而抽样审计是从审计对象总体根据统计原理选取部分样本进行审计,然后根据样本推断总体并发表审计意见。

(2) 审计抽样不能等同于抽查。抽查作为一种技术,可以用于审前调查、确定审计重点、取得审计证据,在使用中无严格要求。而审计抽样作为一种审计方法,需运用统计原理,并严格按规定的程序和抽样方法的要求实施。

(3) 抽样审计一般可用于逆查、顺查、函证等审计程序,也可用于符合性测试和实质性测试;但审计师在进行询问、观察、分析性复核时则不宜运用审计抽样。

《中华人民共和国国家审计准则》中规定,在审计事项包含的项目数量较多,需要对审计事项某一方面的总体特征作出结论时,审计人员可以进行审计抽样。

相关链接

审计抽样按项目分类审查的情况如表6-1所示。

表6-1 审计抽样审查分类

项目	情形
可以对全部项目进行审查	存在下列情形之一: (1) 审计事项由少量大额项目构成的; (2) 审计事项可能存在重要问题,而选取其中部分项目进行审查无法提供适当、充分的审计证据的; (3) 对审计事项中的全部项目进行审查符合成本效益原则的
可以对特定项目进行审查	存在下列情形之一: (1) 大额或者重要项目; (2) 数量或者金额符合设定标准的项目; (3) 其他特定项目。 【注】选取部分特定项目进行审查的结果,不能用于推断整个审计事项

二、审计抽样的种类

在对某类交易或账户余额使用审计抽样时,审计人员可以使用统计抽样,也可以使用非统计抽样。它们都是审计中常见的抽样方法。

(一) 统计抽样

统计抽样是指审计人员运用概率论和数理统计的原理,按照随机原则,从审计对象总体中抽取一定数量有效样本进行审查,然后根据样本特征的审查结果来推断总体特征的一种审查方法。

统计抽样必须同时具备两个特征：随机选取样本；运用概率论评价样本结果，包括计量抽样风险。统计抽样又包括随机抽样和系统抽样两种具体方法。

1. 随机抽样

随机抽样是指对审计对象总体或次级总体的所有项目，按随机原则选取样本，即总体中每一个项目被抽取的概率相等。使用此方法主要依靠随机数表的运用。

2. 系统抽样

系统抽样又称等距抽样，是指按照一定抽样间隔等距离选取样本的方法。系统抽样只有在总体特征随机分布于总体中时，选取的样本才具有代表性。当总体不是随机排列时，会出现偏差，不宜使用系统抽样。为避免在使用系统抽样时抽取到非随机的或有偏差的样本，注册会计师应先确定总体是否按照随机序列排列。如果总体不是随机排列的，注册会计师应为其系统选样过程选择多个随机起点。

运用统计抽样的优点主要体现在以下几个方面：①可以科学地确定样本量，避免判断抽样法中样本过多或过少的现象；②采用随机原则进行样本选择，减少了人为的偏见；③审计人员能够抽样风险量化，并加以控制；④运用概率统计理论对样本结果进行评价推断总体特征，所得出的审计结论具有科学的依据。

但运用统计抽样方法也存在一些缺点。例如，有可能发生额外的成本费用，需要特殊的专业技能，而且也做不到绝对准确。

（二）非统计抽样

非统计抽样是不能同时具备统计抽样两个特征的抽样方法，一般是由审计人员根据专业判断来确定样本数量、选取样本和对样本结果进行评估的方法。一般而言，审计人员不能将抽样风险定量化，而主要依靠其专业经验和主观判断，从特定对象中抽取部分样本进行测试，并以样本的测试结果来推断总体特征。非统计抽样具体包括判断抽样、任意抽样和区域抽样等方法。

1. 判断抽样

判断抽样是指根据审计人员所确立的标准选取样本的项目，它完全依赖于审计人员的专业判断，通常用于测试交易。审计人员选取样本时常用的标准包括可能存在错误的项目、大金额的项目、具有某些总体特征的项目。

2. 任意抽样

任意抽样是指审计人员在抽取样本时，不考虑金额的大小、资料取得的难易程度等。例如，在不考虑凭证的大小、形状、存放位置的情况下，从档案柜的凭证中选取样本。

3. 区域抽样

区域抽样是指以选定的时间段或数字序列中的所有项目作为样本的抽样方法。例如，在进行销售和收款内部控制测试时，审计人员决定审查7月和8月的所有销售业务，则7月和8月的所有销售凭证就是区域抽样的样本。

> **相关链接**

非统计抽样特别强调运用审计人员的经验和判断。但是,任意抽取或判断抽取样本往往代表性比较差,很难反映总体的真实情况。按照这种样本的测试结果来推断总体,审计结论的可靠性也难以保证。不过非统计抽样只要运用得当,可与统计抽样一样提供充分、适当的证据。因此,非统计抽样在审计抽样中依然具有应用价值。

无论是统计抽样还是非统计抽样,都要求审计人员在运用、执行抽样计划和评价抽样结果中合理运用专业判断。

三、审计抽样的风险及控制

审计抽样是通过对总体中的部分进行审查得出结果来推断总体情况的,在获取审计证据时,审计人员应当运用职业判断,评估重大错报风险,并设计进一步的审计程序,以确保将审计风险降至可接受的较低水平。使用审计抽样时,审计风险可能受到抽样风险和非抽样风险的影响。

审计抽样的
风险与控制

(一) 抽样风险及其控制

1. 抽样风险

抽样风险是指审计人员根据样本测试结果得出的审计结论,与审计对象总体实际情况存在差异的可能性。抽样风险是抽样技术所固有的,它是因测试的样本量不足整个总体而引起的。审计抽样风险与样本量成反比,样本量越大,抽样风险越低。

审计抽样的
风险与控制
(动画)

在实施内部控制测试中,抽样风险表现为两种形式:

(1) 信赖不足风险。信赖不足风险是指抽样结果使审计人员没有信赖实际上应予以信赖的内部控制的可能性。

(2) 信赖过度风险。信赖过度风险是指抽样结果使审计人员对内部控制的信赖超过了其实际上可予以信赖程度的可能性。

在实质性审查中,抽样风险同样表现为两种形式:

(1) 误拒风险。误拒风险是指抽样结果表明总体金额存在重大错误而实际上不存在重大错误的可能性。

(2) 误受风险。误受风险是指抽样结果表明总体金额不存在重大错误而实际上存在重大错误的可能性。

2. 抽样风险的控制

在抽样风险的上述表现形式中,信赖不足风险和误拒风险一般会导致审计人员执行额外的审计程序,降低审计效率;信赖过度风险和误受风险很可能导致审计人员形成不正确的审计结论,影响审计效果,是审计人员应着重控制的风险。

控制抽样风险有两个途径：一是调整样本量，增加样本量可以降低抽样风险；二是采用恰当的抽样方法，合理地保证样本的代表性（即选取的样本具有与总体相同的特性）。

（二）非抽样风险及其控制

1. 非抽样风险

非抽样风险是指由于采用抽样审计方法之外的其他原因所造成的风险，即审计人员因采用不恰当的审计程序或方法，或因误解审计证据、工作疏忽等而没有发现样本中实际存在误差的可能性。非抽样风险与审计人员采用的抽样方法无关。

2. 非抽样风险的控制

非抽样风险对审计工作的效率和效果都有一定的影响。非抽样风险一般难以量化，但是可以通过对审计人员有效的训练，对审计程序的精心设计，对审计工作的适当计划、指导、监督和复核等，将非抽样风险控制在较低的水平下。

任务二 审计抽样的基本程序

审计抽样的特点在于有充分的理论（概率论和数理统计）依据，有健全的内部控制依据，因此它的特点是有依据。而它的优点在于能够科学地选取抽样规模，防止主观因素，促使审计工作规范化，利用概率控制风险，有助于审计人员量化控制抽样风险。一般在采用抽样方法实施审计的过程中经过以下这些几个基本程序。

一、确定审计对象总体

实施抽样之前，审计人员必须仔细确定审计对象的总体，确定总体的范围。审计对象的总体可以包括构成某类交易或账户余额中的所有项目，也可以只包括某类交易或账户余额中的部分项目。确定总体将直接关系到审计目标的实现和抽样结果的准确性。在确定总体时，审计人员应注意如下几个方面。

1. 总体的相关性和完整性

经确定的审计对象总体必须与具体审计目标直接相关，这样从总体中抽取样本进行审查，再根据审查结果推断总体特征的结论才能为实现审计目标服务，否则将直接影响审计目标的实现。

审计人员应从总体项目内容和设计时间等方面确定总体的完整性，总体必须包括被审计经济业务或资料的全部项目。抽样本身不能检查从中抽出样本的总体的完整性，因此，在选取样本之前，审计人员需要测试总体的完整性。

2. 总体中项目的同质性

总体中的项目应具备相同或相类似的性质，如果总体项目存在重大的变异性，将影响抽样结果的可靠性。所含项目存在一定差异的总体，应当考虑进行分层。分层是将一个总体划分为多个子总体的过程,每个子总体由一组具有相同特征的抽样单元组成。分层可以降低每一层中项目的变异性,从而在抽样风险没有成比例增加的前提下减小样本规模。审计人员可以考虑将总体分为若干个离散的具有识别特征的层级,从而提高审计效率。

3. 总体中项目的可辨性

被审计总体中的项目应具备明显的、共同的可辨识标志,以利于抽样方法的实施。例如,这些项目是否有预先的编号,排列顺序如何都将影响某些抽样方法的实施。

4. 总体中项目的充分性

被审计总体中必须达到一定的数量,当总体中的项目很少时,不能采用统计抽样方法。

二、确定样本规模

样本规模是指从总体中选取样本的项目数量。在确定样本规模时,审计人员应考虑能否将抽样风险降至可接受的低水平。在审计抽样中,样本量过小就不能反映出总体的特征,而样本量过大则会加大审计成本,失去抽样的意义。因此,确定样本量也十分重要。通常,统计抽样样本规模受四个因素影响:总体规模、总体项目差异、可容忍误差和审计结论的可靠性程度。

1. 总体规模

组成总体的项目数量称为总体规模。一般来说,对大规模总体来说,总体的实际容量对样本规模几乎没有影响,容量越大,抽样所需的样本量越大;对小规模总体来说,容量越小,抽样所需的样本量越小,但审计抽样比其他选择测试项目的方法的效率更低。

2. 总体项目差异

总体项目差异有两种情况,一种表现为总体项目是正确或错误的差异,称为总体误差(率);另一种表现为总体项目数值之间的差异,称为总体标准差。

通常情况下,总体项目差异与抽样的样本量成正向关系,总体项目差异越大,抽取的样本量越大;反之,总体项目差异越小,抽取的样本量也越小。

3. 可容忍误差

可容忍误差是指统计抽样所作出的审计结论与总体实际情况之间所允许存在的最大误差范围。统计抽样只抽取总体的一部分项目进行审查,根据样本结果推断总体特征,所以推断的总体特征与总体的实际特征一般不可能完全一致。因此,在统计抽样中要允许所作出的审计结论与总体的实际情况有一个误差范围,这个误差范围就是可容忍误差。

在其他因素既定的条件下,审计结论的可容忍误差与样本量成反向关系。可容忍误差越低,所需的样本量越大;反之,可容忍误差越高,所需的样本量越小。

4. 审计结论的可靠性程度

审计结论的可靠性程度是指统计抽样所作出的审计结论可予信赖的程度。一般来说,审计结论的可靠性程度与样本量成正向关系。要求的审计结论可靠性程度越高,所需的样本量就越大;反之则越小。

三、选取样本及审核

在选取样本项目时,审计人员应当使总体中的所有抽样单元均有被选取的机会。使所有抽样单元均有被选取的机会是审计抽样的基本特征之一。

确定了审计对象总体范围和所需抽取的样本量后,就应开始实施选样,即从总体中选取相当于样本数量的样本,并对样本项目进行审查。由于随机选样能使总体中每个抽样单元被选取的概率相等,而且使相同数量的抽样单元组成的每种组合被选取的概率相等。因此,一般来讲,样本项目的选取越遵循随机原则,其样本对总体的代表性就越高。

四、评价抽样结果形成审计结论

审计人员在对样本实施必要的审计程序后,需要对抽样结果进行评价,根据样本结果推断总体以形成审计结论。具体程序和内容包括分析样本误差、推断总体误差、重估抽样风险和形成审计结论。

1. 分析样本误差

审计人员应当考虑样本的结果、已识别的所有误差的性质和原因,以及其对具体审计目标和审计其他方面可能产生的影响。在分析误差时,应当根据预先确定的构成误差的条件,分析误差的特征和形成的原因,以及对测试目标和其他审计事项的影响。有的账户级科目之下,有许多明细科目,若是明细科目串户,最后不致影响总账科目的余额,统计误差时应将此类误差排除,但仍应做误差记录,要求调账。

如果某些样本误差项目具有共同的特征,如相同的经济业务类型、场所、时间,则应将这些具有共同特征的项目作为一个整体,实施相应的审计程序,追查误差形成的原因,并根据审计结果进行单独的评价。

对无法按照既定的审计程序取得审计证据的样本,审计人员应当实施替代审计程序,以获取相应的审计证据。如果审计人员无法或没有执行替代审计程序,则应视该样本项目为一项误差。

无论是统计抽样还是非统计抽样,对样本结果进行定性评估和定量评估都一样重要。即使样本的统计评价结果在可以接受的范围内,审计人员也应对样本中的所有误差进行分析。

2. 推断总体误差

分析样本误差后,审计人员应当根据样本误差,采用适当的方法,推断审计对象总体误差。实施控制测试时,样本的误差率就是整个总体的推断误差率,审计人员不需要推断总体误差率。当总体划分为几个层次时,应先对每一层次分别作出推断,然后再将推断结果加以汇总。由于存在多种抽样方法,审计人员根据样本误差推断总体误差的方法应与所选用的抽样方法一致。无论是统计抽样还是非统计抽样方法,样本偏差率都是对总体偏差率的最佳估计,但审计人员还必须考虑抽样风险。

3. 重估抽样风险

如果推断的总体误差接近或超过可容忍误差,会增加误受风险和信赖过度风险,审计人员应重估抽样风险,如经重估后的抽样风险不能接受,审计人员应考虑是否增加样本量或执行替代审计程序。

在进行内部控制测试时,如果抽样结果表明无法达到审计人员对所测试的内部控制的预期信赖程度,则应考虑增加样本量或调增控制风险的评估水平,修改实质性审查程序。

4. 形成审计结论

审计人员应当评价样本结果,以确定对总体相关特征的评估是否得到证实或需要修正。通过审查样本,从样本特征推断总体特征,从而形成审计结论是审计抽样的最终目的。审计人员应当根据抽样结果对总体特征作出评价,对所审查的审计事项作出结论。

思考题

1. 审计抽样与详细审计有哪些区别?
2. 审计抽样有哪些种类?
3. 简述审计抽样的一般过程。

章节练习

一、单项选择题

1. 下列情况中,可以采用审计抽样进行审查的是( )。

   A. 检查总体的完整性

   B. 抽样单位较少

   C. 有特殊风险或需要特别关注的情况

   D. 审计事项包含的数量较多

2. 下列表述中,不正确的是( )。

   A. 统计抽样可以分为属性抽样和变量抽样

   B. 非统计抽样不能对抽样误差和抽样风险进行计量和控制

   C. 审计人员对于抽样方法的选择主要取决于审计人员对成本效果方面的考虑

   D. 统计抽样不需要审计人员运用职业判断,而非统计抽样需要审计人员运用职业判断

3. 与统计抽样相比,非统计抽样的优点是( )。
   A. 采用随机原则进行样本选择,减少了人为偏见
   B. 能够将抽样风险数量化,并加以控制
   C. 运用概率统计理论对样本结果进行评价,推断总体特征
   D. 充分利用审计人员的实践经验

4. 对内部控制的执行进行测试时,基于对样本的考察得出了不能依赖内部控制的结论,但总体的实际情况却是可以依赖的,即对内部控制应该依赖而未予依赖,其属于( )。
   A. 信赖过度风险　　　　　　　　B. 误拒风险
   C. 信赖不足风险　　　　　　　　D. 误受风险

5. 下列抽样风险中,抽样结果表明总体金额存在重大错误而实际上不存在重大错误的可能性是( )。
   A. 信赖过度风险　　　　　　　　B. 误拒风险
   C. 误受风险　　　　　　　　　　D. 信赖不足风险

6. 下列关于审计抽样的说法中,不正确的是( )。
   A. 审计抽样可以用于内部控制测试和实质性程序
   B. 审计抽样不适用于所有的程序
   C. 审计事项中包含的项目数量较多,可在需要对其某一方面的总体特征作出结论时,进行审计抽样
   D. 选取部分特定项目进行审查的结果,可以用于推断整个审计事项

7. 审计人员在运用抽样技术对存货计价进行测试过程中,由于执行额外审计程序而降低了审计效率的抽样风险是( )。
   A. 误拒风险　　　　　　　　　　B. 信赖不足风险
   C. 误受风险　　　　　　　　　　D. 信赖过度风险

8. 信赖不足风险影响( )。
   A. 审计效率　　　　　　　　　　B. 审计效果
   C. 审计结果　　　　　　　　　　D. 审计质量

9. 下列因素中,不影响审计抽样样本量的是( )。
   A. 总体容量　　　　　　　　　　B. 总体项目差异
   C. 样本选取方法　　　　　　　　D. 审计结论的精确限度

10. 下列有关审计抽样的说法中,正确的是( )。
    A. 审计抽样不利于提高审计效率
    B. 审计抽样通常应用于询问、观察和分析
    C. 审计抽样是指挑选一定数量样本进行测试,并根据测试结果推断总体特征的一种审计方法

D. 审计抽样可以用来检查被审计项目总体的完整性

11. 下列各项中,与审计抽样所需样本量呈反向关系的是( )。
    A. 总体容量
    B. 总体项目差异
    C. 审计结论的精确限度
    D. 审计结论的可靠性程度

12. 下列有关选区测试项目的方法的说法中,正确的是( )。
    A. 从某类交易中选取特定项目进行检查构成审计抽样
    B. 从总体中选取特定项目进行测试时,应当使总体中每个项目都有被选取的机会
    C. 对全部项目进行检查,通常更适用于细节测试
    D. 审计抽样更适用于控制测试

13. 下列有关信赖过度风险的说法中,正确的是( )。
    A. 信赖过度风险属于非抽样风险
    B. 信赖过度风险影响审计效率
    C. 信赖过度风险与控制测试和细节测试均相关
    D. 注册会计师可以通过扩大样本规模降低信赖过度风险

14. 下列有关抽样风险的说法中,错误的是( )。
    A. 在使用非统计抽样中,注册会计师可以对抽样风险进行定性的评价和控制
    B. 如果注册会计师对总体中所有项目都实施检查,就不存在抽样风险
    C. 注册会计师未能恰当地定义误差将导致抽样风险
    D. 无论是控制测试还是细节测试,注册会计师都可以通过扩大样本规模降低抽样风险

15. 下列各项中,会导致非抽样风险的是( )。
    A. 注册会计师选择的总体不适合与测试目标
    B. 注册会计师未能适当地定义误差
    C. 注册会计师未对总体中的所有项目进行测试
    D. 注册会计师未能适当地评价审计发现的情况

16. 下列有关选取测试项目的方法的说法中,错误的是( )。
    A. 审计抽样适用于针对留下运行轨迹的控制实施控制测试和细节测试
    B. 从某类交易中选取特定项目进行检查构成非抽样统计
    C. 对全部项目进行检查,通常更适用于细节测试
    D. 由于信息系统自动执行的计算,选取全部项目进行检查符合成本效益原则

17. 针对抽样风险和非抽样风险,以下说法中,错误的是( )。
    A. 注册会计师可以精准计算和有效控制抽样风险
    B. 注册会计师通过扩大样本规模能够降低抽样风险
    C. 如果对总体中的所有项目实施审计程序,就不存在抽样风险
    D. 通过采取适当的质量控制政策和程序,对审计工作进行适当的指导、监督和复核,

仔细设计审计程序以及对审计实务的改进,可以将非抽样风险降至可接受水平

18. 在细节测试中,影响样本规模的以下表述中错误的是( )。
   A. 可容忍错报与样本规模是反向关系
   B. 预计总体错报与样本规模是反向关系
   C. 可接受的误受风险与样本规模是反向关系
   D. 在总体规模达到一定情况下,总体规模对样本规模影响很小

19. 审计抽样既可以用于控制测试,又可以用于实质性程序,在下列具体审计程序中,适宜采用审计抽样的是( )。
   A. 询问   B. 细节测试
   C. 分析程序   D. 观察

20. 下列关于审计抽样的表述中,不正确的是( )。
   A. 审计抽样的产生是为了在合理的时间内以合理的成本完成审计工作
   B. 审计抽样可以帮助注册会计师确定实施审计程序的范围
   C. 审计抽样可以发现错报,从而据此得出审计意见
   D. 审计抽样能够使注册会计师获取和评价有关所选项目某一特征的审计证据

二、多项选择题

1. 下列情况中,造成非抽样风险原因的有( )。
   A. 审计方法的选择不合理
   B. 审计工作中采用的抽样方法
   C. 审计程序的设计不当
   D. 审计人员的工作疏忽

2. 下列关于样本规模的描述中,正确的有( )。
   A. 预计总体偏差水平越高,需要的样本规模越大
   B. 预计总体偏差水平越低,需要的样本规模越大
   C. 要求审计结论的可靠程度越高,需要的样本规模越大
   D. 要求审计结论的可靠程度越低,需要的样本规模越大

3. 在确定审计对象的总体时,要考虑的方面有( )。
   A. 总体的相关性和完整性   B. 总体中项目的可辨性
   C. 总体中项目的同质性   D. 总体中项目的充分性

4. 审计人员可以对审计事项中的全部项目进行审查的情形有( )。
   A. 审计事项由少量大额项目构成的
   B. 审计事项可能存在重要问题,而选取部分项目进行审查无法获取适当、充分的审计证据
   C. 审计事项对出具审计意见非常重要

D. 对审计事项中的全部项目进行审查符合成本效益原则

5. 在实质性审查中,抽样风险有( )。
   A. 误拒风险　　　　　　　　　B. 误受风险
   C. 信赖过度风险　　　　　　　D. 信赖不足风险

6. 在审计统计抽样中,影响样本规模的因素有( )。
   A. 总体容量　　　　　　　　　B. 总体项目差异
   C. 审计结论的精确限度　　　　D. 审计人员的能力和水平

7. 审计抽样过程中的检查风险包括抽样风险和非抽样风险。下列措施中,可以用来控制抽样风险的有( )。
   A. 保证总体的完整性　　　　　B. 科学设计取证方法
   C. 正确选用抽样方法　　　　　D. 扩大样本规模

8. 以应付账款明细账为总体进行抽样审查时,审计人员应审查应付账款所有项目的情形包括( )。
   A. 应付账款账户数较少
   B. 抽样结果表明误差很大,无法接受总体
   C. 被审计单位内部控制健全有效
   D. 各应付账款明细账余额都超出了所确定的重要性水平

9. 审计人员在根据样本结果推断总体以形成审计结论时,具体的程序和内容包括( )。
   A. 分析样本误差　　　　　　　B. 推断总体误差
   C. 重估抽样风险　　　　　　　D. 形成审计结论

10. 下列属于统计抽样的优点有( )。
    A. 使用方便灵活,能够充分利用审计人员的实践经验和判断能力
    B. 采用随机原则进行样本选择,减少了人为的偏见
    C. 审计人员能够将抽样风险量化,并加以控制
    D. 可以科学的确定样本量

11. 下列各项审计程序中,通常不采用审计抽样的有( )。
    A. 风险评估程序　　　　　　　B. 控制测试
    C. 实质性分析程序　　　　　　D. 细节测试

12. 下列有关抽样风险的说法中,正确的有( )。
    A. 误受风险和信赖不足风险影响审计效果
    B. 误受风险和信赖过度风险影响审计效果
    C. 误拒风险和信赖不足风险影响审计效率
    D. 误拒风险和信赖过度风险影响审计效率

13. 下列有关非抽样风险的说法中,正确的有( )。

A. 注册会计师实施控制测试和实质性程序时均可能产生非抽样风险

B. 注册会计师保持职业怀疑有助于降低非抽样风险

C. 注册会计师可以通过扩大样本规模降低非抽样风险

D. 注册会计师可以通过加强对审计项目组成员的监督和指导降低非抽样风险

14. 下列关于统计抽样和非统计抽样的表述中,正确的有(　　)。

A. 统计抽样比非统计抽样更能有效获取审计证据

B. 统计抽样比非统计抽样更能准确计量抽样风险

C. 统计抽样和非统计抽样中所有抽样单元都有被选取的机会

D. 统计抽样和非统计抽样只要设计得当均能获取有效审计证据

15. 有关审计抽样的下列表述中,注册会计师不能认同的有(　　)。

A. 审计抽样适用于所有审计程序

B. 统计抽样的产生并不意味着非统计抽样的消亡

C. 统计抽样能够客观地计量抽样风险,并通过调整样本规模精确地控制风险,因此不涉及注册会计师的专业判断

D. 对可信赖程度要求越高,需选取的样本量就应越大

三、简答题

A注册会计师负责审计甲公司20×1年度财务报表。在了解甲公司的内部控制后,A注册会计师决定采用审计抽样的方法对拟信赖的内部控制进行测试,部分做法摘录如下:

(1) 为测试20×1年度信用审核控制是否有效运行,将20×1年1月1日至11月30日期间的所有赊销单界定为测试总体。

(2) 为测试20×1年度采购付款凭证审批控制是否有效运行,将采购凭证缺乏审批人员签字或虽有签字但未按制度审批的界定为控制偏差。

(3) 在使用随机数表选取样本项目时,由于所选中的1张凭证已经丢失,无法测试,直接用随机数表另选1张凭证代替。

(4) 在对存货验收控制进行测试时,确定样本规模为60,测试后发现3例偏差。在此情况下,推断20×1年度该项控制偏差率的最佳估计为5%。

要求:针对上述第(1)~(4)项,逐项指出A注册会计师的做法是否正确。如不正确,请简要说明理由。

项目七　实质性程序

学习目标

> 掌握实质性程序的定义。
> 了解实质性程序的时间范围。
> 掌握实质性程序运用的方法。
> 掌握双重目的测试的运用。

 案例引入　中国证监会行政处罚决定书（岳华所常小波等3名责任人员）

〔2008〕37号

当事人：岳华会计师事务所有限责任公司（以下简称岳华所），住所：北京市朝阳区霄云路26号鹏润大厦B座，法定代表人：李延成。

常小波，男，1970年6月出生，岳华所注册会计师，住址：陕西省华阴市中国第十冶金建设公司福利区。

古小荣，女，1957年11月出生，岳华所注册会计师，住址：陕西省西安市雁塔区环亚花园3号楼2单元501号。

张昕，女，1949年1月出生，原岳华所注册会计师，住址：陕西省西安市雁塔区丈八东路95号。

一、缺少必要审计程序，未能发现8 947万元虚假存货

……

二、未能揭示大额定期存单质押担保情况

在对2002年度、2003年度货币资金项目审计过程中，未能按照《中国注册会计师职业道德基本准则》第十一条、《中国注册会计师质量控制基本准则》第十三条的规定，相关审计人员专业胜任能力不足，缺乏专业敏感性，未能保持应有的职业谨慎。按照中国人民银行《单位定期存单质押贷款管理规定》（1999年9月3日）的规定，单位定期存单只能为质押贷款的目的而开立和使用。对中信实业银行广州分行西湖路支行5 000万元存款、兴业银行广州天河北支行19 500万元存款虽然进行了函证，但对其转为定期存单对外质押情况未予以关注，未进一步采取必要的审计程序，未能揭示精密股份大额定期存单质押担保的重大事项，未能发现资金真实来源及去向。

三、未严格履行必要的审计程序,未能揭示大额银行虚假存款

在对 2002 年度、2003 年度货币资金的审计过程中,未能按照《独立审计具体准则第 5 号——审计证据》第五条"注册会计师执行审计业务,应当取得充分、适当的审计证据后,形成审计意见,出具审计报告"、《独立审计具体准则第 27 号——函证》第十八条"注册会计师应当采取以下措施对函证实施过程进行控制"、第十九条"如果被询证者以传真、电子邮件等方式回函,注册会计师应当直接接收,并要求被询证者寄回询证函原件"的规定,实施充分必要的审计程序。

(一)在 2002 年年报审计时,未能按照审计的必要程序获取充分、适当的审计证据,导致未能发现精密股份在兴业银行广州环市东支行的 5 000 万元虚假存款。

(二)在 2003 年年报审计时,对存放于兴业银行广州天河北支行的 19 500 万元货币资金,在已经得知该笔资金转户的情况下,未取得与该笔大宗资金相关的活期账户流水单原件,对审计证据获取不足,导致未能发现该笔资金已经转出的事实。

(三)在 2003 年年报审计时,对精密股份存放于兴业银行广州环市东支行的 5 000 万元、中信实业银行广州西湖路支行的 5 000 万元货币资金进行审计的过程中,未能按照审计函证准则有关要求,严格控制函证程序,取得银行函证及对账单的原件,导致未能发现货币资金账实不符的情况。

上述事实,有会计师事务所审计报告、审计工作底稿、相关当事人询问笔录等证据证明,足以认定。

……

根据当事人违法行为的事实、性质、情节与社会危害程度,依据《股票条例》第七十三条,我会决定:

一、对岳华所给予警告,并处以 30 万元的罚款;
二、对常小波处以 10 万元的罚款;
三、对古小荣、张昕分别处以 5 万元的罚款。

……

中国证券监督管理委员会
二〇〇八年七月二十四日

思考题:
实质性程序对审计有什么作用?

任务一 认识实质性程序

一、实质性程序的含义

实质性程序的性质是指实质性程序的类型及其组合。实质性程序的两种基本类型包

括细节测试和实质性分析程序。细节测试是对各类交易、账户余额、列报的具体细节进行测试,目的在于直接识别财务报表认定是否存在错报。实质性分析程序从技术特征上仍然是分析程序,主要是通过研究数据间的关系来评价信息,只是将该技术方法用作实质性程序,即用以识别各类交易、账户余额、列报及相关认定是否存在错报。

二、实质性程序运用的方法

实质性程序运用观察、询问、分析,对被审计单位进行的财务报表进行检查。

实质性程序（动画）

分析程序是指注册会计师通过研究不同财务数据之间以及财务数据与非财务数据之间的内在关系,对财务信息作出评价。分析程序还包括调查识别出的、与其他相关信息不一致或与预期数据严重偏离的波动和关系。注册会计师实施分析程序有助于识别异常的交易或事项,以及对财务报表和审计产生影响的金额、比率和趋势。

观察和检查程序可以印证对管理层和其他相关人员的询问结果,并可提供有关被审计单位及其环境的信息,注册会计师应当实施下列观察和检查程序。

（1）观察被审计单位的生产经营活动。例如,观察被审计单位人员正在从事的生产活动和内部控制活动,可以增加注册会计师对被审计单位人员如何进行生产经营活动及实施内部控制的了解。

（2）检查文件、记录和内部控制手册。例如,检查被审计单位的章程,与其他单位签订的合同、协议,各业务流程操作指引和内部控制手册等,了解被审计单位组织结构和内部控制制度的建立健全情况。

（3）阅读由管理层和治理层编制的报告。例如,阅读被审计单位年度和中期财务报告,股东大会、董事会会议、高级管理层会议的会议记录或纪要,管理层的讨论和分析资料,经营计划和战略,对重要经营环节和外部因素的评价,被审计单位内部管理报告以及其他特殊目的报告（如新投资项目的可行性分析报告）等,了解自上一审计结束至本期审计期间被审计单位发生的重大事项。

（4）实地察看被审计单位的生产经营场所和设备。通过现场访问和实地察看被审计单位的生产经营场所和设备,可以帮助注册会计师了解被审计单位的性质及其经营活动。在实地察看被审计单位的厂房和办公场所的过程中,注册会计师有机会与被审计单位的管理层和担任不同职责的员工进行交流,可以增强注册会计师对被审计单位的经营活动及其重大影响因素的了解。

（5）追踪交易在财务报告信息系统中的处理过程（穿行测试）。这是注册会计师了解被审计单位业务流程及其相关控制时经常使用的审计程序。通过追踪某笔或某几笔交易在业务流程中如何生成、记录、处理和报告,以及相关内部控制如何执行,注册会计师可以确定被审计单位的交易流程和相关控制是否与之前通过其他程序所获得的了解一致,并确定相关控制是否得到执行。

除了采用上述程序从被审计单位内部获取信息以外，如果根据职业判断认为从被审计单位外部获取的信息有助于识别重大错报风险，注册会计师应当实施其他审计程序以获取这些信息。例如，询问被审计单位聘请的外部法律顾问、专业评估师、投资顾问和财务顾问等。

三、实质性程序的时间

实质性程序的时间选择考虑期中审计证据和对以前审计获取的审计证据；由于实质性程序的目的在于更直接地发现重大错报，在期中实施实质性程序时更需要考虑其成本效益的权衡。

注册会计师在考虑是否在期中实施实质性程序时应当考虑的一系列因素：

(1) 控制环境和其他相关的控制。控制环境和其他相关的控制越薄弱，注册会计师越不宜在期中实施实质性程序。

(2) 实施审计程序所需信息在期中之后的可获得性。如果实施实质性程序所需信息在期中之后可能难以获取（如系统变动导致某类交易记录难以获取），注册会计师应考虑在期中实施实质性程序；如果实施实质性程序所需信息在期中之后的可获得性并不存在明显困难，该因素不应成为注册会计师在期中实施实质性程序的重要影响因素。

(3) 实质性程序的目标。如果针对某项认定实施实质性程序的目标就包括获取该认定的期中审计证据（从而与期末比较），注册会计师应在期中实施实质性程序。

(4) 评估的重大错报风险。注册会计师评估的某项认定的重大错报风险越高，针对该认定所需获取的审计证据的相关性和可靠性要求也就越高，注册会计师越应当考虑将实质性程序集中于期末（或接近期末）实施。

(5) 各类交易或账户余额以及相关认定的性质。例如，某些交易或账户余额以及相关认定的特殊性质（如收入截止认定、未决诉讼）决定了注册会计师必须在期末（或接近期末）实施实质性程序。

(6) 针对剩余期间，能否通过实施实质性程序或将实质性程序与控制测试相结合，降低期末存在错报而未被发现的风险。

四、实质性程序的范围

评估的认定层次重大错报风险和实施控制测试的结果是注册会计师在确定实质性程序的范围时的重要考虑因素。因此，在确定实质性程序的范围时，注册会计师应当考虑评估的认定层次重大错报风险和实施控制测试的结果。注册会计师评估的认定层次的重大错报风险越高，需要实施实质性程序的范围越广。如果对控制测试结果不满意，注册会计师应当考虑扩大实质性程序的范围。

在设计细节测试时，注册会计师除了从样本量的角度考虑测试范围外，还要考虑选样方法的有效性等因素。例如,从总体中选取大额或异常项目,而不是进行代表性抽样或分层抽样。

任务二　双重目的测试的运用

一、双重目的测试

双重目的测试

双重目的是指在期中执行一项控制测试程序,能同时取得有关控制的有效性(控制测试)和财务报表中的重要错报(交易细节的实质性程序)这两个方面的证据。这里所说的双重目的测试是指控制测试的同时执行部分实质性程序,因为在控制测试的末期,注册会计师通常需要准备实施部分审计项目的实质性程序,此时注册会计师可以考虑在控制测试的末期执行实质性程序。这种程序具有双重目的和双重属性,实务中,同时执行两种测试一般比单独执行一种测试更加经济有效。

双重目的包括该项程序研究和评价特定内部控制的运行情况,为应收账款内部控制的控制风险提供证据;同时,也可以为确定所审计的应收账款业务是否存在错报提供审计证据。

双重属性包括该项程序对内部控制进行研究,这属于研究和评价内部控制程序的属性;同时,该项程序为财务报表认定提供审计证据,具有实质性程序的属性。

例如,在对应收账款内部控制进行测试时,需要检查应收账款业务凭证的签名、审核交易记录金额等情况,这一程序一方面可以为应收账款的内部控制情况提供证据,另一方面可以为实现应收账款审计目标提供基本审计证据。

二、双重目的控制测试

(1) 控制测试的目的是获取审计证据评价控制是否有效运行。

(2) 细节测试的目的是获取审计证据证明某认定是否存在重大错报。

(3) 尽管控制测试和细节测试两者目的不同,但注册会计师可以考虑针对同一交易同时实施控制测试和细节测试,以实现双重目的。

? 思考题

1. 简述实质性程序的方法。
2. 如何选择实质性程序的范围?
3. 什么是双重目的测试?

章节练习

一、单项选择题

1. 下列有关注册会计师实施进一步审计程序的时间的说法中,错误的是(　　)。
   A. 如果被审计单位的控制环境良好,注册会计师可以更多地在期中实施进一步审计程序
   B. 注册会计师在确定何时实施进一步审计程序时需要考虑能够获取相关信息的时间
   C. 对于被审计单位发生的重大交易,注册会计师应当在期末或期末以后实施实质性程序
   D. 如果评估的重大错报风险为低水平,注册会计师可以选择资产负债表日前适当日期为截止日实施函证

2. 下列有关实质性程序的说法中,正确的是(　　)。
   A. 注册会计师针对认定层次的特别风险实施的实质性程序应当包括实质性分析程序
   B. 注册会计师应当针对所有类别的交易、账户余额和披露实施实质性程序
   C. 注册会计师实施的实质性程序应当包括将财务报表与其所依据的会计记录进行核对或调节
   D. 如果在期中实施了实质性程序,注册会计师应当对剩余期间实施控制测试和实质性程序

3. 下列有关实质性程序时间安排的说法中,错误的是(　　)。
   A. 控制环境和其他相关控制越薄弱,注册会计师越不宜在期中实施实质性程序
   B. 注册会计师在评估的某项认定的重大错报风险越高,越应当考虑将实质性程序集中在期末或者接近期末实施
   C. 如果实施实质性程序所需信息在期中之后难以获取,注册会计师应考虑在期中实施实质性程序
   D. 如果在期中实施了实质性程序,注册会计师应当针对剩余期间实施控制测试,以将期中测试得出的结论合理延伸至期末

4. 如果控制环境存在缺陷,注册会计师在对拟实施审计程序的性质,时间安排和范围作出总体修改时不应当考虑的是(　　)。
   A. 增加拟纳入审计范围的经营地点的数量
   B. 通过实施实质性程序获取更广泛的审计证据
   C. 通过实施控制测试获取更广泛的审计证据
   D. 在期末而非期中实施更多的审计程序

5. 下列有关进一步审计程序的说法中,正确的是(　　)。
   A. 进一步审计程序的总体审计方案包括实质性方案和综合性方案
   B. 注册会计师设计和实施的进一步审计程序的性质、时间安排和范围,应当与评估的财务报表层次重大错报风险建立明确的对应关系
   C. 注册会计师评估的重大错报风险越高,实施进一步审计程序的范围通常越小
   D. 进一步审计程序的范围是最重要的

6. 下列有关进一步审计程序的性质的说法中,不恰当的是(　　)。
   A. 对于与收入完整性认定相关的重大错报风险,控制测试通常更能有效应对
   B. 实施应收账款的函证程序可以为应收账款在某一时点存在及计价和分摊认定的认定提供审计证据
   C. 对于与收入发生认定相关的重大错报风险,实质性程序通常更能有效应对
   D. 对应收账款的计价和分摊认定,可通过检查应收账款账龄和期后收款情况,了解欠款客户的信用情况等获取审计证据

7. 在确定进一步审计程序的时间时,注册会计师应当考虑的主要因素不包括(　　)。
   A. 控制环境   B. 审计意见的类型
   C. 错报风险的性质   D. 审计证据适用的期间或时点

8. 关于进一步审计程序的范围的说法中,不正确的是(　　)。
   A. 进一步审计程序的范围包括控制测试和实质性程序的范围
   B. 重要性水平和进一步审计程序的范围成正比
   C. 评估的重大错报风险水平和进一步审计程序的范围成正比
   D. 计划获取的保证程度和进一步审计程序的范围成正比

9. 下列各项具体程序中,不属于细节测试程序的是(　　)。
   A. 重新计算   B. 函证
   C. 监盘   D. 实质性分析程序

10. 下列有关实质性程序的说法中,正确的是(　　)。
    A. 实质性程序包括将财务报告与其所依据的会计记录进行核对或调节
    B. 由于注册会计师对重大错报风险的评估是一种判断,注册会计师需要针对每一项交易实施控制测试
    C. 由于内部控制存在固有局限性,注册会计师需要针对每一项交易实施细节程序
    D. 如果认为评估的重大错报风险是特别风险,注册会计师应当专门针对该风险实施实质性分析程序

11. 以账簿记录为起点的细节测试不适用于针对各类交易、账户余额和列报的(　　)认定。
    A. 发生、截止   B. 准确性
    C. 完整性   D. 计价和分摊

12. 在确定实质性程序的时间时,下列说法中正确的是( )。

    A. 不需要考虑内部控制的情况

    B. 评估的某项认定的重大错报风险越高,针对该认定所需获取的审计证据的相关性和可靠性要求也就越高,注册会计师越应当考虑将实质性程序集中于期中实施

    C. 如果拟将期中测试得出的结论延伸至期末,注册会计师应当考虑针对剩余期间仅实施实质性程序是否足够

    D. 在以前审计中实施实质性程序获取的审计证据,通常对本期也有很强的证明力

13. 下列各项措施中,不能应对财务报表层次重大错报风险的是( )。

    A. 扩大控制测试的范围

    B. 在期末而非期中实施更多的审计程序

    C. 增加审计程序的不可预见性

    D. 增加拟纳入审计范围的经营地点的数量

14. 下列有关控制测试目的的说法中,正确的是( )。

    A. 控制测试旨在评价内部控制在防止或发现并纠正认定层次重大错报方面的运行有效性

    B. 控制测试旨在发现认定层次发生错报的金额

    C. 控制测试旨在验证实质性程序结果的可靠性

    D. 控制测试旨在确定控制是否得到执行

15. 注册会计师为提高函证程序的不可预见性而采取的措施中,正确的是( )。

    A. 向重要的客户寄发消极式询证函

    B. 以积极的方式向小余额客户证函

    C. 将函证截止日定为当年12月31日

    D. 要求客户直接向被审计单位回函

16. 下列关于实质性程序的说法中,错误的是( )。

    A. 注册会计师实施的实质性程序应当包括检查财务报表编制过程中作出的重大会计分录和其他调整

    B. 注册会计师实施的实质性程序应当包括将财务报表与其所依据的会计记录进行核对或调节

    C. 无论评估的重大错报风险结果如何,注册会计师都应当针对所有重大类别的交易、账户余额和披露,设计和实施实质性分析程序

    D. 实质性程序包括实质性分析程序和细节测试

17. 注册会计师设计和实施的进一步审计程序的性质、时间和范围,应当与评估的( )重大错报风险具备明确的对应关系。

    A. 财务报表层次 B. 认定层次
    C. 账户余额   D. 交易或事项

18. 下列关于实质性程序的结果对控制测试结果的影响表述中,不正确的是( )。
   A. 如果通过实施实质性程序未发现某项认定存在错报,这本身并不能说明与该认定有关的控制是有效运行的
   B. 如果通过实施实质性程序发现某项认定存在错报,注册会计师可以得出控制运行有效的结论
   C. 如果实施实质性程序发现被审计单位没有识别的重大错报,通常表明内部控制存在重大缺陷,注册会计师应当就这些缺陷与管理层和治理层进行沟通
   D. 如果通过实施实质性程序发现某项认定存在错报,注册会计师应当在评价相关控制的运行有效性时予以考虑

19. 下列关于实质性程序的表述中,不恰当的是( )。
   A. 细节测试是对各类交易、账户余额、列报的具体细节进行测试,目的在于直接识别财务报表认定是否存在错报
   B. 实质性分析程序从技术特征上讲仍然是分析程序,主要是通过研究数据间关系评价信息,只是将该技术方法用作实质性程序,即用以识别各类交易、账户余额、列报及相关认定是否存在错报
   C. 细节测试适用于对各类交易、账户余额、列报认定的测试,尤其是对存在或发生、计价认定的测试;对在一段时期内存在可预期关系的大量交易,注册会计师可以考虑实施实质性分析程序
   D. 注册会计师需要根据不同的认定层次的重大错报风险设计有针对性的细节测试,针对完整性认定设计细节测试时,注册会计师应当选择包含在财务报表金额中的项目,并获取相关审计证据

20. 注册会计师执行的下列审计程序中,属于细节测试的是( )。
   A. 分析各个月份销售费用总额及主要项目金额占主营业务收入的比率,并与上一年度进行比较,判断变动的合理性
   B. 观察被审计单位验收入库流程,重点观察验收程序是否规范,验收标准是否明确
   C. 检查被审计单位的大额费用支出是否经过具有恰当权限的人员审批
   D. 根据审定的当期应纳税额的主营业务收入,按规定的税率,分项计算、复核本期应纳税额

二、多项选择题

1. 下列关于对拟实施进一步审计程序的总体方案的说法中,正确的有( )。
   A. 注册会计师采取的总体应对措施对拟实施进一步审计程序的总体审计方案具有重大影响
   B. 注册会计师评估的财务报表层次重大错报风险对拟实施进一步审计程序的总体审计方案具有重大影响

C. 当评估的财务报表层次重大错报风险属于高风险水平时,拟实施进一步审计程序的总体方案往往更倾向于综合性方案

D. 当评估的财务报表层次重大错报风险属于高风险水平时,实施进一步程序时选择更多的是常规程序

2. 在设计进一步审计程序时,注册会计师的以下考虑中,正确的有( )。

    A. 重大错报发生的可能性越大,越需要精心设计进一步审计程序

    B. 重大错报风险造成的后果越严重,越需要精心设计进一步审计程序

    C. 被审计单位采取的是人工控制还是自动化控制,不会影响注册会计师的进一步审计程序

    D. 在对重大错报风险的评估结果的基础上,恰当选用实质性方案或综合性方案

3. 在确定进一步审计程序的范围时,注册会计师应当考虑的主要因素有( )。

    A. 审计程序与特定风险的相关性　　B. 评估的认定层次重大错报风险

    C. 计划获取的保证程度　　　　　　D. 可容忍的错报或偏差率

4. 在确定进一步审计程序的时间时,注册会计师应当考虑的主要因素有( )。

    A. 评估的认定层次重大错报风险

    B. 审计意见的类型

    C. 错报风险的性质

    D. 审计证据适用的期间或时点

5. 下列情况中,注册会计师应当实施控制测试的有( )。

    A. 在评估认定层次重大错报风险时,预期控制的运行是有效的

    B. 仅实施实质性程序不能够提供认定层次充分、适当的审计证据

    C. 评估的认定层次重大错报风险是特别风险

    D. 因控制测试而减少的实质性程序的工作量小于控制测试的工作量

6. 在应对仅通过实质性程序无法应对的重大错报风险时,注册会计师应当考虑的主要因素有( )。

    A. 被审计单位是否针对这些风险设计了控制

    B. 相关控制是否可以信赖

    C. 相关交易是否采用高度自动化的处理

    D. 会计政策是否发生变更

7. 在应对评估的重大错报风险时,注册会计师应选择实质性方案的有( )。

    A. 被审计单位高级管理人员存在舞弊

    B. 实施控制测试不符合成本效益原则

    C. 被审计单位不存在与特定认定相关的内部控制

    D. 被审计单位的控制环境存在严重缺陷

8. 注册会计师设计进一步审计程序应当考虑的因素包括( )。

A. 收费的高低
B. 重大错报发生的可能性
C. 被审计单位采用的特定控制的性质
D. 被审计单位管理层的预期

9. 下列有关进一步审计程序的说法中恰当的有（　　）。
   A. 进一步审计程序包括控制测试和实质性程序
   B. 注册会计师设计和实施的进一步审计程序的性质、时间安排和范围，应当与评估的认定层次重大错报风险具备明确的对应关系
   C. 只有在确保进一步审计程序的性质与特定风险相关时，扩大审计程序的范围才是有效的
   D. 无论选择何种方案，注册会计师都应当对所有重大类别的交易、账户余额和披露设计和实施实质性程序

10. 下列关于进一步审计程序的时间的说法中，恰当的有（　　）。
    A. 重大错报风险较高时，注册会计师应当在期末或接近期末实施实质性程序
    B. 注册会计师在期中实施控制测试具有更积极的作用
    C. 控制环境对进一步审计程序的时间安排没任何影响
    D. 错报风险的性质会影响注册会计师何时实施进一步审计程序

11. 在确定进一步审计程序的范围时，注册会计师应当考虑的主要因素有（　　）。
    A. 审计程序与特定风险的相关性
    B. 评估的认定层次重大错报风险
    C. 计划获取的保证程度
    D. 可容忍的错报或偏差率

12. 注册会计师在实施控制测试时通常使用的审计程序包括（　　）。
    A. 询问　　　　　　　　　　　B. 检查
    C. 重新执行　　　　　　　　　D. 分析程序

13. 如果注册会计师通过实施实质性程序发现某项认定存在错报，注册会计师应当考虑实质性程序发现的错报对评价相关控制运行有效性的影响，可能考虑的措施有（　　）。
    A. 降低对相关控制的信赖程度
    B. 出具非无保留审计意见报告
    C. 扩大实质性程序的范围
    D. 得出内部控制运行无效的结论

14. 下列有关实质性程序的时间安排的说法中，错误的有（　　）。
    A. 实质性程序应当在控制测试完成后实施
    B. 应对舞弊风险的实质性程序应当在资产负债表日后实施
    C. 针对账户余额的实质性程序应当在接近资产负债表日实施

D. 实质性程序的时间安排受被审计单位控制环境的影响

三、简答题

A 注册会计师是甲公司 20×1 年度财务报表审计业务的项目合伙人,正在针对财务报表的重大错报风险设计和实施审计程序,相关情况摘录如下:

(1) 针对识别出的与财务报表整体广泛相关的特别风险,A 注册会计师拟通过扩大控制测试和实质性程序的范围予以应对。

(2) 实施应收账款函证程序时,A 注册会计师为提高函证程序的不可预见性,拟以资产负债表日为函证截止日实施函证。

(3) 在评估销售业务重大错报风险时,通过了解甲公司内部控制,预期其相关控制的运行是有效性的,A 注册会计师拟实施控制测试。

(4) A 注册会计师针对截至 7 月 31 日的应付账款相关内部控制实施了控制测试,获取了该控制有效运行的审计证据,拟不再关注。

(5) 针对识别出的销售收入的舞弊风险,A 注册会计师拟仅实施实质性分析程序予以恰当应对。

(6) 针对识别出的有关应付账款低估的重大错报风险,A 注册会计师拟选择包含在财务报表金额中的项目,以获取充分、适当的审计证据。

要求:针对事项(1)~(6),简要说明 A 注册会计师的做法是否恰当。如不恰当,请简要说明理由。

项目八　审计准则与审计标准

学习目标

- 了解审计准则与审计标准的含义。
- 熟悉审计准则的分类及内容。
- 熟悉审计标准的分类和特点。
- 掌握审计标准的选用方法。

　案例引入　　　安然事件与安达信会计师事务所

　　安然公司成立于1930年,其曾是全球最大的天然气交易商和最大的电力交易商,业务遍布世界。2000年的能源危机致使其利润下降偏离了市场的预期。于是,安然公司通过空挂应收票据,高估资产和股东权益,并通过设立众多的有限合伙企业,以关联交易等手段操纵利润。2001年安然公司受到调查,爆出了震惊世界的财务丑闻。为安然公司提供审计服务的是曾经为"五大"会计师事务所之一的安达信会计师事务所,其在审计中出现了下列问题:①安达信会计师事务所不仅为安然公司提供审计鉴证服务,而且提供收入不菲的咨询服务,甚至帮助安然公司代理记账;②安然公司的许多高层管理人员为安达信会计师事务所的前雇员,他们之间的关系密切;③安达信会计师事务所主审计师大卫·邓肯销毁了数以千计的关于安然公司的重要审计资料。

思考题:

1. 在审计过程中,是否应当遵循审计标准和审计准则?
2. 安达信会计师事务所在审计中存在哪些问题?

任务一　审计准则

一、审计准则的含义

　　审计准则是专业审计人员在实施审计工作时,必须遵守的最高行为准则,它是审计工作质量的权威性判断标准。审计准则是审计规范体系中的重要组成部分,是执行审计工作实践中具体贯彻审计法律法规的操作性的规范。

审计准则是审计理论与审计实践联结的纽带和桥梁,反映了社会对审计实践的需求,是审计实践最佳实务的提炼和升华,同时也是一个国家审计理论水平的体现。审计准则完备与否,是一个国家审计专业水平的重要标志之一。

审计准则的概念主要包括以下含义:

(1)审计准则是适应审计自身的需要和社会公众对审计的要求而产生和发展的,是审计实践经验的总结。

(2)审计准则提出了审计工作应达到的质量要求,是衡量和评价审计工作质量的依据。

(3)审计准则是审计人员签署最终审计意见时的客观保证。

(4)审计准则具有很高的权威性和很强的约束力,审计人员在执业过程中必须严格遵守。

审计准则的职能在于提高审计本身的可信性。审计结论是否客观公正,是否取信于公众,归根结底在于审计人员是否按照审计准则的要求实施审计。

二、审计准则的分类及内容

根据审计主体的不同及其作用范围的不同,审计准则可分为国家审计准则、内部审计准则和注册会计师审计准则。

国家审计准则是规范国家政府审计的行为规范;内部审计准则是规范内部审计的行为依据;注册会计师审计准则是规范社会审计的行为规范。虽然它们所规范的主体不一样,但由于它们之间也存在着相同的基本特征,所以,各审计准则之间也有共性。

(一)国家审计准则

在国家审计中,审计准则始终受到高度重视。1972年,美国审计署颁布了世界上第一部国家审计准则。从那开始,很多国家都根据本国审计工作发展实际制定了自己的审计准则。

1. 我国国家审计准则

国家审计准则是为政府审计人员执行审计业务建立标准和提供指南的。我国审计机关自组建以来,在维护国家财经法纪、提高经济效益、提供宏观管理服务等方面发挥了积极作用。为适应社会主义市场经济发展的需要,实现国家审计工作规范化,明确审计责任,保证审计质量,早在1989年,审计署就提出了一个中国审计标准的草稿,在全国审计系统广泛征求意见,着手制定国家审计准则。1991年9月,世界银行在技术援助备忘录中,提出了对中国制定审计标准工作提供援助。1992年,按照审计署办公会议的决定,审计署法规司根据社会主义市场经济体制的要求和审计工作实践,对审计准则的一些基本问题进行了进一步研究,重新确立了草拟工作思路,并于1996年年底制定并发布了38项审计规范。

随着我国审计事业的发展和国家审计地位的提高,以及与国际审计接轨的需要,2001年1月至2004年2月,审计署修订、发布了《中华人民共和国国家审计基本准则》和一系列通用审计准则、专业审计准则,以适应社会经济形势的变化和审计工作自身发展的要求。2010年9月1日,审计署颁布8号令,废止原有的准则与办法,并从2011年1月1日起施行新的《中华人民共和国国家审计准则》(以下简称《国家审计准则》)。

2010年修订颁布的《国家审计准则》,将原有国家审计基本准则和通用审计准则规范的内容统一纳入一个完整单一的国家审计准则,进一步细化了审计流程,统一了审计标准,规范了审计行为,把依法审计贯穿到审计工作的全过程。该准则正文分为7章,其内容如下:

(1) 总则。总则共11条,对准则的制定依据、适用范围、审计机关和被审计单位的责任划分、审计目标、审计和专项审计调查的对象、审计业务流程等作出了规定。

相关链接

我国《国家审计准则》适用于各级审计机关和审计人员执行的各项审计业务和专项审计调查业务。其他组织或者人员接受审计机关的委托、聘用,承办或者参加审计业务,也应当适用《国家审计准则》。同时,考虑到我国各级审计机关的实际情况和具体审计项目之间的差异,为增强国家审计准则的适用性,准则将使用"应当""不得"词汇的条款规定为约束性条款,即各级审计机关和审计人员执行审计业务都必须遵守的职业要求;而使用"可以"词汇的条款为指导性条款,是对良好审计实务的推介。审计机关和审计人员未遵守约束性条款的,应当说明原因,并在审计记录中加以记载。

(2) 审计机关和审计人员。审计机关和审计人员共14条,主要规定了审计机关及其审计人员执行审计业务的基本条件和要求、审计职业道德原则、审计独立性以及职业胜任能力。其中,第十五条明确了严格依法、正直坦诚、客观公正、勤勉尽责、保守秘密五项基本审计职业道德,并规定了审计人员遵守各项基本职业道德的要求;第十六条至第二十三条主要明确了审计人员保持独立性的要求,规定了审计机关针对可能损害审计独立性的情形应当采取的措施,并对审计机关聘请外部人员的相关要求作了规定。

(3) 审计计划。审计计划共28条,主要阐述了年度审计项目计划的主要内容和编制程序,审计工作方案的主要内容和编制要求,对年度审计项目计划执行情况及执行结果的跟踪、检查和统计等。

相关链接

审计计划从调查审计需求、对初选审计项目进行可行性研究和评估、配置审计项目资源,以及年度审计项目计划审定、调整和执行情况检查等方面,明确了年度审计项目计划编制和执行的要求。同时,为更好地指导审计机关确定专项审计调查项目计划,《国家审计准则》第三十六条对开展专项审计调查的项目提出了指导性原则,即对于预算管理或者国有资产管理使用中涉及宏观性、普遍性、政策性或者体制、机制问题的事项,跨行业、跨地区、跨单位的事项,涉及大量非财务数据的事项等,可以作为专项审计调查项目予以安排。第四十七条至第五十一条规定,审计机关业务部门应当根据年度审计项目计划形成过程中调查审计需求、进行可行性研究的情况,开展进一步调查,对审计目标、范围、重点和项目组织实施等进行确定,编制审计工作方案,按照审计机关规定的程序审批后,在实施审计起始时间之前下达项目实施单位。

(4) 审计实施。审计实施分4节,共65条,对审计实施方案、审计证据、审计记录和重大违法行为检查分别进行了详细规定。

第一节编制审计实施方案,规定了审计实施方案的编制程序和主要内容。

第二节关于获取审计证据,规定了审计证据的含义、审计证据适当性和充分性的质量要求,获取审计证据的模式、方法和要求,利用专家意见和其他机构工作结果的要求等。

第三节审计记录,规定了审计记录、编制审计工作底稿的事项范围、目标和质量要求、审计工作底稿的分类和内容、审计工作底稿的复核、审计工作底稿的利用等。

第四节重大违法行为检查,规定重大违法行为特征、检查重大违法行为的特殊程序和应当措施等。

(5) 审计报告。审计报告共53条,分别对审计报告的形式和内容、审计报告的编审、专题报告与综合报告、审计结果公布、审计整改检查进行了详细规定。审计报告的形式和内容规定了审计报告、专项审计调查报告的基本要素和主要内容,经济责任审计报告的特殊要素和内容,审计决定书、审计移送处理书的主要内容等。

相关链接

审计报告中将专项审计调查报告作为向被调查单位出具的一种审计文书,规定了专项审计调查报告除符合审计报告要素和内容要求外,还应当根据专项审计调查目标重点分析宏观性、普遍性、政策性或者体制、机制问题并提出改进建议。一般情况下,审计组实施专项审计调查后,应当提出专项审计调查报告,以审计机关名义征求被调查单位意见后,向审计机关提交专项审计调查报告。

审计报告的编审规定了审计报告等文书的起草、征求意见、复核、审理、审定、签发等编审环节的要求,专项审计调查中发现重大违法违规问题的处置方式等。

专项报告与综合报告规定了编写审计专项报告、信息简报、综合报告、经济责任审计结果报告、本级预算执行和其他财政收支情况审计结果报告和审计工作报告等基本要求。

审计结果公布规定了审计机关公布审计结果的信息范围、质量要求和审核批准程序等。

审计结果跟踪检查对审计整改检查作出具体规范,明确要求审计机关建立审计整改检查机制,督促被审计单位和其他有关单位根据审计结果进行整改,并对审计机关检查的主要内容、检查的方式和时间、检查报告以及检查后应采取的措施等作出了规定。

(6) 审计质量控制和责任。审计质量控制和责任共25条,主要阐述了建立审计质量控制制度的目标,审计质量控制要素,针对"质量责任"要素确定的各级质量控制环节的职责和责任,要求审计机关应当针对审计质量责任、审计职业道德、审计人力资源、审计业务执行、审计质量监控5个要素建立审计质量控制制度,并通过审计业务质量检查等方式对审计质量控制制度的建立和执行情况进行检查和评估。针对"质量监控"要素建立的审计业务质量检查、年度业务考核和优秀审计项目评选制度等。

(7) 附则。附则共4条,主要阐述了审计机关和审计人员开展工作不适用本准则规定的情况,以及地方审计机关可以根据实际情况和本准则制定实施细则,并说明了解释权和本准则实施的具体时间。

修订后的《国家审计准则》适用于审计机关开展的各项审计业务,对执行审计业务基本程序作了系统规范,体现了很强的综合性,同时,还对信息技术环境下审计作出了一些特别规定。

2. 最高审计机关国际组织审计准则

最高审计机关国际组织审计准则由最高审计机关国际组织(the International Organization of Supreme Audit Institutions,INTOSAI)下设的审计准则委员会制定。最高审计机关国际组织创立于1953年,是由世界各国最高一级国家审计机关所组成的国际性组织。1984年5月,最高审计机关国际组织专门成立了审计准则委员会。1989年,最高审计机关国际组织在柏林召开第十三届大会,通过了其审计准则委员会制定的国家审计准则。1992年最高审计机关国际组织在华盛顿大会上对该审计准则进行了修订。1998年,最高审计机关国际组织在乌拉圭首都蒙得维的亚召开了第十六届大会,会议确定《利马宣言》仍然是制定国家审计准则的主要基础,会议还决定重新组织审计准则委员会和审计准则的框架结构,以利于其适应未来各种变化和及时更新。2001年,最高审计机关国际组织在汉城召开的第十七届大会上批准和颁布了新的国家审计准则。新颁布的最高审计机关国际组织审计准则是依据《利马宣言》《东京宣言》、最高审计机关国际组织在历次大会上通过的声明和报告,以及联合国专家小组会议就发展中国家的公共会计和审计问题提出的报告而拟定,并在广泛征求意见之后形成的。最高审计机关国际组织制定该准则的目的在于为审计人员进行审计(包括计算机系统审计)时所必须遵循的程序和做法提供一个框架。该准则由国家审计的基本要求、国家审计的一般准则、国家审计的现场工作准则和国家审计的报告准则共4章191条组成,主要包括以下内容。

(1) 国家审计的基本要求。国家审计的基本要求共49条,主要包括:

①最高审计机关应考虑在一切重大问题上遵循最高审计机关国际组织的审计准则,并为不适用此准则的工作制定可行的准则,以确保其工作始终具有高质量;②最高审计机

关应对国家审计过程中发生的各种情况作出自己的判断；③随着公共意识的增强，对管理公共资源的个人或单位应负公共责任的要求日益明确，因此需要确立责任程序并使其行之有效；④国家机构内的管理部门应对财务报表和其他信息的形式及内容的正确性和充分性负责；⑤有关部门应确保为按国家要求编制财务报告和揭示财务状况而颁布公认的会计准则；⑥一贯使用公认的会计准则将公正地展示财务状况和经营成果；⑦完善的内部控制制度的建立能使错误和舞弊风险减少到最低限度；⑧立法机关的法令能使被审计单位在保持和提供全面评价被审计活动所必需的信息方面进行合作；⑨所有的审计活动都应在最高审计机关的审计职业范围内进行；⑩各最高审计机关应努力改进对工作有效性进行审计的技术。

（2）国家审计的一般准则。国家审计的一般准则共 79 条，描述了审计人员和审计机关必须具备的条件，这样审计人员和审计机关才能以适当、有效的方式完成与现场工作准则和报告准则相关的任务。

（3）国家审计的现场工作准则。国家审计的现场工作准则共 34 条，现场工作准则旨在为审计人员必须遵守的、有目的的、系统的以及均衡的步骤和行动确定准则或总框架。

（4）国家审计的报告准则。国家审计的报告准则共 29 条，这里的报告既包括审计人员常规（财务）审计后对财务报表所发表的观点和其他评论，也包括绩效审计完成后审计师的报告。报告准则旨在帮助审计人员在形成审计意见或编写审计报告时作出审慎的判断，而不是取代这些判断。

（二）内部审计准则

内部审计准则是用来规范内部审计执行审计业务、出具审计报告的专业标准，是内部审计人员进行审计的行为规范。内部审计准则有利于提高审计质量、维护内部审计人员权益和发挥内部审计作用。

1. 我国内部审计准则

中国内部审计协会自 2000 年起开始着手制定中国内部审计准则的制定工作，2003 年 4 月正式发布了《内部审计基本准则》《内部审计人员职业道德规范》和 10 个具体准则，随后又陆续发布了 19 项具体准则和 5 项实务指南，形成了由内部审计基本准则、内部审计人员职业道德规范、内部审计具体准则和内部审计实务指南构成的较为完善的内部审计准则体系。2013 年 8 月，中国内部审计协会发布了修订的《中国内部审计准则》，自 2014 年 1 月 1 日起施行。修订后的准则由内部审计基本准则、内部审计人员职业道德规范、20 个内部审计具体准则和 5 个实务指南组成。

（1）内部审计基本准则。内部审计基本准则是内部审计准则的总纲，是内部审计机构和审计人员进行内部审计时应当遵循的基本规范，是制定内部审计具体准则和内部审计实务指南的基本依据。我国内部审计基本准则共 6 章 27 条，主要包括总则、一般准则、作业准则、报告准则、内部管理准则和附则。

①总则制定了内部审计基本准则的目的和依据；同时还阐述了内部审计的含义和基

本准则的适用范围。②一般准则对内部审计机构的设置和内部审计人员配备做了阐述；说明了内部审计机构应建立质量控制制度和参与组织内部控制建设；强调内部审计人员应具备必要的学识及业务能力，并保持和提高专业胜任能力；强调内部审计人员应当遵循职业道德规范并持有职业谨慎态度；强调内部审计机构和审计人员应保持独立的客观性；强调内部审计应具有较强的人际交往能力。③作业准则是内部审计准则的核心。从如何根据审计目标了解被审计单位，以充分识别和评估审计风险开始，到针对评估的审计风险实施应对措施，再到内部审计技术方法的具体运用和审计计划方案的具体实施，实现了对整个审计证据收集过程的技术性规范。④报告准则阐明审计报告编制的依据与要求，说明审计报告的内容和报告中应声明的内容，强调审计报告的复核责任，阐述后续审计问题。⑤内部管理准则是对内部审计机构构建内部管理制度和质量控制体系的具体规范，其目的也在于确保内部审计工作目标的更好实现。⑥附则主要说明发布解释责任和准则施行日期。

（2）内部审计具体准则。内部审计具体准则是依据内部审计基本准则制定的，是内部审计机构和审计人员在进行内部审计时应当遵循的具体规范，主要分为作业类、业务类和管理类三大类。作业类准则涵盖了内部审计程序和技术方法方面的准则，具体包括审计计划、审计通知书、审计证据、审计工作底稿、结果沟通、审计报告、后续审计、审计抽样、分析程序9个具体准则；业务类准则包括内部控制审计、绩效审计、信息系统审计、对舞弊行为进行检查与报告、经济责任审计5个具体准则；管理类准则包括内部审计机构的管理、与董事会或者最高管理层的关系、内部审计与外部审计的协调、利用外部专家服务、人际关系、内部审计质量控制、评价外部审计工作质量、审计档案工作8个具体准则。

（3）内部审计实务指南。内部审计实务指南是依据内部审计基本准则和内部审计具体准则制定的，为内部审计机构和审计人员开展内部审计工作提供了具有可操作性的指导意见。中国内部审计协会至今共发布了5项指南，它们分别是建设项目内部审计、物资采购审计、审计报告、高校内部审计和企业内部经济责任审计。

2. 国际内部审计师协会内部审计准则

国际内部审计师协会(The Institute of Internal Auditors, IIA)1947年颁布了《内部审计职责说明书》，1978年又颁布了《内部审计实务标准》，经过多年的不断修订和完善，该实务标准已经成为具有国际权威性的、代表世界各国内部审计先进经验的具有普遍指导意义的内部审计准则体系。

《内部审计实务标准》由属性标准(1000序列号)、工作标准(2000序列号)及实施标准(实务公告)三部分构成。属性标准和工作标准只有一套，从总体上说明了内部审计服务；实施标准却有很多套，每种主要类型的内部审计活动都有一套实施标准。

《内部审计实务标准》的主要内容包括内部审计部门的独立性和内部审计师的客观性、内部审计师的业务熟练程度和专业审慎性、内部审计的工作范围、审计工作执行和内部审计部门的管理。

（三）注册会计师审计准则

注册会计师审计准则是用来规范注册会计师执行独立审计业务、获取审计证据、形成审计结论、出具审计报告的专业标准，是注册会计师独立审计行为的规范。进入20世纪后，注册会计师审计作为审计职业的一大分支得以迅速发展，它在机构、技术和制度等方面都不断完善，形成了一个完整的体系。20世纪40年代，美国社会审计界最早提出了比较全面的公认审计准则，从那时起，很多国家都借鉴这一准则的结构和主要内容，建立了适合自己国家的、比较健全的注册会计师审计准则体系。

1. 我国注册会计师执业准则

中国注册会计师协会（CICPA）自1988年成立以来，为了提高注册会计师业务水平和工作的规范程度，一直致力于审计准则的研究和制定。中国注册会计师协会下设独立审计准则组，成员由注册会计师协会、会计师事务所、科研院校等方面的专家组成，先后在1991—1993年发布了《注册会计师检查验证会计报表规则（试行）》等7个执业规则。1993年，《中华人民共和国注册会计师法》颁布，规定了中国注册会计师协会执业准则、规则，报国务院财政部门批准后实施。中国注册会计师审计准则应依据《中华人民共和国注册会计师法》制定，为了保证其科学性、权威性和实用性，应遵循务实、接轨、配套、科学等原则。

中国注册会计师协会先后制定了独立审计准则，主要包括1个准则序言、1个独立审计基本准则、28个独立审计具体准则和10个独立审计实务公告、5个执业范围以及执业道德基本准则等。为了规范注册会计师的执业行为，提高执业质量，维护社会公众利益，促进社会主义市场经济的健康发展，中国注册会计师协会拟定了《中国注册会计师鉴证业务基本准则》等22项准则，修订了《中国注册会计师审计准则第1142号——财务报表审计中对法律法规的考虑》等26项准则，并于2006年2月15日发布，自2007年1月1日起施行。这48项准则统称中国注册会计师执业准则，包括鉴证业务基本准则、鉴证业务具体准则、相关服务准则和会计师事务所质量控制准则四部分。2010年11月，中国注册会计师协会对《中国注册会计师审计准则第1101号——注册会计师的总体目标和审计工作的基本要求》等38项准则进行了修订，新修订的准则于2012年1月1日起执行。

近年来，我国注册会计师行业加快了国际趋同的步伐。世界银行、国际会计师联合会等国际组织对我国注册会计师审计准则建设的成就和国际趋同给予了高度评价。2006年2月发布的审计准则体系，标志着我国已经建立起一套既适应市场经济发展要求，又顺应国际趋同大势的审计准则体系。这套准则实施以来，总体运行良好，在提高审计工作质量、降低市场风险、维护资本市场秩序、保护公众利益等方面，发挥了重要作用。

随着全球化和我国经济社会的发展，注册会计师行业面临着新的环境和要求，这就要求我们密切关注国内外审计业务发展形势，及时修订完善审计准则体系，以保持技术标准的先进性，为建立健全经济运行风险防范机制提供强有力的专业支持，进一步提高行业服务经济社会发展的能力。

> 相关链接

中国注册会计师审计准则相关内容如表8-1所示。

表8-1 中国注册会计师审计准则

项目	名称
一般原则与责任	中国注册会计师审计准则101号——注册会计师的总体目标和审计工作的基本要求
	中国注册会计师审计准则1111号——审计业务约定书
	中国注册会计师审计准则1121号——历史财务信息审计的质量控制
	中国注册会计师审计准则1131号——审计工作底稿
	中国注册会计师审计准则1141号——财务报表审计中对舞弊的考虑
	中国注册会计师审计准则1142号——财务报表审计中对法律法规的考虑
	中国注册会计师审计准则1151号——与治理层的沟通
	中国注册会计师审计准则1152号——与前后任注册会计师的沟通
风险评估以及风险应对	中国注册会计师审计准则1201号——计划审计工作
	中国注册会计师审计准则1211号——了解被审计单位及其环境并评估以及重大错报风险
	中国注册会计师审计准则1212号——对被审计单位使用服务机构的考虑
	中国注册会计师审计准则1221号——重要性
	中国注册会计师审计准则1231号——针对评估的重大错报风险实施的程序
审计证据	中国注册会计师审计准则1301号——审计证据
	中国注册会计师审计准则1311号——存货监盘
	中国注册会计师审计准则1312号——函证
	中国注册会计师审计准则1313号——分析程序
	中国注册会计师审计准则1134号——审计抽样和其他选取测试项目的方法
	中国注册会计师审计准则1321号——会计估计的审计
	中国注册会计师审计准则1322号——公允价值计量和披露的审计
	中国注册会计师审计准则1323号——关联方
	中国注册会计师审计准则1324号——持续经营
	中国注册会计师审计准则1331号——首次接受委托时对期初余额的审计
	中国注册会计师审计准则1332号——期后事项
	中国注册会计师审计准则1341号——管理层声明

(续表)

项目	名称
利用其他主体的工作	中国注册会计师审计准则1401号——利用其他注册会计师的工作
	中国注册会计师审计准则1411号——考虑内部审计工作
	中国注册会计师审计准则1421号——利用专家的工作
审计结论与报告	中国注册会计师审计准则1501号——审计报告
	中国注册会计师审计准则1502号——非标准审计报告
	审计结论与报告中国注册会计师审计准则1511号——比较数据
	中国注册会计师审计准则1521号——含有已审计财务报表的文件中的其他信息
特殊领域	中国注册会计师审计准则1601号——对特殊目的审计业务出具审计报告
	中国注册会计师审计准则1602号——验资
	中国注册会计师审计准则1611号——商业银行财务报表审计
	中国注册会计师审计准则1612号——银行间函证程序
	中国注册会计师审计准则1613号——与银行监管机构的关系
	中国注册会计师审计准则1621号——对小型被审计单位审计的特殊考虑
	中国注册会计师审计准则1631号——财务报表审计中对环境事项的考虑
	中国注册会计师审计准则1632号——衍生金融工具的审计
	中国注册会计师审计准则1633号——电子商务对财务报表审计的影响
中国注册会计师审阅业务准则	中国注册会计师审计准则2101号——财务报表审阅
中国注册会计师鉴证业务准则	中国注册会计师审计准则3101号——历史财务信息审计或审阅以外的其他鉴证业务
	中国注册会计师审计准则3111号——预测性财务信息审计的审核
中国注册会计师相关服务准则	中国注册会计师审计准则4101号——对财务信息执行商定程序
	中国注册会计师审计准则4111号——代编财务信息
会计师事务所质量控制准则	中国注册会计师审计准则5101号——业务质量控制

2. 美国注册会计师审计准则

美国是最早公布社会审计准则的国家,早在1947年,美国注册会计师协会就发表了《审计准则试行草案——其公认的意义和范围》的报告。该报告提出,审计程序是必须执行的。1954年修订后后的准则增加了1条,为10个标准。经过多次修订和补充后,美国注册会计师协会于1972年正式颁布《一般公认审计准则》。1978年10月,美国注册会计师协会成立了专门的审计准则委员会,专门从事对原有审计准则的修订和新审计准则的制定和颁布工作,他们的工作使得美国的注册会计师审计准则得到了不断的完善和优化。《一般公认审计准则》分为一般准则、现场工作准则和报告准则三个部分。

(1) 一般准则。审计工作应由经过充分专业训练并精通审计实务的人员担任;审计人员执行审计工作时,须保持充分的独立性;执行审计工作及撰写审计报告时,应保持适当的职业谨慎态度。

(2) 现场工作准则。审计工作应充分计划,如有助理人员,应对其进行适当的监督;审计人员在制订审计计划时,应取得对内部控制结构的充分了解,以确定实施测试的程序和范围;审计人员应通过凭证检查、观察、查询和函证等方法,取得具有充分而有效的证据,为所审财务报表出具意见提供合理根据。

(3) 报告准则。审计报告应说明财务报表是否符合公认会计原则;审计报告应说明本期所采用公认会计原则与前期不一致的情况;除报告中另有说明外,可认定财务报表的信息揭示是充分、合理的;审计报告应对财务报表整体表达意见,或声明不能表达意见。若不能表达整体意见,应说明原因。在任何情况下,审计人员签署审计报告时应明确说明审核的性质与其所负责任的程度。

另外,由于《一般公认审计准则》只是建立了一个对审计工作质量要求的基本框架,是一个总括性要求,比较抽象,为帮助审计人员更好地理解这些准则的含义和要求,美国注册会计师协会陆续发表了一些《审计准则说明书》,作为对《一般公认审计准则》的进一步阐述和解释。目前,美国已发布了100多个《审计准则说明书》,它们和《一般公认审计准则》一起合称公认审计准则。

3. 国际会计师联合会(IFAC)国际审计准则

国际会计师联合会的国际审计准则是由该联合会下设的国际审计与保证准则委员会(IAASB)制定并颁布的。国际审计与保证准则委员会自成立以来一直致力于世界范围内审计准则的协调和统一工作,它不仅制定和颁布了国际审计准则,而且在促进国际审计准则在各国的认可与实施方面也作了大量的努力。国际审计准则(ISA)是在1991年7月10日由过去的国际审计指南(IAG)易名得来的。

近年来,国际会计师联合会重新修订了准则。新颁布的准则包括审计准则、审阅业务准则、其他鉴证业务准则和相关服务准则等。

国际审计准则适用于财务报表审计。国际审计准则经过必要修改也适用于对其他信息的审计和相关服务。国际审计准则包括基本准则、必要程序以及以解释性资料和其他资料的形式表述的相关指南。《国际审计准则——第120号国际审计准则框架》包括引言、财务报告框架、审计和相关服务框架、保证程度、审计、相关服务、审计师与财务信息的关联等内容,旨在说明与审计师可能提供服务相关的国际审计准则框架。《国际审计准则》对于审计的般原则和责任、风险评估和应对、风险评估与内部控制、审计证据、利用其他人员工作、审计结论与报告、特殊领域工作等进行了规定。

任务二 审计标准

一、审计标准的定义

审计标准是在审计过程中用来衡量被审计事项是非、优劣的准绳,是衡量审计客体的尺度,是提出审计意见、作出审计结论的客观标准。可以说,审计标准是审计人员对被审计事项进行判断和评价的依据。

相关链接

审计人员对审计事项进行审查后,对审计事项的真实性、合法性和效益性作出判断时,必须有客观依据和一定的标准。判断反映经济活动的财务报表和其他经济资料的真实性时,要以公认的会计准则和财务制度作为衡量的标准;判断财务报表和其他经济资料所反映经济活动的合法性时,要以国家法律法规和有关规章制度为衡量标准。判断经济活动的效益性时,要以计划、预算、技术指标等作为衡量的标准。

理解审计标准,需要注意以下几点:

(1)审计标准是对被审计单位而言的。就审计标准本质来说,它是对被审计单位的要求,是被审计单位在进行经济活动时必须遵守的规则。

(2)审计标准衡量的是被审计事项的是非、优劣。审计标准是检验和评价审计事项的依据,也是审计证据收集过程中带指导性的尺度标准。

(3)审计标准与审计准则是不同的概念。审计标准是进行审计时判断审计事项是非、优劣的准绳,是作出审计决定的依据;而审计准则是审计人员必须遵守的最高行为准则,是审计工作质量的权威性判断标准。

(4)审计实务中,常常将审计标准与审计事项作出评价的依据等同起来。例如,在政府审计、内部审计的审计工作底稿上出现的是"审计结论或者审计查出问题摘要及其依据",用的是"依据"一词。

二、审计标准的分类

审计标准应对被审计单位履行的经济责任和社会责任的范围进行科学的界定。审计标准可以按照不同的标准进行分类,不同种类的审计标准有不同的用途。对审计标准进行适当分类,有利于审计人员选取适当的审计依据。

(一)按审计标准的来源分类

1. 内部制定的审计标准

被审计单位内部制定的经营方针、战略目标、计划预算、各种定额、经济合同、各项指标和各项规章制度等。

2. 外部制定的审计标准

被审计单位以外的机构制定的标准,如国家制定的法律、法规、条例;地方政府、上级主管部门颁发的规章制度、下达的通知、指示文件等。涉外审计事项还常引用国际惯例和条约。

(二) 按审计标准的性质和内容分类

1. 法律、法规

法律是国家立法机关依照立法程序制定和颁布,由国家强制执行的行为规范总称,如宪法、刑法、民法、会计法、审计法、公司法、税收征管法等。法规是由国家行政机关制定的各种法令、条例、规定等行为规范的总称,如增值税暂行条例、价格管理条例、储蓄管理条例、审计法实施条例等。

2. 规章制度

规章制度指主要包括国务院各部委根据法律和国务院的行政法规制定的规章制度;省、自治区、直辖市根据法律和国务院的行政法规制定的规章制度;被审计单位上级主管部门和被审计单位内部制定的各种规章制度等。例如,国家主管部门制定的各项财务会计制度、企业会计准则、企业内部控制基本规范等。制度是指单位内部制定的各项内部控制制度、预算管理制度。

3. 预算、计划、合同

预算、计划、合同是指国家机关、事业单位编制的总预算和单位预算,以及企业制定的各种生产经营计划和签订的经济技术合同等。

4. 业务规范、技术经济标准

业务规范、技术经济标准是指原材料消耗定额、能源消耗定额、工时定额、设备利用定额及各种质量标准和管理标准等。

法律法规类审计标准的特点是层次高、覆盖面广、约束力强,而且相对稳定,因而可以成为审计人员的主要标准;规章制度在一定范围内具有约束力,由于单位内部审计角度不同,对这类标准应用较多。诚然,这些审计标准一般是被审计事项合法性、合规性审计的标准和依据。

三、审计标准的特点

(一) 权威性

审计标准应当具有一定的权威性或公认性,否则就不足以用来引为依据、标准。层次不同的标准,权威性的大小是不一样的。例如,国家的法律法规是具有很高的权威性的,全国都要按照法律法规的条款执行,自然依据法律法规提出的审计意见、作出的审计决定能够得到公认。如果是单位内部制定的规则制度、预算、计划等,不具备法律法规的权威性,但可以用来衡量经济活动的优劣,这类依据主要强调的是它的公认性和可接受性,一般还需要由审计人员和被审查单位协商后确定。

(二) 层次性

审计标准因管辖范围和权威性大小不同而有不同的层次。最高层次为国家立法机关制定的法律;第二个层次是国务院颁布的行政法规;第三个层次是地方立法机关和行政机构制定的地方性法律、法规;第四个层次是被审计单位主管部门制定的规章制度及下达的计划指标等;第五个层次是被审计单位内部制定的各种规章制度。一般来说,制定的单位级别越高,其层次也越高,管辖的范围也越广,权威性也越大。

(三) 相关性

引用的审计标准应当与需要证实的目标相关。例如,对财务审计来说,审计的依据大多数在全国范围内是统一的,主要是国家有关部门所颁布的会计准则、会计制度以及其他相关规范制度;作为经济效益审计的审计标准。不同行业、不同时期则不相同;经济责任审计则需要有对企业及党政领导干部层次的设计审计评价标准及指标体系。

相关链接

引用的审计标准应当与被审计项目相关。例如,高校绩效审计标准体系有其特征及主要内容;节能减排绩效审计标准体系实质反映的是自然环境、人类活动和社会共同作用的结果。

(四) 时效性

审计标准的时效性是指审计事项发生时某项审计标准是否适用。也就是说,审计标准并非一成不变,永远有效,它会受到时间限制和条件限制。在判断审计事项是非、优劣时应以审计事项发生时适用的法规、制度等作为衡量标准,而不能以审计时现行的法规、制度等作为衡量标准;反过来,审查目前发生的审计事项,也不能以过时的法规、制度等作为判断评价的依据。这就要求审计人员在审计工作中,密切注意各种审计标准的变化,熟悉所属审计年度适用的法律、法规时限,不能以过时的法律、法规、规章制度作为判断的标准。

(五) 地域性

审计标准往往受地域的限制,只在一定地区内发挥效用,即有的审计标准只在一定地区内有效。例如,一些地方人民政府颁布的地方性法规只适用于本地区,而不能作为其他地区的审计标准。

四、审计标准的选用

不同的被审计事项需要不同的衡量和评价依据,审计人员应根据审计目的、不同的实际需要,从审计事项的实际出发,选用适当的审计标准,作出正

审计标准的选用(动画)

确判断,提出审计意见,作出适当的审计决定。如何选择和确立审计标准是审计的重要工作,这关系到审计结果的客观性和公正性,关系到被审计单位的利益,关系到审计项目的成败。因此,选用适当的审计标准,应当考虑以下四个方面。

(一) 审计标准的客观性

审计标准的客观性是指审计人员以法律、法规、规章制度等作为审计标准时,应以正式文件为准,而不得以报纸、杂志等消息报道为依据。此外,还要了解所选用的法律、法规等有无颁发补充规定、实施细则等。如果有,还应对照具体规定作出判断。

(二) 审计标准的适用性

由于审计标准具有时效性和地域性,因此选用审计标准要注意它们的适用性。一方面,要选用在发生审计事项时有效的审计标准,不能选用过时失效的规定作为审计标准,也不能用审计事项发生时还没有实施的规定作为审计标准;另一方面,要选适用审计事项发生地的审计标准。

(三) 审计标准的相关性

审计标准的相关性是指用作审计标准的文件、资料应与审计事项密切相关,必须是可以用来作为衡量审计事项是否真实、合法、有效的标准。关系不密切的文件、资料不能作为审计标准。

(四) 审计标准的公认性

当遇到标准不一致的情况时,审计人员应当采用权威的和公认程度高的标准。如果选用的行政法规与宪法、法律存在矛盾,应以宪法、法律规定为审计标准;如国务院各部门之间的规定相抵触时,应以法律、行政法规授权的主管部门的规定为审计标准;如下级人民政府、部门的规定与上级人民政府、部门的规定相抵触时,除国家另有规定外,应以上级人民政府、部门的规定为审计标准。一般来说,遵循下级服从上级的原则。审计中发现的重大问题,没有明确审计标准的,应当请示本级人民政府或上级审计机关。

审计人员在调查了解被审计单位及其相关情况的过程中,可以选择下列标准作为职业判断的依据:法律、法规、规章和其他规范性文件;国家有关方针和政策;会计准则和会计制度;国家和行业的技术标准;预算、计划和合同;被审计单位的管理制度和绩效目标;被审计单位的历史数据和历史业绩;公认的业务惯例或者良好实务;专业机构或者专家的意见;其他标准等。审计人员在审计实施过程中需要持续关注标准的适用性。

思考题

1. 什么是审计准则?
2. 我国内部审计准则包括哪些内容?
3. 审计标准有哪些特点?
4. 正确选择审计标准应当考虑哪些方面的因素?

章 节 练 习

一、单项选择题

1. 下列关于内部审计准则的说法中,错误的是(　　)。
   A.《中国内部审计准则》自 2014 年 1 月 1 日起施行
   B.《中国内部审计准则》由内部审计基本准则和内部审计人员职业道德规范组成
   C.《国际内部审计专业实务框架》是由强制性的指南和建议性的指南两部分构成
   D.《内部审计实务标准》是具有国际权威性的内部审计准则体系

2. 审计机关和审计人员开展的下列工作中,适用《国家审计准则》的是(　　)。
   A. 执行专项审计调查任务
   B. 与有关部门共同办理检查事项
   C. 配合有关部门查处案件
   D. 承办不属于法定审计职责范围的事项

3. 我国《国家审计准则》将使用"应当""不得"词汇的条款规定为(　　)。
   A. 强制性条款　　　　　　　　　　B. 约束性条款
   C. 指导性条款　　　　　　　　　　D. 规范性条款

4. 下列关于《国家审计准则》的说法中,错误的是(　　)。
   A.《国家审计准则》的条款分为指导性条款和约束性条款
   B. 审计机关和审计人员未遵守约束性条款,不必在审计结论中说明
   C. 审计机关和审计人员可以不遵守指导性条款
   D. 约束性条款是审计机关和审计人员都必须遵守的职业要求

5. 下列关于《国际内部审计专业实务框架》的表述,不正确的是(　　)。
   A. 该框架是由强制性的指南和强力推荐的指南两部分构成
   B. 强制性指南包括内部审计的概念界定、职业道德规范和国际内部审计专业实务标准
   C. 强力推荐的指南包括立场公告、实务公告和实务指南三个部分
   D. 强力推荐的指南没有正式通过国际内部审计协会认可

6. 审计准则的职能在于(　　)。
   A. 提高了审计本身的可信性
   B. 审计理论与审计实践联结的纽带和桥梁
   C. 确定和解脱审计责任
   D. 评价审计质量

7. 下列关于《国家审计准则》的表述,不正确的是(   )。
    A. 2010年修订颁布的《国家审计准则》的正文分为7章,即总则、审计机关和审计人员、审计计划、审计实施、审计报告、审计质量控制和责任、附则
    B. 为增强《国家审计准则》的适用性,准则将条款规定分为约束性条款和指导性条款
    C. 审计机关和人员一章中对审计机关和审计人员执行审计业务时应当具备的资格条件和职业要求作出了明确的规定
    D. 审计实施一章对审计工作方案、审计实施方案、审计证据、审计记录和重大违法行为检查进行了详细规定

8. 下列有关审计准则的表述中,正确的是(   )。
    A. 审计准则是审计人员在实施审计过程中必须遵守的行为规范
    B. 审计准则是审计人员为证明审计事项而收集的证明材料
    C. 审计准则是衡量和评价审计事项是非优劣的标准
    D. 审计准则是审计机关进行处理处罚的唯一依据

9. 下列有关我国《国家审计准则》的表述中,正确的是(   )。
    A. 规定了审计机关的管理体制
    B. 明确了审计人员的基本职业道德
    C. 是衡量审计事项是非优劣的评价标准
    D. 适用于社会审计和内部审计

10. 审计中发现的重大问题,没有明确审计标准的,应当(   )。
    A. 由审计组讨论决定
    B. 请示本级人民政府或上级审计机关
    C. 由被审计单位研究决定
    D. 由会计师事务所决定

11. 审计标准的最高层次为(   )。
    A. 国家立法机关制定的法律
    B. 国务院颁布的行政法规
    C. 地方立法机关和行政机构制定的地方性法律、法规
    D. 被审计单位内部制定的各种规章制度

12. 下列关于审计标准的表述,错误的是(   )。
    A. 审计标准可能只在一定地区内有效
    B. 如果选用的行政法规与宪法、法律存在矛盾,应以宪法、法律规定为审计标准
    C. 在判断审计事项是非优劣时应以审计时现行的法律、制度作为衡量标准
    D. 不同的审计事项需要不同的审计标准

13. 对于审计标准,正确的说法是(   )。
    A. 它是国家审计、社会审计和内部审计的法律责任

B. 它是指审计人员依法收集的用以证明审计事项真相并作为作出审计结论基础的材料

C. 它是以行政责任为主的法律责任,也包括相应的刑事责任,但不包括民事责任

D. 它是进行审计时判断审计事项是非、优劣的准绳,是提出审计意见、作出审计决定的依据

14. 下列有关审计人员选择审计标准的做法,错误的是(　　)。

　　A. 考虑相关性,应选择与审计事项相关的文件作为审计标准

　　B. 考虑客观性,应选择报纸、杂事等消息报道作为审计标准

　　C. 考虑公认性,应选择权威性和公认程度高的法规作为审计标准

　　D. 考虑适用性,应选择审计事项发生时有效的法规作为审计标准

15. 下列有关审计人员选择审计标准的做法中,错误的是(　　)。

　　A. 选择媒体的相关消息和报道作为审计标准

　　B. 选择行业协会确定的技术规范作为审计标准

　　C. 选择被审计单位的生产经营计划作为审计标准

　　D. 选择行业管理部门制定的规章制度作为审计标准

16. 一般审计准则中,视为审计工作的灵魂的是(　　)。

　　A. 独立性　　　　　　　　　　B. 客观性

　　C. 权威性　　　　　　　　　　D. 真实性

17. 实施审计准则,可以赢得对审计工作信任的利益相关者是(　　)。

　　A. 审计人员　　　　　　　　　B. 委托审计者

　　C. 被审计单位　　　　　　　　D. 社会公众

18. 早在1947年10月,美国注册会计师协会就提出了(　　)。

　　A.《一般公认审计准则》　　　　B.《公认会计准则》

　　C.《审计准则试行方案》　　　　D.《国际审计准则》

19. 审计过程中,与遇到低层次的规定与高层次的规定相抵触时,则应以(　　)。

　　A. 高层次规定为准　　　　　　B. 低层次规定为准

　　C. 审计制度规定为准　　　　　D. 会计制度规定为准

二、多项选择题

1. 下列属于最高审计机关国际组织审计准则的组成部分的有(　　)。

　　A. 基本要求　　　　　　　　　B. 一般准则

　　C. 现场工作准则　　　　　　　D. 报告准则

2. 下列关于审计准则的表述中,正确的有(　　)。

　　A. 审计准则是完善审计组织内部管理的基础

　　B. 审计准则是判断审计事项是非、优劣的准绳

C. 审计准则是衡量审计质量的尺度

D. 审计准则是确定和解脱审计责任的依据

3. 下列关于美国注册会计师审计准则的表述中,正确的有( )。

A. 由10条公认审计准则和《审计准则说明书》构成

B. 10条公认审计准则建立起了一个对审计工作质量要求的基本框架

C. 《审计准则说明书》是对公认审计准则的进一步阐述和解释

D. 美国注册会计师审计准则由相对固定的10条公认审计准则和不断补充的《审计准则说明书》构成

4. 下列各项中,属于中国注册会计师职业道德基本原则的有( )。

A. 遵循诚信、客观和公正原则

B. 获取和保持专业胜任能力

C. 履行保密义务

D. 维护职业声誉

5. 下列各项中,属于最高审计机关国际组织审计准则的一般准则的有( )。

A. 最高审计机关和审计人员必须是独立的

B. 审计人员应以确保经济、有效、及时、高效率和高质量地进行审计编制审计计划

C. 每次审计结束时,审计人员都应编写一份书面意见或报告

D. 各最高审计机关应避免审计人员和被审计单位之间的利害冲突

6. 下列各项中,属于内部审计具体准则的作业类的有( )。

A. 审计通知书   B. 内部控制审计

C. 分析程序   D. 后续审计

7. 下列关于审计准则的说法中,正确的有( )。

A. 审计准则是评价审计质量的重要依据

B. 审计准则是审计理论与审计实践连接的纽带和桥梁

C. 审计准则的职能在于提高了审计本身的可信性

D. 审计人员是否按照审计准则的要求实施审计归根结底在于审计结论是否客观公正

8. 下列有关我国内部审计准则的表述中,正确的有( )。

A. 我国内部审计准则由基本准则、职业道德规范和具体准则组成

B. 我国内部审计基本准则由一般准则、作业准则和报告准则组成

C. 我国内部审计基本准则中一般准则对内部审计风险识别和评估进了规范

D. 绩效审计具体准则属于我国内部审计具体准则中的业务类准则

9. 审计标准按其来源可以分为( )。

A. 内部制定的审计标准   B. 业务规范、技术经济标准

C. 外部制定的审计标准   D. 规章制度

10. 按审计标准的性质和内容分类,审计标准可分为( )。

A. 法律、法规和规章制度　　　　　　B. 内部制定的审计标准
C. 业务规范、技术经济标准　　　　　D. 预算、计划、合同

11. 审计标准的特点有(　　)。
A. 层次性　　　　　　　　　　　　　B. 时效性
C. 客观性　　　　　　　　　　　　　D. 地域性

12. 根据世界各国现行的审计准则来看,其内容大体上包括(　　)。
A. 一般准则　　　　　　　　　　　　B. 计划准则
C. 工作准则　　　　　　　　　　　　D. 报告准则

13. 我国注册会计师执业准则主要有(　　)。
A. 审计准则　　　　　　　　　　　　B. 审阅准则
C. 其他鉴证业务准则　　　　　　　　D. 相关服务准则

14. 在选用适当的审计标准时,应当考虑的问题有(　　)。
A. 审计标准的相关性　　　　　　　　B. 审计标准的可靠性
C. 审计标准的准则性　　　　　　　　D. 审计标准的合法性

15. 中国国家审计准则体系的构成有(　　)。
A. 审计总则　　　　　　　　　　　　B. 审计基本准则
C. 具体审计准则　　　　　　　　　　D. 通用审计准则

三、简答题

ABC会计师事务所接受渝香食品有限公司的委托,对该公司20×1年的财务报表进行审计。

(1) 该公司财务报表显示,20×1年全年实现利润800万元,资产总额4 000万元。

(2) 审计人员在审查和阅读该公司财务报表时,发现下列问题:①该公司10月份虚报冒领工资1 820元,被会计人员占为己有;②11月15日收到业务咨询费3 850元,列入"小金库";③资产负债表中的存货低估16万元,原因尚待查明。上述问题尚未调整。

要求:

(1) 确定财务报表层次的重要性水平。

(2) 根据上述问题,作出重要性的初步判断,并简要说明理由。

项目九 审计管理

学习目标

- 了解审计管理、审计计划、审计风险的含义。
- 熟悉审计管理的内容和方法。
- 熟悉审计质量控制措施与方法。
- 掌握审计项目质量控制。
- 掌握审计风险的控制方法。

 案例引入　　美国联区金融集团租赁公司审计案

美国联区金融集团租赁公司(以下简称租赁公司)的主业为金融服务。经过7年的打拼,租赁公司在全国设有10个分支机构,雇员已超过4万名。但公司财务状况欠佳,未收回的应收租赁款接近4亿美元,占合并总资产的35%。1981年年底,租赁公司企业战略弊端开始显现,进而导致债务拖欠率快速上升,为掩饰其财务状况已经恶化,租赁公司采用了多种非法手段,包括少提坏账准备。为租赁公司提供审计服务的塔奇·罗丝会计师事务所被美国证券交易委员会惩罚,承担为租赁公司出具虚假会计报告所带来的损失。

美国证券交易委员认为塔奇·罗丝会计师事务所在编制租赁公司1981年度的审计计划及设计审计程序时,没有充分考虑存在于该公司的大量审计风险因素,审计计划存在缺陷:①审计计划没有考虑测试租赁公司的会计制度是否能准确地确定应收租赁款的超期时间;②审计计划只要求测试一小部分(8%)未收回的应收租赁款,集中在金额超过5万美元、拖欠期达120天的超期应收租赁款上;③审计计划没有考虑对租赁行业审计的复杂性和高风险性,分派了一些对租赁行业缺乏经验甚至一无所知的审计人员来执行审计。

思考题:

1. 审计计划应当怎样制订?
2. 制订审计计划的意义是什么?

任务一 审计管理的概述

一、审计管理的含义

审计工作是一种社会活动,是由多个利益关系方参与,并按一定规范开展工作,投入多项要素的活动。为了保证有序、高效地完成审计任务,达到审计目标,需要对审计工作进行科学的管理。

广义的审计管理应该包括对审计主体和审计业务的管理。审计主体管理主要是对审计机构和审计人员的管理,如机构设置、定岗定编、职责设计、人员选拔、培训及考核等。审计业务管理主要是指审计主体运用现代管理手段对审计业务活动及其所体现的审计关系所进行的计划、组织、指挥、协调和控制,如计划管理、质量管理、信息管理等。

审计管理的主体,即国家审计机关、内部审计机构和社会审计组织。对每类审计组织来说,对应管理的主体是它的决策机构或者领导机构,必须把审计机关与审计业务管理机构区别开来。而审计管理的客体,也就是审计管理的对象,是审计业务活动及其相关的职能活动。审计业务活动包括审计计划的制订、审计项目的实施、审计报告的编制、作出审计处理与处罚、审计资料的归档等审计业务活动,以及与审计业务相关的人力资源、审计质量控制、审计组织业绩管理等。

相关链接

按照法国著名管理学家法约尔的一般管理理论(即职能论),管理活动一般具有计划、组织、指挥、协调和控制等五种基本职能,不论是经济管理、行政管理还是审计管理都具有这五种职能。但这三种管理在实现五种职能的手段上存在着一定的差别。经济管理必须遵循经济活动规律,更多的是采用经济手段实现其管理职能。行政管理是通过管理国家事务来贯彻国家职能的,它属于一种以强制力作为后盾的管理,它较多地是采用行政手段来实现其管理职能。审计管理是对经济监督活动的管理,因这种管理与经济活动没有直接联系,所以一般不能采用经济手段,而且也不能完全以行政命令的方式强制执行。因此,国家要以宪法、法律法规的手段规定实现审计监督制度。而且,在很大程度上,实施审计业务是每个审计人员的独立行为,审计任务完成的数量和质量主要取决于每个审计人员的主观能动性和是否保持超然独立的态度。因此,强调审计人员素质,培养审计人员的审计责任感,较之经济刺激和行政命令的方式更为有效。在审计管理中,为了保证审计质量和完成审计任务,较多地采取直接控制的方式。

审计管理是指审计机构为了有效地实现既定的审计目标而进行的计划、决策、组织、指挥、协调和控制活动。加强审计管理,有利于减少或避免审计风险、保证审计工作的质量、提高审计工作的效率、有效地使用审计资源等。

二、审计管理的内容

审计管理的内容取决于审计管理的对象,随着审计事业的发展,审计管理的内容会不断充实和增加。当前审计管理的基本内容包括以下四个方面。

1. 审计计划管理

审计计划管理包括审计计划的制订,以及审计计划执行情况的检查、考核和计划执行结果的评价。制订审计计划,不仅明确了审计目标,也为检查和评价审计活动提供了依据。

2. 审计质量管理

审计结论的公正性、正确性,以及审计的权威性和审计职业的生存、发展,都要受审计工作质量的影响,因此加强审计质量管理至关重要。审计质量管理应该明确管理的内容,制订控制、检查和评价审计工作质量的措施和方法,以及提高审计工作质量的途径。

审计质量管理（动画）

3. 审计风险管理

审计风险客观地存在于审计工作之中,如果失之管理,可能导致审计组织和审计人员因承担相应责任而产生的物质和精神损失。因此,审计组织应识别来自各项工作中的潜在风险,充分估计各种风险及可能导致风险的各种因素,采取有效措施来加以防范和控制,以便将审计风险降至最低水平。

4. 审计档案管理

审计档案是审计活动的历史记录,是审计工作的信息库,也是界定责任、应对审计诉讼的重要证据来源。审计档案的有效利用,有利于审计工作质量的控制,有利于以后审计计划的制订,有利于审计工作经验的总结和交流有利于审计教学和科研。因此,对审计档案的立卷、归档、保管和借阅进行规范管理是非常重要的一项审计管理活动。

我国各种审计组织在审计实践中总结了一些审计管理经验,在审计管理方面创造和制定了许多符合我国国情的管理方法和管理制度,收到了一定的效果。本项目将以国家审计为例,简要介绍上述四种审计管理的内容。

三、审计管理方法

1. 制度管理

审计机构要做到高效、廉洁、低风险,必须建立以岗位责任制为中心的各项内部控制制度,实行严格的制度管理,依法行事,避免人治。实行制度管理需要做到以下事项:一是确定目标,建立和健全各项规章制度;二是完整地记录和客观地考核各项制度的执行情况;三是衡量绩效,借以发现偏离目标的现象;四是提出措施纠正偏差,使单位任何工作始终按计划目标进行,即使出现了偏差也要及时纠正。

2. 目标管理

所谓目标管理,是指依据外部环境和内部条件的综合平衡,确定在一定时期内预期达到的成果,制定出目标,并为实现该目标而进行组织、激励、控制和检查工作的管理方法。审计工作目标管理一般是按审计目标的制定和分解、审计目标的实施与控制、审计目标的考核和奖励这三个环节进行,使"责、权、利"相结合,形成全员参加、全过程管理、全面负责、全面落实的管理体系。

3. 系统管理

系统管理方法是根据审计活动具有的系统性从审计活动整体系统出发,着眼于整体与部分、整体与层次、整体与结构、整体与环境的相互联系和相互作用,求得优化的整体目标效应的综合方法。这种方法在审计管理中的应用归纳起来有如下三点:

(1) 审计管理是个系统工程。

(2) 审计管理的整体性与协调性,对审计活动的管理必须有全局观点,有一个系统的统筹规划与系统控制。

(3) 审计管理系统分析要根据数据和经验相结合的方式进行分析。

任务二 审计计划管理

一、审计计划的含义和种类

(一) 审计计划的含义

审计计划是预先拟订的、用一定的质量指标和数量指标反映并用于指导、组织和控制全部审计活动的纲领和指南。审计计划促使审计组织和审计人员明确一定时期内审计的任务、目标和实施形式,知道需要做些什么和怎样做。审计计划管理是审计组织制定审计计划、组织计划实施并对计划执行情况进行检查、考核的一系列活动。

1. 审计计划管理的特征

(1) 审计计划管理不仅是一个用书面形式规定的指标、纲领和指南,而且是一种审计管理活动。

(2) 审计计划管理是一个完整的循环过程,制定审计计划仅仅是审计管理的一个最基本环节,它还包括组织计划的实施以及检查考核计划的执行情况,并据以作为制定下次计划的依据。

(3) 为了保证审计计划的实施,通常要建立一个审计计划组织体系,即实行分级管理,来促成总计划的完成。因此,审计计划管理又表现为一种分级或分层的管理活动体系。

(4) 审计计划管理的根本作用就是保证和促进审计任务的完成,促使审计活动的各环节、各方面都按审计计划的要求予以实施。

2. 审计计划管理的作用

(1) 有利于贯彻党和国家的经济工作方针、政策,使审计机构能够紧密配合中心工作开展审计监督活动。

(2) 有利于保证年度计划的编制和完成。通过计划的组织实施和控制,可以保证审计人员按时完成各项审计任务,也可为编制年度审计计划提供重要依据。

(3) 有利于合理利用审计资源。审计机构根据工作任务和现有人力、物力、财力合理安排审计项目的时间和人员,使人员分工协作,提高审计工作效率。

(4) 有利于落实审计工作责任制。审计机构依据审计工作计划检查和衡量审计人员完成审计项目的进度和质量,促进审计工作责任制的贯彻执行。

(二) 审计计划的种类

审计计划可以按不同标志进行分类,按审计计划涉及面的大小可分为宏观审计计划和微观审计计划;按审计计划编制的主体可分为国家审计计划、内部审计计划和社会审计计划;按审计计划执行期间分为长期审计计划、中期审计计划和短期审计计划;按审计计划内容层次可分为审计策略性计划、期间审计项目计划和项目审计计划。在审计业务活动中,主要编制期间审计项目计划和项目审计计划。以下只对审计计划按内容层次所作分类的各项目进行说明。

1. 审计策略性计划

审计策略性计划是确定一定时期、一定范围内审计工作总目标、总任务以及为实现总目标而采取的审计政策和重大措施的审计计划。它由各审计组织的最高决策机构制定。策略性计划只是从一定时期、一定范围内审计工作的策略角度出发,规定审计工作的指导思想、政策方针和战略任务,而不对审计项目及其实施计划作出具体安排。策略性计划依计划期的长短分为短期(一般为 1 年)策略性计划、中期策略性计划和长期策略性计划。

2. 期间审计项目计划

期间审计项目计划是安排一定时期内需要依次进行审计的所有审计项目的计划。该计划规定了一定时期审计组织的基本和具体工作任务,不仅是指导审计业务活动的依据,也是检查、评价审计工作任务完成情况的依据。期间审计项目计划最主要的是年度审计计划,它是一年审计工作的全面安排,是组织全年审计活动的纲领性文件。审计机关所指的审计项目计划管理就是指年度期间审计项目计划管理。

3. 项目审计计划

项目审计计划是依据期间审计项目计划并按每一个审计项目分别制订的审计计划。它的作用包括:对期间审计项目计划作出具体的说明,并使之更加具体化;决定每一个审计项目的实施办法、程序和实施条件。项目审计计划可进一步分为项目计划大纲、项目实施计划和项目作业计划。

二、审计项目计划的编制、协调和调整

(一) 审计项目的含义

审计项目是指按照被审计单位或被审计的具体对象进行划分的审计活动的种类。审

计项目分为定期性审计项目、经常性审计项目、专项性审计项目；当然也可以分为必审项目、选审项目和自定项目。按照审计机关审计项目计划管理的规定，审计项目计划一般包含以下内容：

（1）自行安排项目。自行安排项目是各级审计机关根据自己的力量情况，在本机关审计管辖和分工范围内自行安排开展审计的项目。

（2）上级审计机关统一组织项目。统一组织项目是上级审计机关为更好地发挥审计在宏观调控方面的作用，在制订审计项目计划时所确定的、在所辖区域内由下属各级审计机关统一开展的审计项目。

（3）授权审计项目。授权审计项目是上级审计机关授权下级审计机关审计的、属于上级审计机关审计管辖范围内的项目。在编制年度审计项目计划时，除统一组织审计项目外，上级审计机关还可根据审计机关力量情况、自己管辖范围内的被审计单位社会经济、地理分布特征及接受审计情况，从有利于充分发挥审计体系的整体功能作用、维护经济秩序、加强审计监督扩大审计影响出发，根据需要授权下级审计机关进行审计。

（4）政府交办项目。政府交办项目是各级政府按照一定程序，要求审计机关进行审计的项目。我国的审计机关是本级政府的一个组成部门，在业务上接受上级审计机关领导的同时，还要接受本级政府领导。因此，对政府交办属于审计机关法定职责范围内的审计事项，各级审计机关也要按照有关规定，及时列入项目计划。

（二）审计项目计划的编制与协调

审计项目计划管理实行统一领导、分级负责制。审计署负责管理审计署统一组织的审计项目计划和审计署本级审计项目计划并指导全国审计项目计划管理工作。县级以上地方各级审计机关负责本地区的审计项目计划管理工作。审计项目计划管理工作统一由各级审计机关的综合部门具体负责。审计项目计划管理要贯彻执行国家社会、经济发展和审计工作的方针、政策。编制审计项目计划应当坚持充分利用审计资源、突出重点、安排任务均衡和避免重复交叉的原则。

编制期间审计项目计划主要依据党和国家的方针政策和各个时期的中心任务、上级机关的要求、上年审计工作的情况以及所审范围单位的经济活动状况和群众揭发的事项。

审计期间计划编制程序为：①确定被审计单位的数量、单位以及审计的种类和方法、审计的范围；②根据审计任务繁简程度和被审计单位的具体情况确定各项审计的人数和审计工作时间；③根据审计人员的素质情况，确定各项审计的负责人。

审计项目安排一定要按照上级审计机关统一组织项目、授权审计项目、政府交办项目和自行安排项目的顺序。审计项目计划的内容一般包括审计项目安排的指导思想、主要项目、审计目的、审计内容的范围和重点、分工安排和组织实施、完成时间要求以及其他保障措施等。审计项目计划由文字和表格两部分组成。

文字部分主要说明上年度审计项目计划完成情况、本年度业务工作安排的指导思想和审计项目计划编制依据以及所确定的主要任务和完成计划的主要措施等。

表格部分主要列明审计项目的名称类别、级别和数量以及完成计划项目的时间要求和责任单位、被审计单位名称及其主(监)管部门和所在地区等(见表9-1和表9-2)。

表 9-1　期间审计项目总计划表

20××年×月至20××年×月

项目		定期审计项目	经常审计项目	周期审计项目	专项审计项目	
					上级下达	自己确定
统一组织项目	内容	会计决算审计			固定资产投资及消费基金审计	
	被审单位数	20			20	
	每个单位审计次数				1	
授权项目	内容		经济责任审计	财务和效益审计		
	被审单位数		4	6(各3个)		
	每个单位审计次数		1	1		
政府交办项目	内容		合同审计			产品质量审计
	被审单位数		2			4
	每个单位审计次数		1			1
自行安排项目						

表 9-2　期间审计项目具体计划表

20××年×月至20××年×月

被审单位名称	审计项目的内容	审计项目性质	审计起讫时间	审计方式	备注
A企业	会计决算审计	必审	20××年1月1日至1月5日	详细审计	该单位决算长期不实
B企业	消费基金审计	必审	20××年1月1日至1月31日	专项详细审计	该单位滥发钱物较多
C研究所	固定资产投资审计	必审	20××年1月15日至2月1日	专项详细审计	该单位新建固定资产较多
D企业	经济责任审计	选审	20××年2月1日至2月15日	详细审计	该企业厂长1月1日任期终了
……					

审计署统一组织的审计项目计划由审计署各专业审计司于每年10月底前提出安排意见,综合机构汇总提出计划草案,每年11月份征求有关地方审计机关和审计署派出机构的意见,经审计长办公会议审定后下达。

审计署有关专业审计司、署派出机构和地方审计机关应当积极落实审计署组织的审计项目计划任务。审计署有关专业审计司负责制定审计署统一组织审计项目的具体实施方案,按规定会签,并报经署领导批准后组织实施。审计署有关专业审计司、署派出机构根据审计署组织的审计项目计划和实际情况编制本单位的审计项目计划,于每年2月底前报审计署综合机构汇总协调,并报署领导审批下达。省级审计机关根据审计署统一组织的审计项目计划和实际情况编制本地区审计项目计划,于每年3月底前报审计署备案。

审计机关编制审计项目计划、确定审计项目和专项审计调查事项,除上级审计机关统一组织的审计项目和审计调查事项外,应当在规定的审计管辖范围内安排。上级审计机关直接审计下级审计机关审计管辖范围内的重大审计事项,要列入本级审计项目计划,并及时通知有关地方审计机关。

(三) 审计项目计划的调整

审计项目计划一经下达,审计机关应当努力完成。如确有必要调整,应当按照下列规定报批:

(1) 审计署统一组织审计项目计划的调整,由审计署有关专业审计司提出调整意见;审计署本级审计项目计划的调整,由审计署有关专业审计司、署派出机构提出调整意见,于每年8月底前报送审计署综合机构协调,并报署领导审批后于每年9月底前下达执行。

(2) 地方审计项目计划调整,由下达计划的审计机关审批。

(3) 政府交办项目及时报批、调整。

三、审计项目计划执行的报告、检查和考核

审计计划的贯彻执行实际上就是如何采取各种组织和控制措施使各项审计业务活动按照计划要求进行。为了保证审计计划的贯彻实施,一般应采取如下措施:

(1) 建立计划实施责任制度,既明确审计组织各个层次、各部门总的审计目标和任务,又明确自身的具体目标和任务;通过目标管理,确定审计组织各部门、各层次以至每个审计人员的审计任务指标,从而构成一个计划指标体系。

(2) 编制项目进度表,及时了解各审计项目的实施情况,并提出相应的措施指标,从而构成一个计划指标体系。

(一) 审计项目计划执行的报告

审计机关实行审计项目计划执行情况报告制度。审计署统一组织审计项目计划的执行情况,由审计署有关专业审计司、署派出机构和省级审计机关向审计署提出书面报告。

报告的主要内容包括计划执行进度、计划执行及审计中发现的问题以及措施、速度等。审计署有关专业审计司、署派出机构和省级审计机关应当分别于每年 10 月和次年 4 月向审计署提出项目计划执行情况的综合报告。

(二)审计项目计划执行的检查和考核

制订审计项目计划是为了执行,执行结果如何则需要根据审计机关的检查和考核,评估定期检查年度审计项目计划执行情况和执行效果。检查和考核的主要内容包括计划编报及计划执行情况报告的及时性、完整性,计划安排的科学性、合理性,计划完成的质量和效果等。

对审计项目计划的检查和考核应按责任制分级进行。首先应由承担审计项目的审计小组自查;其次是审计机构各部门的检查、考核,并作出总结;最后由审计机关负责计划管理的部门加以总考核。

相关链接

各级检查和考核的内容有所不同,但检查和考核的主要工作是:

(1)确定审计项目计划的执行结果、计划目标和有关指标的完成情况,以及计划完成的质量水平。

(2)对完成或未完成审计项目计划的原因进行分析,总结经验和教训。

(3)对审计项目计划编制中存在的缺陷进行分析,并找出改进的措施。

任务三 审计质量管理

审计质量管理

一、审计质量的含义与特征

(一)审计质量的含义

审计质量是指审计工作过程及其结果的优劣程度。审计质量包含了两个方面的内容:一是指作为审计最终成果的审计报告的质量;二是指审计工作的质量。简言之,审计质量就是指审计工作及其结果的质量。审计工作质量是基础,它决定着审计报告的质量,而审计工作质量的优劣又要通过审计报告加以反映。通常所讲的审计质量,往往是指审计报告的质量,也就是审计结论的质量。

(二)审计质量的特征

审计质量应具有客观性、可靠性、准确性、全面性、充分性、重要性、一致性和及时性等方面的特征。

(1)客观性既是指审计人员要实事求是地检查与评价,又是指审计的结论能反映客观实际情况。

（2）可靠性既要求审计人员在审计过程中要办理完备的手续，要认真地收集审计证据，审计证据要有可靠的来源渠道；又要求审计结果和事实相符，不能伪造，没有歪曲。

（3）准确性既是指审计人员在审查过程中一丝不苟、严肃认真、反复核对，定量定性准确，判断评价有根有据；又是指审计结果要有客观、可靠、充分的审计证据支撑，审计结论恰如其分，没有水分。

（4）全面性既是指审计人员在任务范围内尽可能地全面审查和评价；又是指审计结论能全面地反映被审计单位的实际情况。

（5）充分性既是指审计人员在审计过程中尽可能地收集充分的审计证据；又是指审计的结论能充分地反映被审计单位的客观实际。

（6）重要性主要是指审计人员在审计过程中以及在审计的结论中均遵循重要性原则。

（7）一致性主要是指审计人员的审查工作和审计结论均反映了审计委托人或审计目标的需要。

（8）及时性主要是指审计人员的审查工作和审计结果均能满足审计委托人或授权者在时间上的要求。

二、审计质量管理的要求

审计质量管理实质上就是对审计工作及其结果优劣程度的控制，重点是对审计过程的控制。加强审计质量管理，有利于减少审计工作风险，提高审计工作的效率和提高审计的质量。审计质量管理应达到全面、连续、及时的要求。要达到这些要求，必须对审计工作进行全要素管理、全方位管理和全过程管理。

1. 全要素管理

审计全面质量管理要对影响审计质量的各个要素执行全面控制。构成一项审计行为的要素主要是审计主体，审计客体，审计方式、方法和审计环境四个方面。通过审计方法、方式使审计的主体和审计的客体连接起来，而审计环境则是审计主体对审计客体发生作用的客观背景，这四个有机联系的方面共同作用制约着审计质量，影响审计结论的正确、可靠。因此，要保证和提高审计质量，必须对这些要素实施全面的质量控制。

2. 全方位管理

审计工作主要包括审计预测和计划、审计组织、审计人事、审计业务、审计信息和审计科研等审计业务工作，除此而外，还包括审计后勤工作等审计行政性工作以及审计财务等经济性工作。为了保证和提高审计质量，必须对所有这些工作实施质量管理，如果每项工作的质量有了切实保证，审计结论的质量也就有了可靠保证。因此，需要建立各项工作的质量管理责任制，注意各个方面的质量管理。

3. 全过程管理

审计业务活动过程包括准备阶段、实施阶段和报告阶段三个环节。审计全面质量管理需要对这三个环节分别进行质量控制，把好每个环节的质量关，保证和提高整个审计质量，保证最终审计结论的质量。

三、审计质量管理的作用

审计质量管理是对审计工作和审计结论质量的控制。审计质量管理是审计管理的核心，加强审计质量管理意义重大。

1. 加强审计质量管理可以提高审计监督的权威性

审计监督的权威性除了依赖于国家法律所赋予的独立性地位外，更重要的是取决于审计工作的质量和审计监督的效果。只有审计监督工作的质量高、效果好，其权威性才能得到保证和提高。

2. 加强审计质量管理可以降低审计风险

随着国家各项法律的建立和健全，审计人员在履行审计职责时应负担的职业责任越来越被社会上各种利益相关人所认知，审计人员失职越来越容易引发复议和诉讼，审计人员对此应引起足够的重视。加强审计质量管理，提高审计工作质量，是防范、控制、降低审计风险的最有效手段。

3. 加强审计质量管理可为国家宏观经济管理提供可靠的信息

审计报告和其他审计业务文书含有大量的信息，而且信息价值极高。由于审计具有独立性，因而审计信息通常被认为是最真实、最可靠的信息，可以向国家有关方面反馈带有规律性、倾向性、普遍性的经济问题，并提出相应的建议，作为国家宏观经济调控和宏观经济决策的重要参考依据。

四、审计质量控制的方式

审计质量控制是指审计工作进行时保持审计质量规定性的一种方式。影响审计质量的因素是多方面的，有外部因素也有内部因素。外部因素一般是指被审计单位的内控制度和经营管理水平、职工的素质和国家的经济法规建设等，这些外部因素是不可控因素。影响审计质量的内部因素一般包括审计人员的素质、审计准则、审计法规、审计程序、审计科研工作开展以及审计机关的行政管理制度建设等。这些因素是可控的。审计质量控制就是对这些可控因素的控制。

按照控制论的原理，审计质量控制是对审计工作质量全面的、系统的和连续的控制。按照发生控制的时间可分为事前控制、事中控制和事后控制三部分。

1. 审计质量的事前控制

审计质量的事前控制是对审计的总体规划及审计工作进行前的控制。它包括对审计人员的培训、制定和不断完善审计法规、制定和完善审计准则、设计审计程序、编制审计计划、完善审计机构和组织等所进行的控制。

(1) 建立和完善审计工作必要的标准制度,作为评价和衡量审计工作优劣的尺度。如审计准则、审计规范等,不得轻易更改。

(2) 根据具体的审计项目和审计目标,依照审计工作准则的规范要求,依照国家有关政策、法规和制度并结合所收集的被审单位的信息、资料,研究制订出相应的审计计划、审计程序等。

(3) 根据审计项目及审计目标的需要,选拔合适的审计人员,成立审计组,并进行必要的培训。

2. 审计质量的事中控制

审计质量的事中控制主要是指对审计过程的控制。一是审计人员要认真地进行现场作业,收集充分的审计证据,客观地进行评价,保证实事求是、公正不偏;二是审计人员要以事实为依据编写反映审计过程与结果的审计报告,并提出合适的意见与建议;三是审计机关要建立合适的审计质量把关组织,认真复核审计报告,提出恰当的审计意见书和审计决定。

3. 审计质量的事后控制

审计质量的事后控制是指审计质量的反馈控制,主要包括审计行政复议、后续审计控制和审计档案管理等。

要建立审计回访制度,进行后续审计以检查审计建议的采纳情况以及审计决定的执行情况,进而采取相应的措施。建立审计档案管理,以保证审计档案的安全完整性。

审计质量的事前控制、事中控制和事后控制相互联系、相互制约,共同构成一个完整的审计质量控制体系。这个控制体系中的重点是对审计人员行为的控制,如强化质量意识、加强审计业务的培训和技术考核等。

五、审计质量控制的措施与方法

审计质量控制措施是指为实现审计目标、规范审计行为而建立的一系列规章制度和相应的技术方法等,它是对审计实施过程的一种行为控制。

在我国,审计质量控制方面应有以下措施。

1. 对人员素质的控制

(1) 审计组织应建立保证审计人员独立性的有效机制,对审计人员的独立性随时予以监督。

(2) 审计组织应建立严格的专业培训和继续教育制度,不断提高审计人员的政治素质、业务水平和职业道德。

(3) 建立严格的聘用制度,保证聘用的审计人员都能胜任自己的工作。

(4) 建立严格的晋升制度,保证被提任的审计人员都能胜任其新职务。

(5) 审计组织应建立专门的咨询部门,及时为审计人员提供有关信息,并在审计人员需要帮助时给予帮助。

2. 对审计作业过程的控制

（1）委派审计人员时，应考虑审计任务的繁简及难易程度、审计人员的数量、审计人员的特长以及被审计单位的具体情况。

（2）在实施审计前，应对被审计单位进行充分的调查研究，制订周密细致的审计计划。

（3）在实施具体审计活动时，应收集充分有效的审计证据，正确编制审计工作底稿，并建审计工作底稿层层复核制度。

（4）在实施审计后，应认真整理、归纳、分析、提炼审计工作底稿，形成正确的审计结论和审计意见，在此基础上认真撰写审计报告。

3. 对审计质量控制政策和程序的检查和监督

审计组织应对审计质量控制状况进行再监督，以保证审计质量的不断提高。我国目前采取最多的是交叉审计、自查互查、复核控制、分层控制、分环节控制以及关键点控制等方法。

六、审计项目质量控制

我国审计机关实施审计项目时，对编制审计方案、收集审计证据、编写审计日记和审计工作底稿、出具审计报告、归集审计档案等全过程实行质量控制。审计机关在制定年度审计项目计划时，应当考虑审计项目的时间、经费和人员要求，为审计项目质量控制提供保障。审计机关实行审计项目质量责任评估和追究制度，依据有关审计法规、国家审计准则和有关办法评估审计项目质量，追究有关人员对审计项目质量的责任。

任务四 审计风险管理

一、审计风险的含义与种类

（一）审计风险的含义

广义的审计风险是指审计人员因作出错误审计结论和表达错误审计意见，从而导致审计组织和审计人员承担法律责任和相应经济损失的可能性。无论是国家审计、内部审计，还是社会审计，都有可能发表错误审计意见或作出错误的审计结论，由此承担相应的责任。虽然由于不同审计组织性质的差别其风险体现形式和最后承担责任的方式会有所差异，但是其审计风险都具有些共同的特征。

（二）审计风险的特征

1. 审计风险是客观存在的，不以审计人员的意志为转移

现代审计大多采用抽样审计方法，即根据总体的样本特征来推断总体特征。然而，样本的特征与总体的特征总会有一定差别,这种差别导致了判断的误差。这种误差虽然可以控制,但是难以完全消除。因此,审计人员只要运用抽样方法总要承担一定程度的作出错误结论的审计风险。即使是详细审计,由于经济业务的繁杂、管理人员的素质等原因,也存在审计结论不一定完全符合审计事项实际情况的可能,因此审计风险总是存在于审计活动中。审计风险可以控制,却不能完全消除。

2. 审计活动自始至终存在着审计风险

审计人员选择被审计单位不当、制订审计计划和审计方案不周、配备审计人员不能胜任工作、收集审计证据不充分、编制审计报告有误等都会导致最终的审计风险。因此,对审计风险的控制,需要控制上述各项工作环节的风险。

3. 审计风险具有潜在性

审计责任的存在是导致审计风险的基本原因,如果审计人员在执业中不受职业道德规范和法律法规的约束,不认真履行审计职责,就有可能导致审计风险。审计风险具有潜在性,即审计人员的审计结论虽偏离了审计事项的客观事实,但没造成不良后果,没引发追究审计责任的行为,审计风险只是停留在潜在阶段。但是,这并不说明审计风险是不存在的,一旦造成影响,引发追究行为,潜在风险就会转化为实际风险。需要加以控制的审计风险是由审计人员非故意行为所引发的风险。无论是由于审计人员的计划不周、经验不足、审计方法不当,还是审计抽样误差、判断失误,或是被审计单位故意提供虚假资料,使审计结论与审计事项事实不符,都不是审计人员故意所为。只有这种审计风险才是审计人员需要加以控制的审计风险。审计人员因某种利益故意作出错误审计结论,从而造成不良后果,不属于审计风险控制范畴,而属于纪律制裁范畴。

4. 审计风险是可以控制的

审计取证模式的发展表明:审计风险虽然存在,但可以加以控制。审计人员可以通过认识审计风险,分析其存在或产生的原因,采取相应的措施加以预防和控制,只要将审计风险控制在可接受的水平,审计就是成功的。

(三) 审计风险的种类

影响审计风险的因素很多,因此从不同的影响因素考虑可将审计风险划分为不同的类型。审计风险可分为固有风险、控制风险和检查风险,前两种风险也可合并称为被审计单位的重大错报风险。从审计风险管理的角度还可将审计风险分为可控风险和不可控风险。

1. 可控风险

可控风险是指由审计机构或审计人员可控制的因素导致的审计风险。例如,由于审计人员的素质、审计人员工作态度、审计方法选用、审计机构对审计工作的管理等因素导致的审计风险。因为这些因素均与审计机构和审计人员有关,因此审计机构可以通过控制它们产生的影响来控制审计风险。

2. 不可控风险

不可控风险是指由审计机构或审计人员不能直接加以控制的不确定性因素所引发的

审计风险,包括被审计单位内部和外部两种因素,内部因素如被审计单位内部控制健全程度,外部因素如国家经济形势的变化等。显然,这些因素不是审计机构或审计人员所能加以控制的。

二、审计风险的控制方法

审计风险管理的目的在于控制审计风险,而控制审计风险关键在于采取一些行之有效的控制方法。不同的审计风险应采用不同的控制方法。对于可控风险,审计人员可以针对引发风险的原因,采用相应的防范措施;对于不可控风险,审计人员也应充分评估,认真分析评价,以便确定其对审计工作的影响。综合起来,控制审计风险的方法可归纳为以下几种。

(一) 自我保护法

对于可以控制的审计风险,审计人员应尽量采取必要的措施加以防范。其主要做法有以下几种。

1. 提高审计人员的业务水平

审计人员的业务水平高低直接影响到审计风险发生的可能性,因此应当加强对审计人员的职业培训和继续教育,提高审计人员的风险意识、风险分析与控制能力,从而降低审计风险。

2. 遵守审计准则

审计人员在执业时一定要严格遵守审计准则、职业道德,保持合理的职业谨慎态度,严格遵守审计程序,避免发生重大疏忽。

3. 深入了解被审计单位的基本情况和财务状况

实践证明,在很多审计诉讼案中,审计人员在审计时未能识别重大错弊的重要原因之一,就是没有了解被审计单位所在行业的特征和被审计单位的业务情况,而是仅限于对会计资料的复核,从而遗漏了重要审计线索。还有很多审计诉讼案都涉及宣告破产或偿债出现问题的被审计单位,因为与这些被审计单位有关的权益遭受损失的投资者和债权人,为了尽量挽回他们的经济损失,经常寻找有支付能力的一方来承担责任,而审计一方常常被认为是有能力赔偿损失的替罪羊。因此,当被审计单位已陷入财务困境时,审计人员应当格外谨慎。

4. 签订业务约定书,取得管理当局说明书

在国家审计中,要求被审计单位作出承诺。签订业务约定书,取得管理当局说明书可以明确划分审计责任和被审计单位的责任,明确审计范围,预防审计风险,一旦审计风险成为现实,也可减少审计赔偿损失。

5. 保持审计的独立性

在实际工作中,很多诉讼案件都是审计人员屈从于某种压力,失去了审计的独立性,出具不真实的审计报告,使审计风险转化为现实的审计损失。失去审计的独立性,就很难做到客观、公正,难免遭受审计损失。

6. 加强审计质量控制

审计风险防范的重要措施之一就是加强审计质量控制,严格执行审计准则和相关职业规范,收集具有充分有效的审计证据,认真严格地编制和复核审计工作底稿,对重大问题实行报告制度,尽可能消除主观因素引起的审计风险。

(二)风险回避法

审计人员应尽量回避风险大而自身又无法加以控制的审计项目,如会计账目混乱、内部控制系统薄弱、管理人员缺乏正直的品格等。因为在这些情况下,出现差错和舞弊的可能性很大,固有风险很高,即使扩大审计测试范围,也难以降低审计风险水平,出现法律纠纷的可能性也就很大。因此,审计机构在接受委托或安排计划时,应对被审计单位进行调查评价,了解被审计单位是否具备审计的基本条件,否则不可轻易进行审计。

(三)风险转移法

审计人员尽量分解引发风险的责任,将审计机构、被审计单位、其他相关单位应负的责任划分清楚。例如,在审计时应分清审计人员与被审计单位管理部门的责任,如果日后发生了复议和诉讼,便于区分责任,转移风险。

(四)风险承受法

对于不可控的审计风险,审计人员应提高风险承受能力。例如,建立风险基金制度,办理职业保险。虽然这些措施不能防范审计风险,但可减少诉讼失败时的经济损失。审计组织还可聘请法律顾问,对可能发生的法律责任问题及时同法律顾问商洽,以便采取合理的对策。

引发审计风险的因素很复杂,因而,审计风险控制的措施既涉及审计机构和审计人员,也涉及社会各方面。审计事业越发展,审计人员的法律责任越突出,审计风险管理就越重要。

任务五　审计档案管理

一、审计机关的审计档案及其审计档案工作

审计档案是指审计机关在审计(含专项审计调查)活动中直接形成的对国家和社会具有保存价值的各种文字、图表等不同形式的历史记录。审计档案是国家档案的组成部分。

审计机关的审计档案管理工作接受同级档案行政管理部门的监督和指导,审计机关对审计档案应当实行集中统一管理。审计机关应当设立档案机构或者配备专职(兼职)档案人员,负责本单位的审计档案工作。

二、审计文件材料的归档

审计文件材料归档工作实行审计组组长负责制,审计组组长应当确定立卷人。立卷人应当及时收集审计项目的文件材料,并在审计项目终结后立卷归档。审计复议案件的文件材料由复议机构逐案单独立卷归档。档案机构或人员应当将审计复议案件归档情况在被复议的审计项目案卷备考表中加以说明,以便查找和利用。

审计文件材料按审计项目立卷,不同审计项目不得合并立卷。审计档案案卷质量的基本要求是:审计项目文件材料应当真实、完整、有效、规范,并做到遵循文件材料的形成规律和特点,保持文件材料之间的有机联系,区别不同价值,便于保管和利用。

审计项目案卷内,审计文件材料按照结论类、证明类、立项类和备查类四个单元进行排列。

1. 结论类文件材料

结论类文件材料包括审计报告、审计决定书、审计移送处理书等结论类报告,以及相关的审理意见书、审计业务会议记录、纪要、被审计对象对审计报告的书面意见、审计组的书面说明等。该类文件材料采用逆审计程序并结合文件材料的重要程度排列。

2. 证明类文件材料

证明类文件材料包括被审计单位承诺书、审计工作底稿汇总表、审计工作底稿及相应的审计取证单、审计证据等。该类文件材料按与审计实施方案所列审计事项对应的顺序排列。

3. 立项类文件材料

立项类文件材料包括上级审计机关或者本级政府的指令性文件、与审计事项有关的举报材料及领导批示、调查了解记录、审计实施方案及相关材料、审计通知书和授权审计通知书等。该类文件材料按形成材料时间结合材料重要程度排列。

4. 备查类文件材料

备查类文件材料包括被审计单位整改情况、审计项目审计过程中产生的信息等不属于前三类的其他文件材料。该类文件材料按形成材料时间的顺序排列。

审计文件材料的归档时间应当在该审计项目终结后的 5 个月内,不得迟于次年 4 月底。跟踪审计项目,按年度分别立卷归档。

三、审计档案的保管

审计档案的保管期限由审计机关业务部门负责划定。审计档案的保管期限应当根据审计项目涉及的金额、性质、社会影响等因素划定为永久和定期两种,定期又分为 30 年和 10 年。其中,永久保管的档案是指特别重大的审计事项、列入审计工作报告、审计结果报告或第一次涉及的审计领域等具有突出代表意义的审计事项档案。保管 30 年的档案是指重要审计事项、查考价值较大的档案。保管 10 年的档案是指一般性审计事项的档案。

审计档案的保管期限自归档年度开始计算。

审计档案的密级及保密期限,按卷内文件的最高密级及其保密期限确定,由审计业务部门按有关规定作出标识。凡未标明保密期限的,按照绝密级30年、机密级20年、秘密级10年认定。

审计机关应按国家有关规定配置专用、坚固的审计档案库房,配备必要的设施和设备,确保审计档案的安全。审计档案按"年度—组织机构—保管期限"的方法排列、编目和存放。审计案卷排列方法应当统一,前后保持一致,不可任意变动。省级以上(含省级)审计机关应当将永久保管的、省级以下审计机关应当将永久保管和30年保管的审计档案在本机关保管20年后,定期向同级国家综合档案馆移交。

对已超过保管期限的审计档案,审计机关应按有关规定成立鉴定小组定期进行鉴定,准确地判定档案的存毁。确无保存价值的,应对相关审计档案进行登记造册,经审计机关分管负责人批准后销毁。销毁审计档案,应当指定两人负责监销。

对审计机关工作人员损毁、丢失、涂改、伪造、出卖、转卖、擅自提供审计档案的,由任免机关或者监察机关依法对直接责任人员和负有责任的领导人员给予行政处分;涉嫌犯罪的,移送司法机关依法追究刑事责任。档案行政管理部门可以对相关责任单位依法给予行政处罚。

四、审计档案的利用

审计机关应加强审计档案的信息化管理,采用计算机等现代化管理技术编制适用的检索工具和参考材料,积极开展审计档案的利用工作。审计机关应建立健全审计档案利用制度。借阅审计档案一般仅限定在审计机关内部。审计机关以外的单位如有特殊情况需要查阅、复制审计档案或者要求出具审计档案证明的,须经审计档案所属审计机关分管负责人审批,重大审计事项的档案须经审计机关主要负责人审批。

思考题

1. 审计管理包括哪些内容?应使用哪些方法?
2. 审计质量管理有哪些方面的要求?
3. 审计质量控制有哪些方式?
4. 什么是审计档案和审计档案管理?

章节练习

一、单项选择题

1. 下列各项中,不应归入项目审计档案的是( )。

A. 审计通知书　　　　　　　　B. 审计实施方案
C. 审计工作底稿　　　　　　　D. 审计人员个人信息

2. 审计机关按年度对审计项目和专项审计调查项目预先作出的统一安排,称为(　　)。
   A. 审计策划　　　　　　　　B. 审计方案
   C. 审计项目计划　　　　　　D. 定期审计项目

3. 下列关于审计机关编制的年度审计项目计划的表述中,错误的是(　　)。
   A. 可以采用文字形式
   B. 可以采用表格形式
   C. 可以采用文字和表格相结合的形式
   D. 文字的内容是列示年度审计机关全部审计项目

4. 下列有关审计管理的表述中,错误的是(　　)。
   A. 审计管理要服从审计目标
   B. 审计管理要注重对审计人员的管理
   C. 审计管理主要在审计实施和审计报告阶段执行
   D. 审计管理的目的是提高审计工作的质量和效率

5. 下列关于审计风险管理的说法中,错误的是(　　)。
   A. 审计风险总是存在于审计活动中,且不可控制
   B. 审计活动自始至终存在着审计风险
   C. 审计人员的业务水平高低直接影响到审计风险发生的可能性
   D. 审计人员应尽量回避风险大而自身又无法加以控制的审计项目

6. 从不同的影响因素考虑,可将审计风险完整地划分为(　　)。
   A. 固有风险和控制风险
   B. 固有风险和检查风险
   C. 被审计单位的重大错报风险和检查风险
   D. 控制风险和检查风险

7. 下列关于审计档案管理的说法中,错误的是(　　)。
   A. 审计机关工作人员不得损毁、丢失、涂改审计档案
   B. 对已超过保管期限的审计档案可以直接销毁
   C. 审计机关应按国家有关规定配备必要的设施和设备确保审计档案的安全
   D. 审计档案的保管期限由审计机关业务部门负责划定

8. 下列关于审计项目计划的表述,错误的是(　　)。
   A. 审计项目计划是检查、评价审计机关工作任务完成情况的依据
   B. 审计项目计划是审计机关按年度对审计项目和专项审计调查项目预先作出的统一安排
   C. 审计项目计划应报本级政府行政首长和上一级审计机关批准

D. 审计项目计划应包括本级政府行政首长和相关领导机关要求审计的项目

9. 下列关于审计机关的审计档案管理工作的说法中,错误的是( )。

   A. 审计机关的审计档案管理工作接受同级档案行政管理部门的监督和指导

   B. 实行集中统一管理

   C. 审计机关应当设立档案机构或配备档案人员负责本单位的审计档案工作

   D. 审计机关必须配备专职档案人员负责本单位的审计档案工作

10. 下列各项中,不属于审计风险控制方法的是( )。

    A. 提高审计人员的业务水平　　　　B. 参照执行审计准则

    C. 保持审计的独立性　　　　　　　D. 聘请法律顾问

11. 下列关于审计计划的说法中,错误的是( )。

    A. 审计计划是预先拟定的

    B. 审计计划是对审计人力、物力、财力作出的统筹安排

    C. 审计计划是审计机构根据国家一定时期的经济监督工作的重点作出的

    D. 审计计划是审计机构制订审计计划,组织计划实施,并对计划执行情况进行检查、考核的一系列活动

12. 下列关于审计计划编制的管理的表述中,不正确的是( )。

    A. 审计项目计划是指审计机关按年度对审计项目和专项审计调查项目预先作出的统一安排

    B. 审计项目计划管理实行统一领导,分级负责制

    C. 审计机关编制年度审计项目计划只能采取文字形式

    D. 审计机关应当将年度审计项目计划报经本级政府行政首长批准并向上一级审计机关报告

13. 审计活动的历史记录、审计工作的信息库是( )。

    A. 审计档案　　　　　　　　　　　B. 审计计划

    C. 审计质量　　　　　　　　　　　D. 审计风险

14. 下列关于审计管理的表述中,正确的是( )。

    A. 审计管理的主体是审计业务活动

    B. 审计管理的客体是国家审计机关

    C. 审计管理包括审计业务管理、审计行政管理、审计组织管理等

    D. 审计目标服从于审计管理

15. 下列有关审计风险的表述,正确的是( )。

    A. 审计风险仅存在于审计活动的计划和证据收集阶段

    B. 固有风险和检查风险合并称为被审计单位的重大错报风险

    C. 审计风险是客观存在的,但具有潜在性

    D. 审计风险可以控制,并且能完全消除

16. 下列各项中,不应该调整审计机关年度审计项目计划的情形是(   )。
    A. 审计机关更换审计项目实施单位
    B. 突发重大公共事件需要进行审计
    C. 被审计单位要求调整审计目标和审计范围
    D. 被审计单位发生重大变化导致原计划无法实施
17. 下列有关国家审计计划管理的表述,正确的是(   )。
    A. 审计项目计划仅包括上级审计机关统一组织项目和授权项目
    B. 审计署负责管理本级审计项目计划
    C. 本级政府行政首长和相关领导机关要求审计的项目应该纳入审计项目计划
    D. 审计机关应将本年度审计计划报经本级政府行政首长和上级审计机关批准
18. 下列有关审计机关审计档案管理的表述中,正确的是(   )。
    A. 删除审计项目组在项目最终完成时的合并立卷
    B. 审计文件材料归档工作实行审计组组长负责制
    C. 同一审计组当年完成的同类型的审计项目可合并立卷
    D. 审计复议案件的资料应并入审计项目档案中统一管理
19. 下列各项中,属于审计质量控制中对人员素质的控制的是(   )。
    A. 审计组织应建立严格的专业培训和继续教育制度
    B. 某一项目的全部工作底稿应由负责该项目的主管审计人员复核
    C. 在开始审计工作之前,应制定切实可行的审计工作方案
    D. 助理审计人员编制的工作底稿应由项目主审人员复核
20. 进行审计质量控制的直接目的是(   )。
    A. 提高审计人员的素质,并且确保表达恰当的审计意见
    B. 确保审计行为遵循审计准则,并且表达恰当的审计意见
    C. 提高审计效率,确保表达恰当的审计意见
    D. 确保发表审计意见的正确性

二、多项选择题

1. 下列关于审计质量管理的表述,正确的有(   )。
    A. 加强审计质量管理可以降低审计风险
    B. 审计质量管理属于审计管理的内容之一
    C. 内部审计机构可以不进行审计质量管理
    D. 审计质量管理专门指审计组长对审计实施过程的管理
2. 下列各项中,属于审计质量管理的重要意义的有(   )。
    A. 提供审计监督的权威性
    B. 降低审计风险

C. 为国家宏观调控提供可靠信息

D. 降低审计成本

3. 下列各项中,属于审计管理的基础工作包括的内容有( )。

  A. 审计人员的管理   B. 审计方法的开发与管理

  C. 审计档案管理   D. 审计法制管理

4. 审计风险的控制方法包括( )。

  A. 自我保护法   B. 风险承受法

  C. 风险转移法   D. 风险回避法

5. 审计质量管理可以采取的方式有( )。

  A. 全面管理   B. 全过程管理

  C. 关键点管理   D. 外部管理和内部管理

6. 以审计机关年度审计项目计划为例,审计计划管理的内容包括( )。

  A. 审计计划编制工作的管理

  B. 审计计划执行过程的控制

  C. 审计计划组织实施

  D. 审计计划执行结果的检查和考核

7. 当前审计管理的基本内容有( )。

  A. 审计计划管理   B. 审计质量管理

  C. 审计档案管理   D. 审计风险管理

8. 下列因素导致的审计风险是可控风险的有( )。

  A. 审计机构对审计工作的管理

  B. 审计人员的工作态度

  C. 国家经济形势的变化

  D. 审计方法的选用

9. 下列关于审计质量管理的表述中,正确的有( )。

  A. 审计质量管理是审计管理的内容之一

  B. 加强质量管理可以降低审计风险

  C. 审计质量管理的对象只包括审计行为,不包括审计人员

  D. 审计质量管理应贯穿审计全过程

10. 下列各项中,应归入项目审计档案的有( )。

  A. 审计通知书   B. 审计实施方案

  C. 审计工作底稿   D. 审计报告

11. 下列各项中,属于控制审计风险方法中自我保护法的做法有( )。

  A. 提高审计人员的业务水平

  B. 签订业务约定书,取得管理当局说明书

C. 加强审计质量控制

D. 聘请法律顾问

12. 下列各项中,属于审计质量全面管理的有(　　)。
   A. 审计的一般管理
   B. 审计的业务管理
   C. 外部管理
   D. 内部管理

13. 审计质量管理的方法包括(　　)。
   A. 分层次分阶段质量控制法
   B. 关键点质量控制法
   C. 质量检查控制法
   D. 多层次管理

14. 审计项目计划检查和考核的主要工作包括(　　)。
   A. 确定审计项目计划的执行结果、计划目标和有关指标的完成情况,以及计划完成的质量水平
   B. 对完成或未完成审计项目计划的原因进行分析,总结经验和教训
   C. 对审计项目计划编制中存在的缺陷进行分析,并找出改进的措施
   D. 调查审计需求,初步选择审计项目

15. 下列选项中,从审计风险管理的角度可将审计风险分为(　　)。
   A. 固有风险
   B. 不可控风险
   C. 检查风险
   D. 可控风险

16. 下列各项中,属于永久保管的审计档案的有(　　)。
   A. 具有突出代表意义的审计事项
   B. 查考价值较大的审计事项
   C. 特别重大的审计事项
   D. 列入审计工作报告的审计事项

三、简答题

ABC 会计师事务所首次接受委托,负责审计上市公司甲公司 2020 年度财务报表,并委派 A 注册会计师担任审计项目合伙人。其相关事项如下:

(1) ABC 会计师事务所委派 B 注册会计师担任该项目质量控制复核合伙人,并负责甲公司某重要子公司的审计。

(2) 在接受委托后,A 注册会计师向甲公司前任注册会计师询问甲公司变更会计师事务所的原因,得知原因是甲公司在某一重大会计问题上与前任注册会计师存在分歧。

(3) A 注册会计师拟在审计完成阶段实施针对特定项目(包括持续经营、法律法规、关联方等)的必要程序。

(4) 在签署审计报告前,A 注册会计师授权会计师事务所另一合伙人 C 注册会计师复核了所有审计工作底稿,并就重大事项与其进行了讨论。

(5) A 注册会计师就某一重大审计问题咨询会计师事务所技术部门,但直至审计报

告日(2020年3月2日),仍未与技术部门达成一致意见。经与B注册会计师讨论,A注册会计师出具了审计报告。

(6) B注册会计师在2021年3月5日完成了项目质量控制复核。

要求:针对上述第(1)~(6)项,分别指出ABC会计师事务所业务质量控制制度是否符合会计师事务所质量控制准则的规定,并简要说明理由。

项目十　审　计　报　告

学习目标

➢ 熟悉或有事项和期后事项相关内容。
➢ 熟悉获取管理层声明书和律师声明书。
➢ 掌握编制审计差异调整表方法。
➢ 掌握编制试算平衡表方法。

 案例引入　　中国证券市场上的第一份无法表示意见的审计报告

　　1998年年初,宝石电子玻璃股份有限公司(以下简称宝石公司)由于生产停顿,财务状况不佳,普华大华会计师事务所作为受聘审计机构对其财务报表出具了中国证券市场上第一份无法表示意见的审计报告。
　　宝石公司是由石家庄显像管总厂(以下简称石显总厂)改制而来。1992年5月,经政府相关部门批准,石显总厂以其下属的黑白玻壳生产线、黑白显像管生产线为主体进行股份制改革试点,以定向募集方式设立股份有限公司。其主营业务为生产黑白显像管玻壳及黑白显像管。石显总厂则改组为石家庄宝石电子集团公司,成为股份公司的控股公司。1995年6月和9月,宝石公司又先后在深圳证券交易所上定价发行了B股10 000万股和A股2 620万股,并上市流通。至此,宝石公司的总股本达38 300万股。
　　宝石公司从成立到上市,从财务报表上看,业绩一直是良好的。这一点从宝石公司的招股说明书中所反映的过去的成就和展望的前景中可以看到。然而,市场经济这只无形之手也是无情之手。1997年开始,国内电视机市场恶性竞争加剧,黑白电视机市场加速萎缩,导致其上游产品的需求大幅度减少,产品价格也大幅度下降。黑白显像管和黑白玻壳在1997年的最低售价比1996年上半年下跌了60%以上,低于生产成本。同时,彩色玻壳售价也下跌超过20%,公司出现了严重亏损。这些因素累加导致宝石公司恢复生产无望,转产其他产品在短时间内又难以完成,因此整个生产线实际已处于停产状态。
　　针对上述的严峻形势,普华大华会计师事务所的注册会计师认为,宝石公司无法就公司是否能保持经营能力提供充分和必要的证据,在行业发生巨变的情况下,也就无法确定公司巨额存货和固定资产的计价方法的合理性。并且由于市场环境恶劣,宝石公司的巨额应收账款的可回收性也会由于下游企业的不良财务状况而增加更多不确定性。另外，宝石公司的流动负债超过流动资产7亿多元，负债占比远远高于正常水平。因此，注册会计师无法就按持续经营会计假设编制的财务报表是否能公允反映该公司的财务状况和经营成果发表任何意见。

思考题：
1. 什么是审计报告？编制审计报告前需要做好哪些准备工作？怎样编制审计报告？
2. 中国证券市场中第一份无法表示意见的审计报告产生的背景是什么？
3. 为什么普华大华会计师事务所对宝石公司1997年年报出具无法表示意见的审计报告？

任务一 编制审计报告前的具体工作

在完成按业务循环进行的控制测试、财务报表项目的实质性程序和特殊项目的审计后，对审计项目组成员在审计中发现的被审计单位的会计处理方法与企业会计准则的不一致，即审计差异内容，审计项目经理应根据审计重要性原则予以初步确定并汇总，并建议被审计单位进行调整。这一审计差异内容的初步确定并汇总直至形成经审计的财务报表的过程，主要是通过编制审计差异调整表和试算平衡表得以完成的。

一、编制审计差异调整表

审计差异内容按是否需要调整账户记录可分为核算错误和重分类错误。核算错误是因企业对经济业务进行了不正确的会计核算而引起的错误，用审计重要性原则来衡量每一项核算错误，又可把这些核算错误区分为建议调整的不符事项和不建议调整的不符事项（即未调整不符事项）；重分类错误是因企业未按适用的财务报告基础列报财务报表而引起的错误。

无论是建议调整的不符事项、重分类错误还是未调整不符事项，在审计工作底稿中通常都是以会计分录的形式反映的。编制账项调整分录汇总表如表10-1所示，重分类调整分录汇总表如表10-2所示，未更正错报汇总表如表10-3所示。

审计人员确定了建议调整的不符事项和重分类错误后，应以书面方式及时征求被审计单位对需要调整财务报表事项的意见。若被审计单位予以采纳，应取得被审计单位同意调整的书面确认；若被审计单位不予采纳，应分析原因，并根据未调整不符事项的性质和重要程度，确定是否在审计报告中予以反映，以及如何反映。

相关链接

调整分录的编制按照调表不调账的原则，将发现的审计差异直接调整财务报表的相关项目；即使涉及损益项目也不应通过"以前年度损益调整"科目。

表 10-1 账项调整分录汇总表

被审计单位：　　　　　　　　　　　　　　　　　索引号：
项目：　　　　　　　　　　　　　　　　　　　　财务报表截止日/期间：
编制：　　　　　　　　　　　　　　　　　　　　复核：
日期：　　　　　　　　　　　　　　　　　　　　日期：

序号	内容及说明	索引号	调整内容				影响利润表 +(-)	影响资产负债表+(-)
			借方项目	借方金额	贷方项目	贷方金额		

与被审计单位沟通：
参加人员：
被审计单位：
审计项目组：
被审计单位意见：

结论：
是否同意上述审计调整：
被审计单位授权代表签字：　　　　　　　　　　　　　　　　　　日期：

表 10-2 重分类调整分录汇总表

被审计单位：　　　　　　　　　　　　　　　　　索引号：
项目：　　　　　　　　　　　　　　　　　　　　截止日/期间：
编制：　　　　　　　　　　　　　　　　　　　　复核：
日期：　　　　　　　　　　　　　　　　　　　　日期：

序号	内容及说明	调整内容					
		借方科目	明细项目	借方金额	贷方科目	明细项目	贷方金额

与被审计单位沟通：
参加人员：
被审计单位：
审计项目组：

结论：
是否同意上述审计调整：
被审计单位(盖章)：　　　　　　授权代表签字：　　　　　　　　日期：

表 10-3 未更正错报汇总表

被审计单位：　　　　　　　　　　　　　　　　　索引号：
项目：　　　　　　　　　　　　　　　　　　　　财务报表截止日/期间：
编制：　　　　　　　　　　　　　　　　　　　　复核：
日期：　　　　　　　　　　　　　　　　　　　　日期：

序号	内容及说明	索引号	未调整内容				备注
			借方项目	借方金额	贷方项目	贷方金额	

未更正错报的影响：

项目　　　　　　　金额　　　　　　百分比　　　　　计划百分比
1. 总资产　　　　_____　　　　_____　　　　_____
2. 净资产　　　　_____　　　　_____　　　　_____
3. 销售收入　　　_____　　　　_____　　　　_____
4. 费用总额　　　_____　　　　_____　　　　_____
5. 毛利　　　　　_____　　　　_____　　　　_____
6. 净利润　　　　_____　　　　_____　　　　_____

结论：

被审计单位授权代表签字：_____　　日期：_____

二、编制试算平衡表

试算平衡表是审计人员在被审计单位提供未审财务报表的基础上，考虑账项调整分录、重分类调整分录等内容以确定已审数与报表披露数的表式。调整分录汇总表和重分类分录汇总表编制完成后，再据以编制资产负债表试算平衡表和利润表试算平衡表。审计人员认可的财务报表最终反映的数额应以试算平衡表调整后的数额为准。

试算平衡是指根据资产与权益的恒等关系以及借贷记账法的记账规则，检查所有账户记录是否正确的过程，包括发生额试算平衡法和余额试算平衡法两种方法。

1. 发生额试算平衡法

发生额试算平衡法是根据本期所有账户借方余额合计与贷方发生额合计的恒等关系，检验本期发生额记录是否正确的方法。其公式为：

全部账户本期借方发生额合计＝全部账户本期贷方发生额合计

2. 余额试算平衡法

余额试算平衡法是根据本期所有账户借方余额合计与贷方余额合计的恒等关系，检验本期账户记录是否正确的方法。根据余额时间不同，又分为期初余额平衡与期末余额平衡两类。期初余额平衡是期初所有账户借方余额合计与贷方余额合计相等，期末余额平衡是期末所有账户借方余额合计与贷方余额合计相等。其公式为：

全部账户的借方期初余额合计＝全部账户的贷方期初余额合计

全部账户的借方期末余额合计＝全部账户的贷方期末余额合计

实际工作中，试算平衡是通过编制试算平衡表（见表10-4）方式进行的。

通过试算平衡表来检查账簿记录是否正确并不是绝对的，从某种意义上讲，如果借贷不平衡，就可以肯定账户的记录或者计算有错误，但是如果借贷平衡，我们也不能肯定账户记录没有错误，因为有些错误并不影响借贷双方的平衡关系。如果在有关账户中重记或漏记某项经济业务，或者将经济业务的借贷方向记反，我们就不一定能通过试算平衡发现错误。

表 10-4 试算平衡表

会计科目	期初余额		本期发生额		期末余额	
	借方	贷方	借方	贷方	借方	贷方
库存现金						
银行存款						
应收账款						
生产成本						
库存商品						
固定资产						
累计折旧						
原材料						
无形资产						
短期借款						
实收资本						
应付账款						
应付福利费						
应交税费						
盈余公积						
本年公积						
本年利润						
合计						

三、或有事项

随着我国社会主义市场经济的发展,或有事项作为特殊的不确定事项,已越来越普遍地出现在企业的日常经济活动中,并对企业的财务状况和经营成果产生较大的影响。为了充分地披露或有事项对企业财务状况的潜在影响,使报表使用者获得更加充分、详细的相关信息,应保证会计资料的真实、可靠。

考虑或有事项

考虑或有事项（动画）

（一）或有事项的概念

或有事项是指过去的交易或者事项形成的,其结果须由某些未来事件的发生或不发生才能决定的不确定事项。或有事项的结果是否发生具有不确定性,或者或有事项的结果预计将会发生但发生的具体时间或金额具有不确定性。

或有负债是指过去的交易或事项形成的潜在义务,履行该义务不是很可能导致经济利益流出企业或该义务的金额不能可靠地计量。由此可见,或有负债包括两类义务:一类是潜在义务;另一类是特殊的现时义务。

或有资产是指过去的交易或事项形成的潜在资产,存在须通过未来不确定事项的发生或不发生予以证实。或有资产作为一种潜在资产,其结果具有较大的不确定性,只有随着经济情况的变化,通过某些未来不确定事项的发生或不发生才能证实其是否会形成企业真正的资产。

（二）或有事项的特征

（1）由过去的交易或事项形成,即或有事项的现存状况是过去交易或事项客观存在。

（2）结果具有不确定性,即或有事项的结果是否发生具有不确定性,或者或有事项的结果预计将会发生但发生的具体时间或金额具有不确定性。

（3）由未来事项决定,即或有事项的结果只能由未来不确定事项的发生或者不发生才能决定。

或有负债和或有资产不符合负债和资产的定义和确认条件,不应当确认或有负债或或有资产,而应当进行相应的披露并予以关注。

（三）或有事项的确认

或有事项的确认所涉及的问题是与或有事项有关的义务应在符合什么条件时确认为负债。如果与或有事项相关的义务同时符合以下条件,企业应将其确认为负债:

（1）该义务是企业承担的现时义务。例如,A公司的一名司机因违反交通规则造成严重交通事故,为此,A公司将要承担赔偿义务。违规事项发生后,A公司随即承担的是一项现时义务。再如,A公司与B公司发生经济纠纷,调解无效,A公司遂于2020年12月28日向法院提起诉讼。至2020年12月31日,法院尚未判决,但法庭调查表明,B公司的行为违反了国家的有关经济法规。这种情况表明,对B公司而言,一项现时义务已经产生。

(2) 该义务的履行很可能导致经济利益流出企业。例如，2020年5月1日，C企业与D企业签订协议，承诺为D企业的两年期银行借款提供全额担保。C企业由于担保事项而承担了一项现时义务。这项义务的履行是否很可能导致经济利益流出企业，需依据D企业的经营情况和财务状况等因素来认定。假定2020年年末，D企业财务状况良好。此时，如果没有其他特殊情况，一般可以认定D企业不会违约，从而C企业履行承担的现时义务不是很可能导致经济利益流出。假定2020年年末，D企业的财务状况恶化，且没有迹象表明可能发生好转。此种情况出现，表明D企业很可能违约，从而C企业履行承担的现时义务将很可能导致经济利益流出企业。

(3) 该义务的金额能够可靠地计量。例如，A企业（被告）涉及一桩诉讼案。根据以往的审判案例推断，A企业很可能要败诉，相关的赔偿金额也可以估算出一个范围。这种情况下，可以认为A企业因未决诉讼承担的现时义务的金额能够可靠地估计，从而应对未决诉讼确认一项负债。但是，如果没有以往的案例可与A企业涉及的诉讼案作比照，且相关的法律条文没有明确解释，那么即使A企业可能败诉，在判决以前通常也不能推断现时义务的金额能够可靠估计，对此，A企业不应将未决诉讼确认为一项负债。

（四）预计负债的计量

预计负债是指根据或有事项等相关准则确认的各项预计负债，包括对外提供担保、未决诉讼、产品质量保证、重组义务以及固定资产和矿区权益弃置义务等产生的预计负债。当与或有事项有关的义务符合确认为负债的条件时应当将其确认为预计负债。预计负债的计量主要涉及两个问题。

1. 最佳估计数的确定

预计负债应当按照履行相关现时义务所需支出的最佳估计数进行初始计量。所需支出存在一个连续范围，且该范围内各种结果发生的可能性相同的，最佳估计数应当按照该范围内的中间值确定。例如，假设A公司认为很可能赔偿的金额在40万元至60万元之间，且该范围内各种结果发生的可能性相同，则按其中间值确定预计负债50万元。

2. 预期可获得补偿的处理

企业清偿预计负债所需支出全部或部分预期由第三方补偿的，补偿金额只有在基本确定能够收到时才能作为资产单独确认。

在确定补偿金额时应注意：补偿金额只有在"基本确定"能收到时予以确认，即发生的概率在95%以上时才能做账，将补偿金额计入账内。补偿金额应单独确认为资产，即应记入"其他应收款"科目，不能直接冲减预计负债。确认入账的金额不能超过预计负债的金额。如果确认补偿金的金额超过了预计负债的金额，将使利润出现正数，等于确认了或有资产，这违背了谨慎原则。

（五）待执行合同、企业重组形成的或有事项的确认和计量

1. 待执行合同形成的或有事项的确认和计量

待执行合同是指合同各方尚未履行任何合同义务，或部分地履行了同等义务的合同。

例如,企业与其他企业签订的商品销售合同、劳务提供合同、让渡资产使用权合同、租赁合同等,均属于待执行合同。待执行合同本身不属于或有事项准则规范的内容,只有待执行合同变为亏损合同的,应当作为或有事项准则规范的或有事项。

亏损合同分为两种情况处理:企业在履行合同义务过程中发生的成本可能出现超过预期经济利益的情况时,待执行合同即变成了亏损合同,此时,如果与该合同相关的义务不需支付任何补偿即可撤销,通常不存在现时义务,不应确认预计负债。待执行合同变成亏损合同的,该亏损合同产生的义务满足或有事项确认条件的,应当确认为预计负债。如果与该合同相关的义务不可撤销,企业就存在了现时义务,同时满足该义务很可能导致经济利益流出企业和金额能够可靠地计量的,通常应当确认预计负债。

2. 企业重组形成的或有事项的确认和计量

企业承担的重组义务满足或有事项确认条件的,应当确认为预计负债。企业应当按照与重组有关的直接支出确定该预计负债金额。直接支出不包括留用职工岗前培训、市场推广、新系统和营销网络投入等支出。下列情况同时存在时,表明企业承担了重组义务:有详细、正式的重组计划,包括重组涉及的业务、主要地点、需要补偿的职工人数及其岗位性质、预计重组支出、计划实施时间等;该重组计划已对外公告。

企业承担的重组义务不满足或有事项确认条件的,不应当确认为预计负债。例如,某公司董事会决定关闭一个事业部。如果有关决定尚未传达到受影响的各方,也未采取任何措施实施该项决定,表明该公司没有承担重组义务,不应确认预计负债。

(六)预计负债的披露

对于或有事项满足预计负债确认条件的(即导致经济利益很可能流出企业)应该确认为预计负债,企业应该在财务报表中披露预计负债的以下内容:

(1) 预计负债的种类、形成的原因以及经济利益流出不确定性的说明。

(2) 各类预计负债的期初、期末余额和本期变动额。

(3) 与预计负债有关的预期补偿金额和本期已确认的预期补偿金额。

(七)或有负债的披露

企业应在附注中披露或有负债(不包括极小可能导致经济利益流出企业的或有负债)的下列信息:

(1) 或有负债的种类及其形成原因,包括已贴现商业承兑汇票、未决诉讼、未决仲裁、对外提供担保等形成的或有负债。

(2) 经济利益流出不确定性的说明。

(3) 或有负债预计产生的财务影响,以及获得补偿的可能性;无法预计的,应当说明原因。

> **相关链接**
>
> 在原《企业会计准则》中,对已贴现的商业汇票、未决诉讼、未决仲裁、对外提供担保等

形成的或有负债,无论导致经济利益流出企业的可能性大小,一律应披露;新的《企业会计准则》改变了这种做法,只有在可能导致经济利益流出企业时,才应披露。

(八) 或有资产的披露

企业通常不披露或有资产,但或有资产很可能会给企业带来经济利益的,应当在附注中披露其形成的原因、预计产生的财务影响等。

(九) 或有事项披露的豁免

在涉及未决诉讼、未决仲裁的情况下,如果披露与该或有事项有关的全部或部分信息预期会对企业造成重大不利影响的,企业无须披露这些信息,但应当披露该未决诉讼、未决仲裁的性质,以及没有披露这些信息的事实和原因。

四、期后事项

期后事项是指资产负债表日至审计报告日之间发生的事项以及审计报告日后发现的事实。期后事项很可能影响审计人员对被审计单位的审计意见,所以审计人员必须对期后事项予以充分关注。期后事项包括对会计报表有直接影响需调整的事项和对会计报表没有直接影响但应予以披露的事项,期后事项的审核应在整个审计工作即将结束前完成。

期后事项审核是审计中重要的一环,许多高风险事项往往隐藏于期后,应给予足够的审计关注。

(一) 对调整事项的考虑和会计处理

1. 调整事项的含义及特点

所谓调整事项是指资产负债表日后发生的、能对资产负债表日已存在情况提供进一步证据的事项。这类事项的特点是:在资产负债表日或以前就已显示了某种征兆,但最终结果需要在资产负债表日予以证实。

调整事项既可为被审计单位管理当局确定资产负债表日账户余额提供信息,也可为注册会计师核实这些余额提供补充证据。一般情况下,下列事项通常作为调整事项处理:

(1) 已被证实某项资产价值损失和永久性减值。

(2) 处于协商中的债务重整事项已达成协议。

(3) 公司的利润分配方案(但不包括宣告发放的属于会计报表编制期间的股票股利)。

(4) 发现资产负债表日或之前发生的错误或舞弊。

(5) 由于税法变动、改变了对资产负债表日以及之前的收益适用的税率。

(6) 发现资产负债表日对某些事项的估计错误。

(7) 属于会计报表编报期间的销售退回。

(8) 资产负债表日后发生的企业的一部分已不再持续经营。

(9) 其他能为资产负债表日已存在情况提供补充证据的事项。

2. 对调整事项的考虑和会计处理

对于资产负债表日后发生的调整事项，注册会计师须提请被审计单位管理当局予以调整，作出相关的账务处理，并对资产负债表日已编制的会计报表（包括资产负债表、利润表及其相关附表和现金流量表附注，但不包括现金流量表）进行相应的调整。由于需调整期后事项发生在次年，上年的有关账目已经结转，特别是损益类科目在当年年末结转后已无余额，资产负债表日后发生的调整事项，应当分别以下情况进行账务处理：

（1）涉及损益的事项，通过"以前年度损益调整"科目核算。具体地说，调整增加以前年度收益的事项或调减以前年度亏损的事项，及其调整减少的所得税，记入"以前年度损益调整"科目的贷方；调整减少以前年度收益的事项或调增以前年度亏损的事项，及其调整增加的所得税，记入"以前年度损益调整"科目的借方。"以前年度损益调整"科目的借方或贷方余额转入"利润分配——未分配利润"科目。

（2）涉及利润分配调整的事项，直接在"利润分配——未分配利润"科目核算。

（3）不涉及损益以及利润分配的事项，只需调整相关科目。

（4）通过上述账务处理后，还应同时调整会计报表相关项目的数字，包括：①资产负债表日编制的会计报表相关项目的数字；②当期编制的会计报表相关项目的年初数。

（二）非调整事项的考虑和会计处理

1. 非调整事项的含义及特点

非调整事项是指资产负债表日后发生的、不影响资产负债表日存在情况的事项。这类事项的特点是：在资产负债表日以后才发生或存在的事项，与资产负债表日以前存在的状况没有丝毫联系，只对被审计单位资产负债表日以后的财务状况、经营成果产生影响。一般情况下，下列事项应当作为非调整事项处理：

（1）企业合并或购买控制权。

（2）应付债券的提前收回。

（3）所持用于短期投资和转卖的证券市价严重下跌。

（4）股票和债券的发行。

（5）由于政府禁止销售某种产品所造成的存货市价下跌。

（6）需要为新的养老金计划在近期支付大笔现金。

（7）偶然性的大笔损失（如自然灾害导致的资产损失等）。

（8）外汇汇率的变动。

（9）开展新的经营或扩大原有经营。

2. 对非调整事项的考虑和会计处理

由于非调整事项是在资产负债表日以后才存在或发生的情况，与资产负债表日及其以前已存在或发生的状况没有联系，因而它不影响资产负债表日的资产、负债和所有者权益的金额，对此也不需要调整资产负债表日编制的会计报表。但是，为使会计报表使用者全面了解企业的财务状况和经营成果，引导会计报表使用者作出正确的判断与决策，注册会计师应提请被审计单位管理当局在会计报表附注中予以披露,说明其内容和对财务状况、经营成果的影响;如无法作出估计,则应说明不能合理估计的理由。

五、获取管理层声明书和对律师的审计询问函

(一) 管理层声明书

管理层声明书是指被审计单位管理层向审计人员提供的关于财务报表的各项书面陈述,其格式如下所示。

管理层声明书(示例)

_____ 会计师事务所并 _____ 审计人员:

本公司已委托贵事务所对本公司 _____ 年 ___ 月 ___ 日的资产负债表, _____ 年度的利润表、现金流量表和股东权益变动表以及财务报表附注进行审计,并出具审计报告。

为配合贵事务所的审计工作,本公司就已知的全部事项作出如下声明:

1. 本公司承诺,按照企业会计准则和《_____ 会计制度》的规定编制财务报表是我们的责任。
2. 本公司已按照企业会计准则和《_____ 会计制度》的规定编制 _____ 年度财务报表,财务报表的编制基础与上年度保持一致,本公司管理层对上述财务报表的真实性、合法性和完整性承担责任。
3. 设计、实施和维护内部控制,保证本公司资产安全和完整,防止或发现并纠正错报,是本公司管理层的责任。
4. 本公司承诺财务报表符合适用的会计准则和相关会计制度的规定,公允反映本公司的财务状况、经营成果和现金流量情况,不存在重大错报,包括漏报。贵事务所在审计过程中发现的未更正错报,无论是单独还是汇总起来,对财务报表整体均不具有重大影响。未更正错报汇总表附后。
5. 本公司已向贵事务所提供了:
  (1) 全部财务信息和其他数据;
  (2) 全部重要的决议、合同、章程、纳税申报表等相关资料;
  (3) 全部股东会和董事会的会议记录。
6. 本公司所有经济业务均已按规定入账,不存在账外资产或未计负债。
7. 本公司认为所有与公允价值计量相关的重大假设是合理的,恰当地反映了本公司的意图和采取特定措施的能力;用于确定公允价值的计量方法符合企业会计准则的规定,并在使用上保持了一贯性;本公司已在财务报表中对上述事项作出恰当披露。
8. 本公司不存在导致重述比较数据的任何事项。
9. 本公司已提供所有与关联方和关联方交易相关的资料,并已根据企业会计准则和《_____ 会计制度》的规定识别和披露了所有重大关联方交易。
10. 本公司已提供全部或有事项的相关资料。除财务报表附注中披露的或有事项外,本公司不存在其他应披露而未披露的诉讼、赔偿、承兑、担保等或有事项。
11. 除财务报表附注披露的承诺事项外,本公司不存在其他应披露而未披露的承诺事项。
12. 本公司不存在未披露的影响财务报表公允性的重大不确定事项。
13. 本公司已采取必要措施防止或发现舞弊及其他违法法规行为,未发现:
  (1) 涉及管理层的任何舞弊行为或舞弊嫌疑的信息;
  (2) 涉及对内部控制产生重大影响的员工的任何舞弊行为或舞弊嫌疑的信息;
  (3) 涉及对财务报表的编制具有重大影响的其他人员的任何舞弊行为或舞弊嫌疑的信息。
14. 本公司严格遵守了合同规定的条款,不存在因未履行合同而对财务报表产生重大影响的事项。

15. 本公司对资产负债表上列示的所有资产均拥有合法权利,除已披露事项外,无其他被抵押、质押资产。

16. 本公司编制财务报表所依据的持续经营假设是合理的,没有计划终止经营或破产清算。

17. 本公司已提供全部资产负债表日后事项的相关资料,除财务报表附注中披露的资产负债表日后事项外,本公司不存在其他应披露而未披露的重大资产负债表日后事项。

18. 本公司管理层确信:
(1) 未收到监管机构有关调整或修改财务报表的通知;
(2) 无税务纠纷。

19. 其他事项。

【审计人员认为重要而需声明的事项,或者管理层认为必要而声明的事项。例如:

1. 本公司在银行存款或现金运用方面未受到任何限制。

2. 本公司对存货均已按照企业会计准则的规定予以确认和计量;受托代销商品或不属于本公司的存货均未包括在会计记录内;在途物资或由代理商保管的货物均已确认为本公司存货。

3. 本公司不存在未披露的大股东及关联方占用资金和担保事项。】

附件:未更正错报汇总表

_____公司(盖章)
法定代表人:(签名)
财务负责人:(签名)
___年___月___日

1. 管理层声明书的作用

(1) 明确管理层对财务报表的责任。被审计单位管理层在声明书中对提供给审计人员的有关资料的真实性、合法性和完整性作出正面陈述,并明确承认对财务报表负责。

(2) 提供审计证据。被审计单位管理层声明书把管理层对审计人员的询问所做的答复以书面方式予以记录,可作为书面证据。

> **相关链接**
>
> 管理层声明书虽然作为一种书面证据,但是由于来自内部,证明力较弱,达不到充分和适当的审计证据,主要作用在于保护注册会计师,避免卷入潜在纠纷。

2. 管理层声明书与审计证据

(1) 将管理层声明书作为审计证据的特定情形。对于某些对财务报表具有重大影响的事项而言,如涉及管理层的判断、意图以及仅限于管理层知悉事实的事项,可以合理预期除实施询问程序获得的证据外,不存在其他充分、适当的审计证据,在这种情况下,审计人员应当将询问的结果取得管理层的签字确认,获取书面声明。

(2) 收集审计证据以支持管理层声明书。管理层声明书是来自被审计单位内部的一种证据,较之外部独立来源的证据,不具有独立性,证明力较弱,其本身不能构成充分、适当的审计证据,并作为发表审计意见的基础。当管理层声明书的事项对财务报表具有重大影响时,审计人员应当实施下列审计程序:①从被审计单位内部或外部获取佐证证据;②评价管理层声明书是否合理并与获取的其他审计证据(包括其他声明)一致;③考虑作出声明的人员是否熟知所声明的事项。

（3）管理层声明书不能替代其他审计证据。审计人员不应以管理层声明书替代能够合理预期获取的其他审计证据。如果不能获取对财务报表具有或可能具有重大影响的事项的充分、适当的审计证据，而这些证据预期是可以获取的，即使已收到管理层就这些事项作出的声明书，审计人员仍应将其视为审计范围受到限制。

（4）管理层声明书与其他审计证据相矛盾时的处理。如果管理层的某项声明与其他审计证据相矛盾，审计人员应当调查这种情况。必要时，重新考虑管理层作出的其他声明的可靠性。

（二）对律师的审计询问函

对律师的审计询问函是被审计单位律师对函证问题的答复和说明。对律师的审计询问函是外部证据，可以通过该询问函获取或有事项的相关证据，因此通常可提供充分有力的证据，但其本身不足以对注册会计师形成审计意见提供基本理由。通常通过被审计单位向其他律师寄发审计询证函的方式来进行，没有固定的格式。

如果对律师的审计询问函表明或暗示律师拒绝提供信息，或是隐瞒信息，或是对被审计单位叙述的情况不加修正，一般应认为审计范围受到限制，就不能出具无保留意见的审计报告。

任务二 | 出具审计报告

一、审计报告的含义及类型

（一）审计报告的含义

审计报告的定义和类型（动画）

审计报告是审计人员根据有关审计准则的要求，在实施了必要的审计程序后出具的，对被审计单位财务报表发表审计意见的书面文件。

就社会审计而言，审计报告是指注册会计师根据《中国注册会计师审计准则》的规定，在实施审计工作的基础上出具的，用于对被审计单位财务报表发表审计意见的书面文件。

（二）审计报告的作用

1. 鉴证作用

在审计过程中，审计人员以独立的第三者身份，通过审计报告对被审计单位财务报表所反映的财务状况、经营成果和现金流量情况等是否合法、公允，发表自己的意见，作出客观的鉴证。这种鉴证作用，在社会审计的审计报告中尤其突出。它可以为政府有关部门如财政部门、税务部门及有关综合管理部门，了解企业真实情况提供重要依据，有利于其作出有关宏观调控决策；也可以为企业的投资者和债权人、客户等利害相关方了解被审计单位情况，为有关经营决策提供重要参考依据。

2. 保护作用

在审计过程中,审计人员通过对被审计单位出具不同类型审计意见的审计报告,以提高或降低财务报表信息使用者对财务报表的信赖程度,尤其是揭露被审计单位存在的重大错误和舞弊行为,从而能够在一定程度上对被审计单位的投资者债权人及其他利害关系人的利益起到保护作用。

3. 证明作用

审计报告是对审计任务完成情况及其结果所作的总结,因而可以表明审计工作的质量,并明确审计人员的审计责任。因此,审计报告可以对审计工作质量和审计人员的责任起证明作用。

(三) 审计报告的种类

1. 按审计报告的签发主体分类

按照审计报告签发主体不同,审计报告分为国家审计报告、社会审计报告和内部审计报告。

国家审计报告又称为政府审计报告,是由国家审计人员对被审计单位进行审计后签发的、供被审计单位有关的各方参考和执行的书面文件。

社会审计报告亦称注册会计师审计报告,是注册会计师根据中国注册会计师审计准则的规定,在实施审计工作的基础上,对被审计单位财务报表发表审计意见的书面文件。社会审计报告是注册会计师审计工作的最终成果,具有法定效力。

内部审计报告是指内部审计机构签发的,向本部门或本单位的主要负责人出具的,证明被审计事项的书面文件。内部审计报告无法律效力。

2. 按审计报告的内容分类

按照审计报告的内容不同,审计报告可分为财务审计报告、经济效益审计报告、财经法纪审计报告和财政金融审计报告等。

财务审计报告是对被审计单位财务报表所反映的财务状况、经营成果及现金流量进行审查验证后出具的报告。

经济效益审计报告是指对被审计单位的经营管理的效益状况进行审计后所提出的报告。

财经法纪审计报告是对被审计单位严重违反财经政策、财经法规、财经纪律行为进行审计后所出具的审计报告,这是一种专案审计报告。

财政金融审计报告又可分为财政审计报告和金融审计报告。财政审计报告是指从宏观经济角度对国家各级政府的财政预算执行情况和财政决算进行审查后,作出审计结论并提出处理意见的报告。

3. 按审计报告的详略程度分类

按详略程度不同,审计报告可分为简式审计报告和详式审计报告。

简式审计报告是指审计人员对应公布的财务报表进行审计后所编制的简明扼要的审

计报告,其特点是报告语言精练,内容简明扼要。

详式审计报告是指对被审计项目情况作详细分析和说明的审计报告。它主要用于帮助被审计单位改善经营管理,其内容比简式审计报告丰富、详细。这种审计报告一般适用于非公布目的,且具有非标准审计报告的特点。政府审计机关、内部审计机构所编写的综合性或专项审计报告多属此类。

4. 按审计报告的范围分类

按照审计工作的范围不同,审计报告可分为外部审计报告和内部审计报告。

外部审计报告是指由被审计单位外部的国家审计机关或社会审计组织所出具的审计报告。国家审计机关的审计报告一般不对外公布,但根据审计报告所作出的审计决定是对外公开的。目前,政府审计信息公开已成为国际惯例。

内部审计报告是指由部门或单位内部相对独立的审计机构所出具的审计报告。

5. 按照审计报告的性质和形式分类

按其性质和形式不同,审计报告可分为标准审计报告和非标准审计报告。

标准审计报告是指格式和措辞基本统一的审计报告。如注册会计师出具的不附加说明段、强调事项段或任何修饰性用语的审计报告。标准审计报告包含审计要素齐全,属于无保留意见审计报告。

相关链接

如果认为财务报表符合下列所有条件,审计人员应当出具无保留意见的审计报告:

(1) 财务报表已经按照使用的会计准则和相关会计制度的规定编制,在所有重大方面公允反映了被审计单位的财务状况、经营成果和现金流量。

(2) 审计人员已经按照中国审计人员准则的规定计划实施审计工作,在审计过程中未受到限制。

当出具无保留意见的审计报告时,审计人员应当以"我们认为"作为意见段的开头,并使用"在所有重大方面""公允反映"等术语。

非标准审计报告是指标准审计报告以外的其他审计报告,一般其格式的措辞不统一,可以根据具体审计项目的问题来决定的审计报告。它包括一般审计报告和特殊审计报告。这种审计报告,一般适用于非公布目的。

二、审计报告的基本内容

(一) 国家审计报告的基本内容

1. 标题

国家审计报告的标题一般表述为"××厅(局)××年度××审计的报告",并与年度审计项目计划名称一致。

2. 引言段

引言段应简明扼要，具体包括：

（1）审计依据：应指明审计的法律依据和委托依据。

（2）审计实施机关：审计组。

（3）审计时间：自×年×月×日至×年×月×日。

（4）被审计对象：包括被审计单位、审计内容。

（5）审计期间：被审计业务的期间范围。

（6）审计方式：就地审计或送达审计。

（7）审计工作开展的总体情况。

（8）提出审计报告依据。

3. 被审计单位的基本情况

被审计单位的基本情况包括：被审计单位的经济性质、管理体制、财政财务隶属关系或者国有资产监督管理关系，以及财政财务收支状况等。经济责任审计还应包括被审计单位对象所任职务、任职时间、职责分工等。

4. 被审计单位的会计责任及被审计单位的承诺

一般表述为：根据《××省（市或州）审计厅（局）关于××的通知》要求；有关单位向审计组提供了与审计范围相关的数据并承诺。

5. 审计评价

审计评价以审计结果为基础，以写实为主，用词平实、适度，对被审计单位及被审计领导干部经济责任履行情况的总体评价及其依据。

6. 审计查出的主要问题

审计查出的主要问题是审计报告核心部分，主要包括：

（1）按照报告基本情况部分中所列举的审计重点内容的顺序，列举审计情况的重大问题，包括对事实的描述及定性。

（2）每类问题一般应列出标题，包括问题的定性、金额的定量和处理处罚意见。

（3）经济责任审计项目，注意所列举的问题应与被审计领导人履行经济责任行为有所关联。

（4）审计处理方式及审计建议。

国家审计报告还应包括审计报告出具时间及出具机关和审计报告附件。

（二）社会审计报告的基本内容

《中国注册会计师审计准则第 1501 号——审计报告》规定了简式审计报告的基本内容。

1. 标题

审计报告的标题应当统一规范为"审计报告"。

2. 收件人

审计报告的收件人是指注册会计师按照业务约定书的要求致送审计报告的对象,一般是指审计业务的委托人。审计报告应当载明收件人的全称。针对整套通用目的财务报表出具的审计报告,审计报告的致送对象通常为被审计单位的全体股东或董事会。

3. 审计意见段

审计意见段应当说明财务报表是否按照适用的会计准则和相关会计制度的规定编制,是否在所有重大方面公允反映了被审计单位的财务状况、经营成果和现金流量。

财务报表审计的目标是注册会计师通过执行审计工作,对财务报表的下列方面发表审计意见:①财务报表是否按照适用的会计准则和相关会计制度的规定编制;②财务报表是否在所有重大方面公允反映了被审计单位的财务状况、经营成果和现金流量。因此,当注册会计师完成审计工作,获取了充分、适当的审计证据,应当就上述内容对财务报表发表审计意见。

4. 形成审计意见的基础段

注册会计师应当评价根据审计证据得出的结论,以作为对财务报表形成审计意见的基础。在对财务报表形成审计意见时,注册会计师应当根据已获取的审计证据,评价是否已对财务报表整体不存在重大错报获取合理保证。

(1) 按照《中国注册会计师审计准则第 1231 号——针对评估的重大错报风险采取的应对措施》的规定,是否已获取充分、适当的审计证据。

(2) 按照《中国注册会计师审计准则第 1251 号——评价审计过程中识别出的错报》的规定,未更正错报单独或汇总起来是否构成重大错报。

在确定时,注册会计师应当考虑:

(1) 相对特定类别的交易、账户余额或披露以及财务报表整体而言,错报的金额和性质以及错报发生的特定环境。

(2) 与以前期间相关的未更正错报对相关类别的交易、账户余额或披露以及财务报表整体的影响。

(3) 评价财务报表是否在所有重大方面按照适用的财务报告编制基础。

(4) 评价财务报表是否实现公允反映。

(5) 评价财务报表是否恰当提及或说明适用的财务报告编制基础。

5. 注册会计师的责任

注册会计师的责任应当说明下列内容:

(1) 注册会计师的责任是在实施审计工作的基础上对财务报表发表审计意见。

(2) 审计工作涉及实施审计程序,以获取有关财务报表金额和披露的审计证据。

(3) 注册会计师相信已获取的审计证据是充分、适当的,为其发表审计意见提供了基础。如果接受委托,结合财务报表审计对内部控制有效性发表意见,注册会计师应当省略"但目的并非对内部控制的有效性发表意见"的术语。

6. 注册会计师的签名和盖章

审计报告应当由至少两名注册会计师签名盖章。

7. 会计师事务所的名称、地址及盖章

审计报告应当载明会计师事务所的名称和地址,并加盖会计师事务所公章。

8. 报告日期

审计报告的日期不应早于注册会计师获取充分、适当的审计证据(包括管理层认可对财务报表的责任且已批准财务报表的证据),并在此基础上对财务报表形成审计意见的日期。

9. 附件

注册会计师应当将已审计的财务报表附于审计报告之后,以便于财务报表使用者正确理解和使用审计报告,并防止被审计单位替换、更改已审计的财务报表。

(三)审计意见类型

审计意见的基本类型包括无保留意见、保留意见、否定意见和无法表示意见,也可分为无保留意见和非无保留意见。

1. 无保留意见的审计报告

无保留意见的审计报告是指审计人员对被审计单位的财务报表,依照审计准则的要求进行审查后,认为被审计单位在所有重大方面公允反映了财务状况、经营成果及现金流量情况的审计意见。

无保留意见的审计报告包括标准无保留意见、带强调事项段的无保留意见两种。标准无保留意见审计报告是指注册会计师出具的不附加说明段、强调事项段或任何修饰性用语的审计报告。标准无保留意见是审计人员和委托人最希望获得的审计意见。

2. 非无保留意见的审计报告

非无保留意见的审计报告有以下几种:

(1)保留意见的审计报告。保留意见的审计报告是指审计人员认为被审计单位财务报表并不是所有重大方面都公允地反映被审计单位的财务状况、经营成果及现金流量情况的审计报告。一般是由于某些事项的存在,影响了财务报表的合理、公允表达,使审计人员不具备出具无保留意见的审计报告的条件,因此对影响事项提出保留意见。

(2)否定意见的审计报告。否定意见的审计报告是指审计人员否定被审计单位财务报表在所有重大方面公允反映被审计单位的财务状况、经营成果及现金流量情况的审计意见。在审计人员出具的审计报告中,无保留意见或保留意见审计报告较为常见,而否定意见的审计报告并不常见。无论是审计人员,还是被审计单位,都不希望出具或遇到否定意见的审计报告。

(3)无法表示意见的审计报告。无法表示意见的审计报告是指审计人员对财务报表审计范围受限时所出具的审计报告。

相关链接

上市公司在年报中披露的财务报表,由上市公司自己编制,其真实性、准确性与完整性,还需要会计师事务所作为独立方进行审计。审计后事务所要出具审计报告,报告分为两大类:一种是标准无保留意见审计报告;另一种是非标准意见审计报告(以下简称非标意见)。前者表明会计师认为财务报表质量合格;而非标准意见审计报告表示会计师认为财务报表质量不合格。《信息披露编报规则》指出,审计人员不得以解释性说明代替保留意见,或者以保留意见代替否定意见。凡审计人员对上市公司的财务报告出具非标准无保留审计意见的,应根据《独立审计准则》要求,清楚地说明出具该意见的原因及依据,并对该意见涉及事项对上市公司财务报告的影响作出估计,无法估计的应当说明原因。凡上市公司财务报告因明显违反上述规定,导致审计人员出具非标准无保留审计意见的,审计人员应当指出并要求公司就相关事项作出必要的调整。如果上市公司拒绝就此作出调整,或调整后审计人员认为其仍明显违反会计准则、制度及相关信息披露规范规定,进而出具了非标准无保留审计意见的,交易所应当在上市公司定期报告披露后,立即对其股票实行停牌处理,并要求上市公司限期纠正。停牌期间证监会将对有关事项进行调查,并依法作出处理。股票停牌期间上市公司应当继续履行法定的信息披露义务。

三、在审计报告中沟通关键审计事项

关键审计事项是指注册会计师根据职业判断认为对当期财务报表审计最为重要的事项。

1. 沟通关键审计事项的作用

(1) 在审计报告中沟通关键审计事项,可以提高已执行审计工作的透明度,从而提高审计报告的决策相关性和有用性。

(2) 沟通关键审计事项还能够为财务报表使用者提供额外的信息,以帮助其了解被审计单位、已审计财务报表中涉及重大管理层判断的领域,以及注册会计师根据职业判断认为对当期财务报表审计最为重要的事项,还能够为财务报表预期使用者就与被审计单位、已审计财务报表或已执行审计工作相关的事项进一步与管理层和治理层沟通提供基础。

2. 沟通关键审计事项的适用范围

审计准则要求注册会计师在上市实体整套通用目的财务报表审计报告中增加关键审计事项部分,用于沟通关键审计事项。

思考题

1. 什么是或有事项?或有事项有哪些特征?
2. 什么是期后事项?

3. 什么是审计报告？审计报告有哪些作用？

4. 审计意见的基本类型包括哪些？

章 节 练 习

一、单项选择题

1. 注册会计师审计报告的主要作用是（　　）。
   A. 检查　　　　　　　　　　B. 评价
   C. 鉴证　　　　　　　　　　D. 监督

2. 审计报告的引言段主要说明（　　）。
   A. 指出构成整套财务报表的每张报表的名称及附注
   B. 提及财务报表的对应关系
   C. 执行的审计程序及运用的依据
   D. 指明财务报表的实质

3. 审计报告的说明段省略时，则注册会计师发表了（　　）。
   A. 无保留意见　　　　　　　B. 保留意见
   C. 否定意见　　　　　　　　D. 无法表示意见

4. 审计报告日是指（　　）。
   A. 财务报表截止日　　　　　B. 审计报告完成日
   C. 审计报告报送日　　　　　D. 审计工作完成日

5. 某位注册会计师在编写审计报告时，在意见段中使用了"除部分所述事项产生的影响外，后附的财务报表在所有重大方面按照企业会计准则的规定编制，公允反映了……"的术语，这种审计报告是（　　）。
   A. 无保留意见审计报告　　　B. 保留意见审计报告
   C. 否定意见审计报告　　　　D. 无法表示意见审计报告

6. 某位注册会计师在编写审计报告时，在意见段中使用了"由于部分所述事项的重要性，后附的财务报表没有在所有重大方面按照企业会计准则的规定编制，未能公允反映……"的术语，这种审计报告是（　　）。
   A. 无保留意见审计报告　　　B. 保留意见审计报告
   C. 否定意见审计报告　　　　D. 无法表示意见审计报告

7. 某位注册会计师在编写审计报告时，在意见段中使用了"由于部分所述事项的重要性，我们无法获取充分、适当的审计证据以作为对财务报表发表审计意见的基础"的术语，这种审计报告是（　　）。

A. 无保留意见审计报告 B. 保留意见审计报告
C. 否定意见审计报告 D. 无法表示意见审计报告

8. 期后事项是指影响财务报表的事项，其影响的期间为（   ）。
   A. 财务报表截止日以后 B. 审计报告日之后
   C. 实地审计工作结束以后 D. 财务报表日与审计报告日之间

9. 注册会计师出具的审计报告的正确性和合法性应由（   ）。
   A. 会计师事务所负责 B. 委托单位负责
   C. 审计管理机关负责 D. 注册会计师负责

10. 注册会计师在审计中如遇委托项目中的一部分内容客户已委托其他会计师事务所审计，对此，注册会计师应当（   ）。
    A. 与该会计师事务所联系并在工作底稿中说明
    B. 应当与其他内容一并发表审计意见
    C. 向委托人说明不对该项内容审计
    D. 与该会计师事务所联系

11. 在审计中小公司财务报表的过程中，如发现委托人的内部管理制度存在严重问题，注册会计师（   ）。
    A. 可以在审计报告汇总提出保留意见
    B. 可以书面方式向委托人提出改进意见
    C. 应以口头方式提出意见，限期改正
    D. 应以书面方式提出意见，限期改正

12. 下列文件中能够作为提出审计报告意见依据的项目是（   ）。
    A. 注册会计师的审计工作底稿
    B. 内部控制系统评价的结果
    C. 注册会计师的审计工作计划
    D. 委托人对审计中发现的技术性错误的陈述

13. 注册会计师编写管理建设书的主要目的是（   ）。
    A. 帮助被审计单位改善内部控制系统
    B. 有助于会计师事务所的未来聘约
    C. 有助于公众对被审计单位控制的了解
    D. 有助于注册会计师了解被审计单位的内部控制

14. 注册会计师在审计中发现被审计单位的内部控制存在问题，应当（   ）。
    A. 随时向被审计单位有关部门或人员提供，并交换意见
    B. 在审计业务完成后，以管理建议书的形式反映
    C. 因为内部控制不是审计的重要内容，不对此进行说明
    D. 根据性质确定采取的形式，只有非常严重的内部控制问题，才向被审计单位提出

15. 被审计单位对审计范围进行限定,致使某些重要的审计程序无法实施,注册会计师发表的审计意见应该是( )。

    A. 保留意见　　　　　　　　　　　　B. 否定意见

    C. 无法表示意见　　　　　　　　　　D. B 和 C

16. 某企业对以外币结算款项减少业务的核算,以前都按原入账时的汇率作为账目汇率,但从本年初起,经董事会同意,改按加权平均法,并已在会计报告中加以说明。对上述会计方法的重要变动,如企业不再作出任何调整,注册会计师应出具( )。

    A. 无保留意见审计报告　　　　　　　B. 保留意见审计报告

    C. 否定意见审计报告　　　　　　　　D. 无法表示意见审计报告

17. 某注册会计师于 2020 年 2 月 20 日完成了对某公司 2019 年度的审计,2020 年 2 月 28 日撤离了审计现场,2020 年 3 月 4 日签发审计报告,签发报告的日期为( )。

    A. 2020 年 2 月 20 日　　　　　　　B. 2020 年 3 月 4 日

    C. 2019 年 2 月 28 日　　　　　　　D. 2019 年 12 月 31 日

18. 审计报告和管理建议书都是注册会计师提出的关于审计结果的正式文件,但从性质上看,管理建议书是提供给被审计单位的( )。

    A. 内部控制报告　　　　　　　　　　B. 会计咨询报告

    C. 纯粹的服务　　　　　　　　　　　D. A 和 C

19. 审计报告的基本结构和内容由注册会计师职业团队加以规定,根据《审计报告准则》,审计报告的主要部分是( )。

    A. 意见段　　　　　　　　　　　　　B. 说明段

    C. 正文部分　　　　　　　　　　　　D. 附件部分

20. 在委托人没有特定要求的条件下,注册会计师出具的审计报告一般是( )。

    A. 详式审计报告　　　　　　　　　　B. 一般审计报告

    C. 非公布目的审计报告　　　　　　　D. 标准审计报告

二、多项选择题

1. 审计报告是各方面的使用者了解情况和处理问题的重要依据,其作用具体表现为( )。

    A. 鉴证作用　　　　　　　　　　　　B. 保护作用

    C. 检查作用　　　　　　　　　　　　D. 建设性作用

2. 审计报告的基本结构一般包括以下段落( )。

    A. 管理层对财务报表的责任段

    B. 审计意见段

    C. 注册会计师的责任段

    D. 形成审计意见的基础段

3. 审计报告的审计意见段所应说明的主要事项有（   ）。
   A. 指出被审计单位的名称
   B. 说明财务报表已经审计
   C. 指出构成整套财务报表的每一财务报表的名称
   D. 提及财务报表附注,知名构成整套财务报表的每一财务报表的日期或涵盖的期间
4. 在适用的情况下,注册会计师还应对被审计单位年度报告中包含的除财务报表和审计报表之外的其他信息进行报告的内容包括（   ）。
   A. 关键审计事项
   B. 关联方关系及其交易
   C. 会计估计
   D. 与持续经营相关的重大不确定性
5. 根据审计报告使用的目的不同可以分为（   ）。
   A. 公布目的的审计报告   B. 标准审计报告
   C. 非公布目的的审计报告   D. 特殊审计报告
6. 审计报告是完成对委托人财务报表审计后编制的,一般可以分为（   ）。
   A. 标准审计报告   B. 非标准审计报告
   C. 肯定审计报告   D. 否定审计报告
7. 注册会计师出具保留意见的审计报告是认为被审计单位对会计事项的处理和财务报表的编制存在（   ）。
   A. 错报单独或累计起来对被审计单位财务报表影响重大
   B. 财务报表个别项目失实又拒绝进行调整的
   C. 某个重要会计事项的处理方法与前期不一致
   D. 未发现的错报对被审计单位财务报表可能产生的影响重大
8. 注册会计师发现委托人的会计处理方法有错误时,正确的做法有（   ）。
   A. 在审计报告中提出否定意见
   B. 在审计报告中剔除保留意见
   C. 委托人未作调整的在审计报告中发表保留意见
   D. 委托人调整后在审计报告中发表无保留意见
9. 某企业上年度发生原材料短缺4.5万元,但一直未进行处理。注册会计师采取的审计步骤包括（   ）。
   A. 了解上述材料短缺的原因
   B. 了解上述材料短缺未予处理的原因
   C. 查明是否已在上年度财务报表中予以说明
   D. 检查对当年财务报表的影响
10. 管理建议书是对被审计单位内部控制存在的薄弱环节或缺陷,以书面形式提出的改进

建议,在其正文部分对发现的每一问题应说明(   )。

　　A. 该项内部控制存在问题的基本情况

　　B. 存在问题导致偏离内部控制目标的程度

　　C. 存在问题的调整或改进情况

　　D. 存在问题的主要原因以及对过失人的处理

11. 注册会计师在得出审计结论时,应当考虑的内容包括(   )。

　　A. 评价财务报表是否在所有重大方面按照使用的财务报告编制基础编制

　　B. 是否以获取充分、适当的审计证据

　　C. 只按照审计准则对财务报表发表审计意见

　　D. 评价财务报表是否恰当提及或者说明的财务报告编制基础

12. 下列事项中,属于不在审计报告中沟通关键审计事项的情形有(   )。

　　A. 法律法规禁止公开披露的事项

　　B. 在极其罕见的情况下,合理预期沟通某事项可能为被审计单位带来较为严重的负面影响

　　C. 沟通的某事项可能涉及敏感信息

　　D. 公开披露某事项可能妨碍相关机构对某项违法行为的调查

13. 如果注册会计师在审计报告日前获知其他信息存在重大错报,且与管理层沟通后其他信息仍未更正,注册会计师采取的错报包括(   )。

　　A. 考虑对审计报告的影响

　　B. 在相关法律法规允许的情况下,解除业务约定

　　C. 直接发表无法表示意见

　　D. 考虑征询法律意见

14. 承接审计业务后,如果注意到被审计单位管理层对审计范围施加了限制,且认为这些限制可能导致对财务报表发表保留意见或无法表示意见,注册会计师采取的下列措施中,正确的有(   )。

　　A. 要求管理层消除这些限制,如果管理层拒绝消除限制,应当与治理层沟通

　　B. 如果无法获取充分、适当的审计证据,且未发现的错报(如存在)对财务报表的影响重大且具有广泛性,应当在可行时解除业务约定

　　C. 如果无法获取充分、适当的审计证据,且未发现的错报(如存在)对财务报表的影响重大且具有广泛性,若解除业务约定不可行,应当发表无法表示意见

　　D. 如果无法获取充分、适当的审计证据,且未发现的错报(如存在)可能对财务报表的影响重大,但不具有广泛性,应当发表保留意见

15. 下列关于审计报告的说法中,正确的有(   )。

　　A. 审计报告具有鉴证作用

　　B. 审计报告可以提高财务报表使用者对财务报表的信赖程度,能够在一定程度上对

被审计单位的财产、债权人和股东的权益及企业利害关系人的利益起到保护作用

C. 审计报告可以降低财务报表使用者对财务报表的信赖程度,能够在一定程度上对被审计单位的财产、债权人和股东的权益及企业利害关系人的利益起到保护作用

D. 审计报告可以表明审计工作的质量并明确注册会计师的审计责任

三、简答题

甲注册会计师2020年3月2日完成对ABC公司截止到2019年12月31日的会计报表审计的全部外勤工作,并将于3月8日向委托人提交报告,经复核,假定发现公司存在以下问题或需说明的事项:

(1) 应收账款发生额与期末余额巨大,但审计人员无法实施函证程序,也无法使用替代程序。

(2) ABC公司于2019年7月份曾因担保问题受到另一家公司的起诉。2020年1月15日,法院判决ABC公司替被担保人偿付货款200万元,但ABC公司拒绝调整2019年的会计报表。

(3) ABC公司持有H公司20%的股份,H公司股价于2020年1月开始下降。如果ABC公司在2020年3月2日出售所持有H公司股票,将导致657万元的损失。ABC公司认为无须调整2019年报表,但在附注中作了说明。

(4) ABC公司拥有一处地产,由于房地产市场看好,其市场价格大幅增值。因该地产金额很大,ABC公司坚持在报表中以市值列示。

要求:就上述4种情况,应建议审计师分别出具何种类型的审计报告,并说明理由。

项目十一　效益审计

学习目标

- 了解效益审计的含义和特点。
- 熟悉审计立项阶段、准备阶段和实施阶段。
- 熟悉审计报告与后续跟踪阶段。
- 掌握常用的数据收集和分析方法。

 **案例引入**

甲汽车集团公司下属 A 公司,是一家常年亏损的企业,A 公司是一家中外合资企业,甲汽车集团公司占 75% 的股份,主要生产、销售小型汽车及汽车零配件,自 2008 年以来连续亏损,截至 2016 年累计亏损 8.6 亿元,资产负债率达 230%。

2017 年,审计小组对该公司 2016 年的经济效益情况进行了审计,审计中运用了经济效益比较和经济活动分析等方法,通过比较发现该公司产品销量较 2015 年下降了 62%,直接导致收入大幅下降,通过对该公司 2015 年利润的亏损情况进行了分析,发现其全部产品的毛利率仅为 1.15%,其中主要车型的毛利率为 —15.5%,全年的主营业务收入与其他业务利润仅能负担主营业务成本、税金及营业费用,而亏损额与管理费用、财务费用水平相当。审计人员通过多种审计手段,发现了该公司在采购、销售、生产等各环节还存在管理上的问题和不足,如车辆库存管理混乱,存在长期外借车辆;三包配件领用审批不规范,致使账实存在差异;大部分采购或委托加工费发票账缺少审批手续;厂房及设备出租租金尚不足以抵偿折旧费用等。

思考题:

针对该公司的现状,在审计范畴内应当采取什么措施?

任务一　效益审计的概述

一、效益审计的含义

效益审计是近年来国家审计和内部审计领域越来越普遍开展的审计业务类型。开展效益审计,对于促进被审计单位改进管理,提高资源的管理和使用效益具有重要意义。深入理解和掌握效益审计的基本知识,对于审计人员来说非常重要。

效益审计是指对被审计单位(或项目)资源管理和使用的有效性进行检查和评价的活动。效益审计的主要对象是生产经营活动和财政经济活动能取得的经济效果或效率,它通过对企业生产经营成果、基本建设效果和行政事业单位资金使用效果的审查,评价经济效益的高低和经营情况的好坏,并进一步发掘提高经济效益的潜力和途径。效益审计不仅是国家审计的一项重要目标,更重要的是内部审计的主要目标和日常工作的内容。

根据我国国情的需要实施效益审计,有利于促进国民经济各部门、各企事业单位以及各级政府机关和科研单位围绕提高经济效益和工作效益改进自己的工作,加强内部控制,实现最佳管理;有利于改善社会主义经济各方面的关系,维护正常的经济秩序;同时也利于提高财务审计的质量和巩固财经法纪审计的成果。

理解效益审计的含义,应当掌握以下几点:

(1) 审计的主体是独立的审计机构或审计人员。

(2) 审计的对象是被审单位或项目的财务收支或经济活动。

(3) 审计的性质是具有独立性的经济监督和评价活动,而不是结合业务工作进行的管理活动。

(4) 效益审计的职能除监督以外,更重要的是评价、监证被审计单位或项目经济效益的优劣。

(5) 效益审计范围较广,需要进行综合的、系统的审查与分析。除了应用传统的财务审计方法外,还广泛应用现代管理科学的方法,而主要是为了取得审计证据。

(6) 效益审计的目的是促使被审单位落实责任制度,改善经营管理,提高经济效益。

相关链接

我国的效益审计,类同于国外的绩效审计或"3E"审计,包括了经营审计和管理审计部分内容。"3E"审计是指经济性审计、效率性审计和效果审计。对财务支出是否节约或浪费所进行的审计,为经济性审计。经济性审计是指以最低的支出和耗费开展经营活动,尽量节约,避免浪费。通过经济性审计,可以揭示被审计单位财政、财务活动的恰当程度及其遵纪守法情况。效率性审计主要是指对投入与产出之间关系所进行的审计。通过该种审计,借以评价成本与盈利的情况,判明被审计单位的经济活动是否经济有效。其审计的主要内容是:判明被审计单位在管理和利用资源上是否经济有效;查明不经济、效率低的原因;检查是否遵守有关提高效率的法规等。效率性审计最终要揭示被审计单位管理结构的合理性和管理职能发挥的有效性,进一步寻求有利于提高效率的办法和措施。由于该种审计主要采用货币计量单位,以价值的形式计算比较,所以也称为价值审计。

二、效益审计的特点

效益审计与财政财务审计和财经法纪审计相比,是一种现代审计形式,具有与传统审计不同的特点。

1. 审计目标

效益审计的审计目标具有综合性。既要对审计对象在资源管理和使用的有效性进行合规性审查,还要对其经济性、效率性和效果性进行审查。随着经济的发展,这一目标现在已发展成为经济性、效率性、效果性、环境性和适当性的综合性目标。

2. 审计范围

效益审计的审计对象具有广泛性和多层次性。效益审计的审计对象包括企业中各种资金、使用资金的部门,以及资金的使用计划、管理等各个环节,这是广泛性的体现。而多层次性则体现在效益审计的审计标准包括国家相关政策、法规和制度,还包括企业内部的各种计划、预算、方案等。

3. 审计程序

效益审计的审计程序具有独特性。独特性表现在审计工作结束后,只需要出具效益审计报告和审计建议书,一般情况下,不需要作出审计决定。

4. 审计方法

效益审计的审计方法具有多样性。效益审计的审计方法除常规审计方法之外,还包括一些现代经济管理技术。例如,管理会计、管理咨询、统计分析、经济活动分析、经济预测等领域中使用的一些方法和技术。

5. 审计作用

效益审计的审计作用具有建设性。效益审计是通过对被审计单位的内部控制、经营管理活动等进行审查和评价,针对企业经营管理中存在的主要问题,核实公共资金的效益性,提出改进的建议和意见,明确经济责任,帮助被审计单位改善经营管理,提高效益。

任务二 效益审计的程序

效益审计的程序

一、审计立项阶段

效益审计的过程主要包括审计立项、审计准备、审计实施和审计报告与后续跟踪四个阶段。效益审计目标的多样性和灵活性,决定了其审计过程各个阶段的工作内容与财政财务审计相比有很大的不同。

选择和确定好效益审计项目,是开展效益审计的首要环节。效益审计项目选择的成功与否,很大程度上决定了审计工作能否更好地发挥作用。

1. 选择效益审计项目应考虑的因素

（1）预计的审计效果。这个因素主要考虑的是开展该效益审计项目的收益。这些预计的可能的审计效果包括：是否促进该审计事项提高经济性、效率性或效果性；是否改进了被审计单位或项目的服务质量；是否促进了被审计单位或项目更有效地计划、控制和管理；是否进一步明确了经济责任，提高了效益信息的透明性、准确性等。预计的审计效果越大，被选择作为审计项目的机会越大。

（2）资金规模。资金规模主要是指被审计单位或项目的资金的规模，如资产数额、总收入或总支出、投资额等。一般来说，资金规模越大，财务的重要性越大，被选择作为效益审计项目的机会越大。

（3）管理风险。管理风险主要是指被审计单位或项目在管理方面缺乏经济性、效率性和效果性的风险。下列现象表明被审计单位或项目存在的管理风险较大：①管理部门没有针对以往审计后提出的控制薄弱环节进行改进。②公众或者媒体的批评意见；③预计目标没有实现，包括未实现预计的收益，没有满足需求等；频繁的人事变动；大量的资金不足或亏空。④项目的变更，如更改投资规模，变更经营的目标等；单位或项目经管人员责任重叠或职责分工不清楚，导致管理上的混乱。⑤单位或项目本身的高度复杂性或不稳定性，如管理工作分散，多元化的利害关系方，所用的技术尖端、变化快，经营环境竞争激烈。⑥社会各界对单位或项目的某些方面看法不一；一段时间没有接受过监督检查。这里的"监督检查"不仅包括审计组织进行的审计，还包括其他独立的对被审计单位活动进行的监督检查，例如，政府其他监管部门，外部机构等进行的监督、检查和评估。

管理风险越大，开展效益审计后能够给被审计单位或项目带来的改进越大，因此，被选中作为效益审计项目的机会越大。

（4）影响力。影响力主要体现在它所具有的重大的组织影响，对于社会、经济和环境的影响，公众关注的程度。如果审计事项对所在的行业或组织具有典型意义，波及面广，或者对组织或单位实现经营目标具有重要影响，那么，该审计项目影响力很大，否则即缺乏影响力。审计组织对于影响力强的审计项目进行审计，审计结果容易受到有关方面的关注。因此，影响力强的审计项目容易被选中作为效益审计项目。

（5）审计成本和可操作性。审计成本和可操作性主要是指对该项目或领域进行审计的复杂程度和可能存在的风险。确定效益审计项目的成本和可操作性，主要是通过对备选效益审计项目进行成本效益分析进行的。如果选择过于复杂或存在较高风险的领域或项目进行审计，如有关审计事项的信息和数据不易获得、责任可能被推诿或混淆、过于敏感、存在安全保密问题、没有统一明确的评价指标或评价标准的项目、审计人员的知识结构不能满足要求等，会导致审计成本增大，使审计项目缺乏成本有效性。审计成本和可操作性强的效益审计项目，容易被选中作为效益审计项目。

2. 选择和确定效益审计项目的步骤

（1）确定可选择的效益审计项目。

（2）收集有关备选效益审计项目的相关信息。

（3）根据收集的相关信息，对每个备选项目进行综合考虑，确定效益审计项目的优先次序。

二、审计准备阶段

就单个效益审计项目而言，审计准备阶段需要做的主要工作有：初步调查了解审计事项；确定审计目标和范围、重点；确定审计评价标准；设计审计方法体系；编制审计方案。

与财政财务审计不同的是，效益审计的准备阶段需要确定审计目标和审计标准，审计组织为确定审计目标和审计标准，需要收集大量的数据和信息。审计目标就是审计项目要达到的目的。审计目标必须清晰、明确，而且必须是易于理解和可以实现的。

> **相关链接**
>
> 确定效益审计的评价标准是效益审计的关键问题，因为没有标准，就无法进行评价。效益审计的评价标准是指理性的人对审计事项的理想预期或认识，或者说是一种规范化的模式。它说明的是组织或活动"应该怎样"。适当的评价标准应该具备可靠性、客观性、相关性、代表性、明确性、可比性、可获得性等特征。通常可以作为效益审计评价标准的有：
>
> （1）有关法律法规和方针政策。
>
> （2）国家、行业或地区性的正式标准。
>
> （3）专业机构研究或制定的专业标准。
>
> （4）公认的或良好的实践标准，如行业或地区平均水平和先进水平。
>
> （5）其他国家的标准和经验。
>
> （6）被审计单位自行制定的标准，如可行性报告、预算、目标、计划、定额、技术指标、产出能力等。
>
> （7）有关利益相关人的评价标准等。

三、审计实施阶段

审计实施阶段的主要工作是收集充分可靠的审计证据，并对收集的证据进行分析和归纳整理。

审计实施阶段（动画）

效益审计的证据种类及所应该具备的质量特征与财政财务审计的证据种类及质量特征没有根本性的差别。

审计人员对审计证据进行整理归纳的直接目的是形成审计结果，使审计结果的表达明确、完整、客观、逻辑清晰、有说服力。审计结果通常包括标准、事实和影响,在发现问题的情况下还包括原因要素。审计人员整理归纳审计证据的结果,就是针对上述四个要素进行回答。当然,不是每一个审计事项都要针对这四个要素确定审计结果,因为审计结果中包括哪些要素完全取决于审计目标。审计结果的确定是审计人员提出可行建议的前提。

四、审计报告与后续跟踪阶段

审计报告和后续跟踪阶段的主要工作内容与财政财务审计没有大的差别。我国效益审计报告的内容一般应包括:

(1) 所审项目的背景和工作目标。
(2) 审计的总体目标和范围。
(3) 分领域的具体审计目标。
(4) 对数据来源和审计方法的说明。
(5) 对评价标准的说明。
(6) 重要的审计发现。
(7) 对每一个具体目标的审计结论。
(8) 发现的违法违规问题及处理处罚意见。
(9) 审计建议和被审计单位的反馈意见等。

任务三 效益审计的方法

由于效益审计方法和技术多种多样,并且对这些方法和技术的使用也少有限制,所以将它们都概括出来是不现实的。本任务只是简要说明最常用的效益审计技术和方法。

一、常用的数据(信息)收集方法

1. 审阅

审阅是效益审计中收集审计证据的最基本、最直接的方法,是指审计人员通过审查和翻阅被审计单位及其他单位的相关书面文件,获取相关的证据资料。这些书面文件既包括财务资料、统计数据,也包括合同、报告、会议纪要、备忘录、决议等;既有历史的和现实的资料,也可能涉及对未来进行预测的资料。

为了确保审阅的有效性,审计人员运用该方法收集审计证据时,应当充分了解审阅的书面文件的性质、存放地点以及可获得性,并对文件内容的相关性、可靠性作出合理判断。

2. 观察

观察是指审计人员通过实地察看审计项目的进度、资金的使用情况、使用效果以及相关环境等,以增进对审计项目运行情况的了解,获得第一手资料的过程。观察既可以用于对通过其他方法获得的审计证据进行补充,证实审计证据,也可以用于直接收集相关证据。

观察可以比较准确地获得审计项目如何运行的信息,适用于正在进行中的审计事项。但是,审计人员应当注意实地观察可能会影响项目参与者的行为,因此还应判断观察时和不观察时审计项目的运行情况是否一致。

3. 访谈

访谈是指通过访谈者与被访谈者之间的交流来获得信息的方法。在获取有关审计事项的背景知识,或者分析造成问题的原因,寻求解决问题的建议时,访谈是一种非常有效的方法。

访谈有多种方式,可以通过电话进行访谈,可以面对面进行访谈,也可以通过信函的方式进行访谈。访谈可以一对一地进行,也可以以一对多、多对多地召开座谈会的形式进行。访谈的对象可以是被审计单位的管理人员、内部的工作人员、股东或者董事会的人员,也可以是被审计单位以外的相关人员,如人大代表,对审计事项或被审计单位感兴趣、一直非常关注或者进行研究的人员,一些研究机构、监管机构的人员、社会专家等。审计人员可以根据具体情况设计访谈的方式。

结构化访谈是效益审计中常用的收集数据(信息)的方法,是指利用数据采集工具通过电话或面对面访谈的方式收集数据(信息)的方法。在进行结构化访谈时,访谈人员以准确的方式向很多个体或代表提出相同的问题,向受访者提供相同的答案选项。相比之下,非结构化访谈则包括很多开放式的问题,这些问题并不是以准确的结构化的方式提出。

结构化访谈最大的优点是访谈结果量化方便,可做统计分析,它是统计调查的一种。结构化访谈方法的应用范围十分广泛,可以自由选择调查对象,也能问一些比较复杂的问题,并可选择性地对某些特定问题做深入调查。

结构化访谈的缺点是要求访谈人员具有高度熟练技巧和受过专门培训;需要较多的人力、物力和时间;对于敏感性、尖锐性或有关个人隐私的问题,被访者受心理因素和环境因素的影响,可能不会作出正面回答,导致访谈结果失真。因此,在进行结构化访谈时,必须事先对访谈人员进行训练,通过训练使访谈人员在访谈前做好心理、技术、物质以及相关知识的准备。

一次成功的访谈需要具备下列条件:①经过充分的准备;②目标非常明确;③提前通知被访谈者访谈的目的、时间、地点和主题;④对访谈的主要观点及时进行总结归纳;⑤如果事项非常重要,需要被访谈者进行书面确认;⑥所获得的口头证据需要其他证据进行确证。

4. 问卷调查

这种方法特别适用于需要通过从大量人员中获取关于某一具体问题或主题的量化信

息。问卷调查主要用于收集那些用其他方式不易获得并且对于证实观点具有重要参考价值的信息。案例研究和其他深入分析的方法通常用作问卷调查的补充工具。审计人员可以使用众多的调查技术,最经常使用的是信函、互联网、电话和访谈。问卷调查通常需要电脑处理,并且需要对所涉及的问题有比较好的了解。尽管设计问卷问题和处理问卷的答复是一项艰苦而耗时的工作,但如果应用得当,问卷调查的效果非常明显。在应用该方法时,经常需要邀请相关专家参与。

5. 文献研究

文献是指包含有审计人员拟研究对象信息的各种载体。文献资料是间接的、第二手的资料,它在效益审计中是不可缺少的。

如果效益审计领域已经有了大量的研究资料,审计人员可以借助于系统的文献检索,获得有参考价值的数据信息。文献研究的途径包括:

(1) 历史文献资料。历史文献资料是指通过查阅与审计项目有关领域的研究报告、书籍、论文,以往的审计及评估资料等,来收集相关的背景资料或细节信息,加深审计人员对被审计项目的了解。

(2) 统计资料。统计资料是指通过官方或者半官方的统计资料获取数据信息,如通过登录统计部门、财政部门等的网站,查阅其出版刊物等收集相关的统计数据,向有关部门、单位中负责统计分析的相关机构或者人员索取。

(3) 网络文献。随着信息技术的飞速发展,网络文献日益成为文献研究的重要方面。它具有信息量大、动态性、时效性强等特点。

审计人员无论采取哪种方式进行文献研究,收集二手审计证据,都应对资料内容的可靠性进行评价。

6. 准试验法

真正意义上的试验的主要特点是将目标随机分成试验组和控制组,并将控制组与实验组进行比较。控制组是一群未经处理的目标的集合,而试验组是一组受到干预的目标的集合,两者在结果方面形成了鲜明的对比。

准试验是一种研究设计,在该研究设计中,试验组和控制组不是随机形成的。在现实和政治问题上对纯试验方法的使用,促使对准试验方法的使用也随之提高。准试验方法试图尽可能排除外来因素的影响,但不可能像纯试验方法那样全面、科学地剔除外来因素的影响。

准试验设计的两种类型都试图建立接近随机分组的控制或比较组合。其方法是将参加试验和不参加试验的对象进行匹配,或对参加对象和未参加对象进行统计调整,以便他们尽量在相关特点上保持平衡。

二、常用的数据(信息)分析方法

效益审计中常用的分析方法有定量分析和定性分析两类。

(一) 定量分析的方法

定量分析,也可以称作数据分析,是指对从单位或其他来源获取的资料进行计算、比率分析、趋势和模型分析。常用的定量分析的方法有以下几种。

1. 比率分析

比率分析是最常用的分析方法,它是通过计算比率来分解、剖析和评价被审计单位效益的一种分析方法。比率作为一种相对数,可以把一些不可比的数据转化为可比的量化指标,从而揭示指标之间的相互关系。比率分析可以是将相关的变量相比,也可以是部分与整体相比,还可以将一定时期的变化与初始状态相比。

2. 比较分析

比较分析是将被审计单位若干个有关的可比数据进行比较,找出不同时期同一性质的若干数量差异,从而总结实绩,发现问题,评价被审计单位的活动运行状况。在分析中,可以进行实际(决算)数据与计划(预算)数据的比较分析,也可以将不同分析期的数据进行比较。但需要注意的是,在使用比较分析方法进行分析时,一定要关注数据之间的可比性,即要保证指标在含义、内容、时间、计算口径和计算基础等方面保持一致。数据的可比性是运用比较法的必要条件。

3. 时间序列分析

时间序列分析是指把观察或记录下来的一组按时间先后顺序排列起来的数据进行分析,找出趋势,并进行比较的方法。常用的时间序列分析包括趋势平均法、指数平滑法、直线趋势法、非直线趋势法等。

4. 描述性统计分析

描述性统计分析是用来帮助审计人员理解数据分布情况的一种有效分析方法,经常可以用标明变量的所有数值的图表(柱状图和曲线)来表示。审计人员通过描述性统计分析,可以发现数据分布的集中趋势(众数、中位数、平均数、四分位数等)、离散情况(最小值、最大值)以及数据的形状(标准偏差、正态分布、平坦分布、双峰式分布等),从而帮助审计人员确定数据的等级、分布和形状(当偏离超过平均值时尤其重要),说明概率分布,以便评价审计风险,还可以评价样本数据是否能代表总体。

5. 成本效益分析

成本效益分析是在分析计算成本与效益的基础上,比较成本与效益之间的货币金额关系,目的是确定被审计单位或审计项目的效益是否超过了成本。审计人员在进行绩效审计时,应在全面考虑项目的效益和成本的基础上,计算效益成本的比值。

如果效益与成本的比值大于1,说明效益大于成本,比值越大,效益越大;如果比值小于1,说明效益低于成本,比值越小,资金使用的效益越低。成本效益分析方法的关键是如何确定项目的效益、成本和贴现率。

在效益审计中,有时会部分地使用成本效益分析。例如,运用机会成本的概念来衡量成本、效益等;将未来一定时期的效益和成本的现金流按照净现值或回报率进行计算,加总比较成本和效益等。

6. 回归分析

回归分析是对有因果关系的两类或多类经济数据之间的关系进行分析，推导出相应的因果模型或回归方程，并以此模型或回归方程来推算一类或多类变量发生变化时，其他变量的变化规律。实际工作中，审计人员都在自觉或不自觉地运用回归分析方法进行分析。当变量较少，数据较小的时候，审计人员可以根据自己的经验和判断来使用回归分析的基本规律；但当变量比较多，数据比较大时，利用计算机等工具辅助审计人员实施回归分析，就显得十分必要和富有成效。

7. 成本效果法

成本效果法是通过分析成本和效果之间的关系，以每单位效果所消耗的成本来评价项目效益。成本效果分析方法的成果是用实物数量来计量的。其比值计算有两种方法：一是成本与效果的比值（成本/效果）；二是额外成本与额外效果的比值。如果效果相同，成本低的效果好。

8. 价值分析

价值分析是用成果的功能与成本的比值来衡量所得到的价值（价值＝功能÷成本），目的在于用最低的成本实现或获取所要具备的必要功能。价值分析方法用项目实现的功能来进行分析，不能用实物或货币来计量。

价值分析时应注意：一是是否存在既提高功能，又降低成本的可能；二是当功能相同或固定时，能否降低成本；三是当成本固定或相同时，能否提高功能；四是当成本和功能均提高时，功能的提高是否更多；五是当成本和功能均降低时，成本的降低是否更大。

9. 目标评价

目标评价是指审计人员对被审计单位或审计项目目标的科学性、合理性、可计量性进行评价。如果被审计单位或审计项目的目标不明确或不具体，就会导致损失浪费和效益低下的问题发生。例如，对财政资金使用的目标不明确，就会产生资金使用的随意性和盲目性，资金使用的效益性就会无人关心。如果被审计单位和审计项目没有目标，审计人员就应自行制订其应达到的目标，或与其主管部门、单位协同确定，确保审计活动的顺利开展。

10. 目标成果法

目标成果法是根据实际产出成果评价被审计单位或审计项目的目标是否实现。将产出成果与事先确定的目标或需求进行对比，确定目标的实现程度，看产出与目标的差距或偏离程度，查找工作过程中的缺点、失误和问题，分析原因，挖掘提高效益的潜力。

11. 事前事后法

事前事后法是将项目或措施实施前后的状况进行对照，以考察项目或措施实施后的结果和影响，进而评价其效果性。事前事后法经常与因果分析法结合使用，可以评价项目或措施的实施与效益之间的因果关系，还可以进一步确定各项影响效果的因素或原因。

12. 标杆法

标杆法是将被审计单位的产品、服务、管理等方面与同类事项中一直领先或做得最好的同类单位或部门相对照,并借鉴其实践经验的一种评价方法其核心是确定最佳的实践标准。

13. 评分法

评分法是预先确定若干评价项目(内容),然后按评价标准评分,最后按评分多少进行评价。它是一种综合效益评价方法,它将定性评价和定量评价结合起来,可以克服单纯财务评价的某些缺陷。它还可用于单纯的定性评价。评分法有加减评分法、连乘评分法、加乘评分法、加权评分法。运用评分法的关键是建立评价体系或模型。

(二) 定性分析的方法

下面的几种分析方法是效益审计中常见的定性分析方法。

1. 内容分析法

内容分析法是对来源于多个渠道、多种目的甚至是不连贯或者有交叉和重叠的信息进行梳理,归纳总结出一个客观、明确的观点或者陈述,常用于确定审计的具体目标和了解被审计单位或审计事项,以及对审计事项形成初步的结论。

2. 程序分析法

通常,在效益审计过程中,审计人员应该按照既定标准和合理的控制模式对管理程序进行检查,并对其进行分析。运用程序分析法,常常要结合运用其他收集审计证据的方法。例如,审计人员通过运用审阅、观察、访谈等方法了解管理程序的状况,然后进行深入分析其中存在的问题和原因。有的时候,为使程序分析法得到的结果获得佐证,审计人员还可以选择某项业务进行"重做",测试相关的控制环节是否存在,是否发挥作用,审计人员所了解的程序是否准确。

3. 案例研究

案例研究是审计人员选择一些或某一个特定案例进行研究,说明审计事项的一般性问题,或者对审计事项中的复杂问题进行深入的理解和说明。案例研究的结果可以用来证实已存在的问题,还可验证通过其他方法得出的结论,也可帮助审计人员深入地进行因果分析。案例研究要求对复杂实例及其环境在全面理解的基础上进行详细的描述和分析。首先,案例研究对象是复杂性问题;其次,案例研究应该尽可能全面地认识案例的进展并解释其原因;再次,案例研究应对运用不同方法获得的不同资料进行广泛深入地描述和分析;最后,案例研究对象可以是某人、某地、某一活动、某一事件、一个地区、一个组织或部门。审计人员在开展效益审计项目尤其是问题导向型效益审计项目时,可以将整个审计项目作为一个案例研究项目或者针对其中的某审计事项开展案例研究。掌握案例研究方法可以有效地解决问题导向型效益审计中关于"怎么样""什么事""为什么"之类的问题;通过多案例研究还可以发现一些体制方面的问题,从宏观方面提出审计建议。

根据案例研究的功能,案例研究可分为探索型、描述型和解释型三种类型。探索型案例研究是在未确定研究问题和研究假设之前,凭借研究者的直觉线索到现场了解情况、收集资料形成案例,然后再根据案例来确定研究问题和理论假设。描述型案例研究是通过对一个人物、团体组织、社区的生命历程、焦点事件以及项目实施过程进行深度描述,以经验事实为支撑,形成主要的理论观点或者检验理论假设。解释型案例研究旨在通过特定的案例对事物背后的因果关系进行分析和解释。按照案例研究中使用案例的个数,案例研究分为单案例研究和多案例研究。针对项目(或方案)的案例研究可以分为项目实施案例研究和项目效果案例研究。

案例研究的关键是案例选择要有代表性,在这一点上,它与抽样的原则是相同的。

4. 逻辑模型法

逻辑模型(PLM)是效益审计中最常用的分析工具之一。它阐明了一个项目从授权、投入、活动或过程,到实现预期目标的逻辑流程。通过逻辑模型,审计人员可以快速、全面地了解被审计单位和审计项目,识别有关项目的预期结果和为达到预期结果需要开展的主要工作。一般情况下,逻辑模型法适用于审计准备阶段对审计事项的了解和分析,但无法帮助审计人员了解被审计单位的职责,也无助于审计人员对舞弊和违法行为的审查。

思考题

1. 什么是效益审计?效益审计有哪些特点?
2. 效益审计的程序包括哪几个阶段?
3. 效益审计的方法有哪些?

章 节 练 习

一、单项选择题

1. 下列选项中,效益审计中的关键问题是( )。
   A. 确定审计的重点　　　　　　　　　B. 确定审计的目标
   C. 确定审计的范围　　　　　　　　　D. 确定审计的评价标准
2. 是否在规定的时间以合理的成本实现了其既定目标,体现的是( )。
   A. 经济性　　　　　　　　　　　　　B. 效率性
   C. 效果性　　　　　　　　　　　　　D. 合规性
3. 我国对效益审计的界定是,检查和评价被审计单位的资源管理和使用的( )。
   A. 效率性　　　　　　　　　　　　　B. 经济性
   C. 合规性　　　　　　　　　　　　　D. 有效性

4. 在效益审计中,根据实际产出评价被审计单位的目标是否实现的方法是(　　)。
   A. 回归分析法　　　　　　　　　　B. 目标成果法
   C. 标杆法　　　　　　　　　　　　D. 价值分析法

5. 成本效益分析方法的关键是(　　)。
   A. 计算效益成本的比值
   B. 如何确定项目的效益、成本和贴现率
   C. 比较成本与效益之间的货币金额关系
   D. 确定被审计单位的效益是否超过了成本

6. 在效益审计中,收集充分可靠的审计证据,并对收集的证据进行分析和归纳整理的阶段是(　　)。
   A. 审计准备阶段　　　　　　　　　B. 审计报告与后续跟踪阶段
   C. 审计立项阶段　　　　　　　　　D. 审计实施阶段

7. 在效益审计中,将被审计单位的管理与管理先进的同类单位相比,并借鉴其实践经验的评价方法是(　　)。
   A. 评分法　　　　　　　　　　　　B. 标杆法
   C. 目标成果法　　　　　　　　　　D. 目标评价法

8. 下列关于选择效益审计项目应考虑因素的表述,正确的是(　　)。
   A. 公众关注程度越低的项目,被选作效益审计项目的机会越大
   B. 缺乏统一明确评价标准的项目,被选作效益审计项目的机会越大
   C. 项目的管理风险越小,被选作效益审计项目的机会越大
   D. 项目的资金规模越大,被选作效益审计项目的机会越大

9. 以最低的投入达到目标,简单地说指的是投入是否节约,指的是(　　)。
   A. 经济性　　　　　　　　　　　　B. 效率性
   C. 环保性　　　　　　　　　　　　D. 合法性

10. 下列各项中,不可以作为效益审计评价标准的是(　　)。
    A. 行业或地区平均水平和先进水平
    B. 国家行业或地区性的正式标准
    C. 专业机构研究或制定的专业标准
    D. 国家审计基本准则

11. 下列各项中,属于效益审计中常用的定量分析方法是(　　)。
    A. 内容分析法　　　　　　　　　　B. 成本效果法
    C. 程序分析法　　　　　　　　　　D. 逻辑模型法

12. 评分法的关键是(　　)。
    A. 确定最佳的实践标准　　　　　　B. 建立评价体系或模型
    C. 克服单纯财务评价的缺陷　　　　D. 制定评价标准

13. 对有因果关系的两类或多类经济数据之间的关系进行分析,推导出相应的因果模型的效益审计分析方法是( )。
    A. 内容分析法　　　　　　　　　B. 回归分析法
    C. 价值分析法　　　　　　　　　D. 成本效果法

14. 下列关于审计结果要素的说法中,错误的是( )。
    A. 审计结果通常包括标准.事实和影响,在发现问题的情况下还包括原因要素
    B. 不是每一个审计事项都要针对四个要素确定审计结果
    C. 审计结果中包括哪些要素完全取决于审计目标
    D. 审计人员提出可行建议是确定审计结果的前提

15. 下列各项中,不属于我国效益审计报告的内容的是( )。
    A. 对数据来源和审计方法的说明
    B. 对评价标准的说明
    C. 审计建议和被审计单位的反馈意见
    D. 设计审计方法体系

16. 效益审计中,审计人员按照既定标准和合理的控制模式对管理程序进行检查和分析的方法是( )。
    A. 内容分析法　　　　　　　　　B. 程序分析法
    C. 案例研究法　　　　　　　　　D. 逻辑模型法

17. 观察法是效益审计的一种常用方法,其适用的审计事项是( )。
    A. 正在准备的审计事项
    B. 处于立项阶段的预计事项
    C. 后续追踪的审计事项
    D. 正在进行中的审计事项

18. 下列有关选择和确定绩效审计项目的提法中,错误的是( )。
    A. 资金规模越大,被选中作为绩效审计项目的机会越大
    B. 管理风险越小,被选中作为绩效审计项目的机会越大
    C. 对社会经济的影响越大,被选中作为绩效审计项目的机会越大
    D. 审计的可操作性越强,被选中作为绩效审计项目的机会越大

19. 下列有关绩效审计方法的表述中,正确的是( )。
    A. 逻辑模型法可以帮助审计人员了解被审计单位的职责
    B. 案例研究适合获取关于某一具体问题或主题的量化信息
    C. 评分法将定性与定量评价相结合可以克服单纯财务评价的某些缺陷
    D. 结构化访谈可以包括很多开放式的问题,也可以问一些比较复杂的问题

20. 访谈法是绩效审计中常用的信息收集方法,其特点是( )。
    A. 不需要经过充分的准备,简便易行

B. 对实施访谈的审计人员没有任何沟通技巧和能力方面的要求

C. 可以根据被访谈者的情绪、状况，及时深入地进行沟通，从而了解更多的有关审计事项的情况

D. 获取的审计证据有较强的证明力，不需要审计人员进一步证实

二、多项选择题

1. 下列选项中，效益审计准备阶段的工作有（ ）。
   A. 确定审计目标　　　　　　　　B. 设计审计方法体系
   C. 收集充分可靠的审计证据　　　D. 确定审计评价标准

2. 通常可以作为效益审计评价标准的有（ ）。
   A. 国家、行业或地区性的正式标准　　B. 专业机构研究或制定的专业标准
   C. 有关利益相关人的评价标准　　　　D. 被审计单位自行制定的标准

3. 开展效益审计的首要环节是选择和确定好效益审计项目，选择效益审计项目应考虑的因素有（ ）。
   A. 预计的审计效果　　　　　　B. 企业规模
   C. 审计成本和可操作性　　　　D. 影响力

4. 下列分析方法中，属于效益审计中常用的定性分析方法的有（ ）。
   A. 内容分析法　　　　　　　　B. 案例研究
   C. 逻辑模型法　　　　　　　　D. 回归分析

5. 定量分析的方法包括（ ）。
   A. 比率分析　　　　　　　　　B. 比较分析
   C. 时间序列分析　　　　　　　D. 描述性统计分析

6. 下列各项中，属于我国效益审计报告的内容的有（ ）。
   A. 所审项目的背景和工作目标　　B. 审计总体目标和范围
   C. 分领域的具体审计目标　　　　D. 审计方案

7. 下列各项中，属于绩效审计准备阶段工作内容的有（ ）。
   A. 初步调查被审计单位情况　　B. 确定审计目标和评价标准
   C. 设计审计方法体系　　　　　D. 编制审计方案

8. 下列各项中，可用作效益审计评价标准的有（ ）。
   A. 国家有关政策　　　　　　　B. 被审计单位编制的预算
   C. 审计人员的观点　　　　　　D. 国家法律法规

9. 选择效益审计项目应考虑的因素包括（ ）。
   A. 预计审计效果　　　　　　　B. 资金规模
   C. 管理风险　　　　　　　　　D. 影响力

10. 常用的时间序列分析方法包括（ ）。

A. 比率法 B. 直线趋势法
C. 非直线趋势法 D. 指数平滑法

11. 效益审计与财政财务审计和财经法纪审计相比,其特点主要体现在( )。
A. 审计目标 B. 审计范围和方向
C. 运用的审计方法 D. 依据的评价标准

12. 效益审计与财经法纪审计的差异主要体现在( )。
A. 审计目标 B. 审计方法
C. 评价标准 D. 审计质量控制要素

13. 效益审计时需要对数据(信息)进行收集和分析,常用的数据(信息)收集方法有( )。
A. 审阅 B. 观察
C. 问卷调查 D. 准试验法

14. 我国效益审计是对被审计单位资源管理和使用的有效性进行检查和评价的活动,其中"有效性"的含义包括( )。
A. 经济性 B. 效率性
C. 效果性 D. 合规性

15. 绩效审计与财政财务审计和财经法纪审计的差异主要体现在( )。
A. 审计目标 B. 审计方法
C. 审计独立性要求 D. 评价标准

三、案例题

2020年3月,某企业集团派出审计组对下属丙公司2019年度财务收支情况进行了审计。有关货币资金业务审计的情况和资料如下。

资料1:审计人员在对货币资金业务相关内部控制进行调查时了解到:

(1) 会计人员开具收入单据后,由会计主管进行审核。

(2) 出纳人员办理费用报销付款手续后,同时登记现金日记账、银行存款日记账和相关费用明细账。

(3) 出纳人员定期核对银行存款日记账和银行对账单,并编制银行存款余额调节表。

(4) 出纳人员保管支票和印章,支出业务发生时,由其直接签发支票。

资料2:2020年3月12日营业终了,审计人员对库存现金进行了监盘。监盘确认实际库存现金为800元。现金日记账反映,2020年1月1日至2020年3月12日,现金收入总额为158 000元,现金支出总额为162 000元,审计人员审核后确认无误。

资料3:审计人员对该公司银行存款业务实施了如下审计程序:

(1)核对银行存款日记账和总账余额是否相符。

(2) 检查银行存款收付的截止日期是否正确。

(3) 检查银行存款收付款凭证的管理情况。

（4）函证银行存款余额。

资料4：审计人员决定自行编制银行存款余额调节表，并对银行存款余额进行审查，具体做法如下：

（1）向所有在审计年度内存过款的银行和非银行金融机构函证银行存款期末余额。

（2）索取银行对账单，将银行对账单与银行存款日记账的余额加以核对。

（3）对于银行对账单与银行存款日记账余额不一致的情况，进一步查找原因。

（4）核对银行对账单和银行存款日记账，检查有无一收一付金额相等而公司遗漏入账的情况。

要求：根据上述资料，为下列问题从备选答案中选出正确的答案。

1. "资料1"中，违反内部控制要求的有（   ）。

   A. 会计人员开具收入单据后，由会计主管进行审核
   B. 出纳人员办理费用报销付款手续后，同时登记现金日记账、银行存款日记账和相关费用明细账
   C. 出纳人员定期核对银行存款日记账和银行对账单，并编制银行存款余额调节表
   D. 出纳人员保管支票和印章，支出业务发生时，由其直接签发支票

2. "资料2"中，审计人员对库存现金进行监盘是为了证实（   ）。

   A. 库存现金余额的真实性
   B. 现金收付业务账务处理的正确性
   C. 现金收付业务的合法性
   D. 外币计价的正确性

3. 针对"资料2"，审计人员可以推断2020年12月31日该公司库存现金余额应为（   ）元。

   A. 3 200   B. 4 800
   C. 4 000   D. 1 200

4. "资料3"中，属于对银行存款进行内部控制测评的审计程序有（   ）。

   A. 核对银行存款日记账和总账余额是否相符
   B. 检查银行存款收付的截止日期是否正确
   C. 检查银行存款收付款凭证的管理情况
   D. 函证银行存款余额

5. "资料4"中，审计人员的做法正确的有（   ）。

   A. 向所有在审计年度内存过款的银行和非银行金融机构函证银行存款期末余额
   B. 索取银行对账单，将银行对账单与银行存款日记账的余额加以核对
   C. 对于银行对账单与银行存款日记账余额不一致的情况，进一步查找原因
   D. 核对银行对账单和银行存款日记账，检查有无一收一付金额相等而公司遗漏入账的情况